KB187244

지정학의 힘

지정학의 힘

시파워와 랜드파워의 세계사

김동기

SEA POWER
LAND POWER

아카넷

크나큰 사랑을 주신 부모님께 이 책을 드립니다.

차례

SEA POWER
LAND POWER

들어가는 말

1997년 4월 10일 미국 상원은 베트남 주재 초대 미국 대사로 피트 피터슨Pete Peterson을 인준한다. 베트남전쟁에 공군 조종사로 참전했던 그는 1966년 포로가 되었다가 1973년에 석방됐다. 이후 하원의원으로 활동하던 그를 클린턴 대통령이 초대 미국 대사로 지명한 것이다.

당시 미국 유학 중이던 나는 이 뉴스를 접했을 때 바로 실감이 나지 않았다. '여전히 공산당이 지배하는 베트남 아닌가? 오랫동안 미국과 전쟁을 치른 베트남 아닌가? 왜 대사를 파견하는 거지?' 하고 의문이 이어졌다. 좀 더 알아보니 미국과 베트남은 이미 1995년 7월에 정식으로 외교 관계를 복원했었다. 그럼에도 여전히 나는 미국과 베트남을 적대 관계로 인식하고 있었다. 분단국가에서 태어나 반공 의식이 철저히 내면화된 나에게 공산국가 베트남과 자유민주주의 국가 미국이 화해하고 손을 잡는다는 것은 불가능한 상상이었다. 분단국가 국민인 나는 상상력마저 분단됐었다. 그런데 그 불가능한 상상이 현실이 된 것이다.

미국은 이른바 '통킹만 사건'[1]을 계기로 1964년 8월 7일 북베트남과의 전쟁을 전면전으로 확대했다. 그 뒤 약 55만 명에 이르는 지상군을 파병했다. 북베트남은 전사자 85만 명, 부상자 60여만 명, 남베트남은 전사자 30만 명, 부상자는 100만 명에 이르렀다. 미군도 피해가 컸다. 미군 전사자는 5만 8천 명, 부상자도 30만 명에 달했다. 1975년 4월 베트남은 공산화됐고 양국 관계는 단절됐다. 그리고 종전 후 20년 만에 양국 관계가 정상화된다. 공산당이 지배하는 베트남의 정치체제는 자유민주주의 진영의 리더 격인 미국과의 국교 정상화에 아무런 장애가 되지 않았다.

그러고 보니 훨씬 오래전인 1972년에 미국은 이미 중국과 국교를 정상화했다. 중국은 한반도에서 미국과 전쟁을 치렀었다. 1950년 10월 한국전쟁에 뛰어든 중국인민지원군 사망자는 14만 8천 6백 명이며 부상자는 79만 8천 4백 명에 달하는 것으로 추정된다. 미군 사망자도 3만 3천 7백 명가량이나 됐다. 그런데 1953년 휴전 후 20년이 다 되어가던 1972년 2월 21일 미국 닉슨 대통령이 전격적으로 적성국 중국에 방문한다. 그리고 양국 관계는 정상화되었다. 당시 중국 역시 여전히 공산당이 지배하는 사회주의 체제였다. 한때 전쟁을 치른 적대국이었고 이념도 체제도 달라 관계를 끊고 지냈음에도 미국은 아무 거리낌

---

1 1964년 8월 2일 통킹만 일대에서 미국 구축함 매독스와 북베트남군 어뢰정 3척 간에 교전이 발생했다. 미 해군은 이틀 뒤인 4일 공해에서 북베트남이 2차 공격을 가했다고 주장했고 당시 미국 린든 존슨 대통령은 북베트남에 대한 폭격과 지상군 투입을 결정했다. 1971년 《뉴욕타임스The New York Times》는 '펜타곤 문서'를 인용해 미국이 베트남전쟁에 개입하기 위해 통킹만 사건을 조작했다고 폭로했다. 통킹만 사건 당시 베트남전쟁을 지휘하던 국방장관 로버트 맥나마라 역시 1995년 자신의 회고록에서 당시 사건이 일부 조작됐음을 고백하기도 했다.

없이 중국과 화해했다. 냉전의 시대는 1972년에 끝난 것이다.

중국과 베트남 사례가 보여주듯 미국의 외교 전략에서 이념과 체제가 우선적 고려 사항이 아니라면 왜 북한과는 정상적 관계를 맺지 않을까? 북한이 핵무기 개발을 시도해서인가? 북한이 핵무기 보유를 선언한 건 2005년이다. 그전에는 왜 정상화가 불가능했을까? 중국과 정상화했던 1972년쯤이나 베트남과 정상화했던 1995년쯤에 북한과도 정상화할 수 있지 않았을까? 북한과는 왜 정전이 된 지 67년이 지났는데도 계속 적대적 관계에 머물러 있을까? 2019년 2월 28일 베트남 하노이에서 미국 트럼프 대통령과 북한 김정은 위원장의 두 번째 정상회담이 열렸다. 이미 미국과 우호적 관계를 맺은 베트남에서 북한과 미국이 새로운 관계를 형성할 수 있지 않을까 하는 기대도 있었지만 양 정상은 어떤 합의에도 이르지 못하고 헤어졌다. 미국에게 북한과 베트남은 어떤 차이가 있을까?

2018년 7월 6일 미국과 중국은 무역 전쟁을 시작했다. 미국의 선공에 중국도 대응했다. 단순하게 경제적 이익만을 놓고 다투는 게 아니라 전면적 대립으로 확대되고 있다. 1972년 미중 관계가 우호적으로 바뀐 이래 다시 대립과 갈등 양상으로 변한 것이다. 양국의 이념이나 체제에 변화가 있어서가 아니다. 이 두 나라의 관계가 다시 질적으로 바뀐 이유는 무엇일까?

나는 이런 의문들에 대해 틈틈이 그 답을 찾고자 했다. 이와 관련 있는 여러 책과 논문을 읽고 생각했다. 그 과정에서 지정학적 사고를 발견하게 됐다. 냉전적 도식만으로는 내 의문에 대한 답을 얻을 수 없었다. 미국이 공산당 지배하에 있는 중국, 베트남과 적대적 관계에서 우호적 관계로 전환한 것은 미국의 전략적 이익에 부합하기 때문이다. 이념적 차이보다는 현실적 국익이 더 중요하게 작용했다. 미국이 중국과 다시 대립하는 이유도 전략적 방향이 달라졌기 때문이다. 바로 지정학적 접근을 한 것이다. 미국이 북한과 지금까지 국교 정상화를 주저해온 이유 역시 이념적 차이가 아니라 지정학적 관계에서 찾아야 한다. 좀 더 거슬러 올라가면 대한제국이 일본에 병합되어 멸망한 것도, 한반도가 분단되어 전쟁을 치른 것도, 지금까지 분단 체제가 지속되는 것도 그 배후에는 강대국들의 지정학적 게임이 있었다. 그런데도 한국 사회에는 아직도 좌우 대결이라는 이념적 틀이 강고하게 자리 잡고 있다. 이미 오래전 국제사회에서 소멸한 이념적 틀에 갇혀 있는 한 현실을 올바로 인식하기 어렵다. 지정학적 인식 틀이 필요하다.

웹스터Webster 사전은 지정학geopolitics을 '지리, 경제 그리고 인구 같은 요인이 정치, 특히 국가의 외교정책에 미치는 영향을 연구'하는 것이라고 정의한다. 대영제국은 19세기 말 20세기 초 신흥 산업국들이 부상하던 때 자신의 우위를 확보하기 위해 지정학을 이용했고, 나치는 팽창 전략을 수립할 때, 미국은 냉전 중 소련을 봉쇄하는 전략을 고안할 때 지정학을 이용했다. 이 지정학은 냉전 후 새로운 파워 게임에서도 이용되고 있다.

그렇다면 현재 세계적으로 벌어지는 강대국 간의 갈등과 한반도를 둘러싼 치열한 각축을 지정학적 접근을 통해 올바로 이해할 수 있을까? 나는 지정학에 대한 천착과 이해를 바탕으로 하여 궁극적으로

'한반도 지정학'으로 귀결되는 인식을 도출할 수 있었다. 이런 인식이 선행되어야 우리에게 주어진 문제를 풀어나갈 길을 좀 더 쉽게 찾을 수 있다. 이 책 마지막 부분에 그에 대한 내용을 실었다. 그러나 '한반도 지정학'은 '세계의 지정학'에서 분리되어 홀로 존재하는 것이 아니다. '세계의 지정학' 내에 '한반도 지정학'이 위치하기 때문에 지정학의 기본을 이해하지 않고는 '한반도 지정학'을 이해하고 활용하기가 어렵다. 우리에게 중요한 것은 한반도의 미래를 위한 전략적 대응이다. 이를 위해서는 지정학의 태동 시점부터 시작하여 지정학에 대해 체계적으로 이해해야 한다. 영국, 미국, 독일, 러시아, 일본, 중국 등 글로벌 플레이어들의 치밀한 지정학적 전략 구사를 이해해야 한반도의 과거와 현재가 제대로 이해되고 미래에 대한 구상도 가능하다. 이 책을 읽는 독자들은 결론부터 바로 알고 싶은 조바심이 들 수도 있겠지만 위와 같은 이유로 나는 그 기초부터 차근차근 설명해나가려고 한다.

먼저 역사적으로 영향력을 발휘했던 고전지정학의 흐름을 추적해보아야 한다. 미국이 시파워seapower[2] 대국으로 성장하는 데 결정적 역할을 한 알프레드 마한Alfred T. Mahan, 최초로 시파워와 랜드파워landpower[3]를 체계적으로 연구한 핼퍼드 매킨더Halford Mackinder, 히틀러의 브레인으로 불리며 나치의 팽창을 뒷받침했던 카를 하우스

---

2   해군의 군사력 또는 강한 해군을 보유한 국가를 말한다.
3   육군의 군사력 또는 강한 육군을 보유한 국가를 말한다.

호퍼Karl Haushofer, 제2차 세계대전 후 미국의 대외 전략 방향을 제시한 니콜라스 스파이크먼Nicholas J. Spykman의 이론을 개괄적으로 소개하고 냉전 시대에 지정학적 사고가 어떻게 작용했고 헨리 키신저Henry Kissinger가 이를 어떻게 되살렸는지 살피고자 한다. 그다음 미국의 대표적 외교 안보 전략가였던 즈비그뉴 브레진스키Zbigniew Brzezinski를 통해 지정학적 아이디어가 현실적으로 어떻게 구체화되었는지 추적하고 소련 붕괴 후 러시아에 등장한 지정학, 일제의 파시즘을 정당화한 일본의 지정학, 중국몽中國夢을 실현하고자 하는 중국의 지정학적 구상을 차례대로 살펴볼 것이다. 마지막으로 현재 국제사회의 가장 큰 이슈인 미국과 중국의 대결을 지정학적 관점에서 조망하고 한반도의 지정학적 상황을 살펴보며 우리가 처한 실존적 문제를 고찰하고자 한다.

1

마한
시파워

SEA POWER
LAND POWER

1894년 미 해군 군함 시카고호USS Chicago가 영국에 기항한다. 영국의 빅토리아 여왕은 시카고호 함장을 친히 만찬에 초대해 성대하게 환대한다. 그 함장은 바로 알프레드 마한으로 그의 계급은 대령captain에 불과했다. 미 해군의 일개 대령에게 영국 여왕이 직접 만찬을 베푸는 것은 극히 드문 일이었다. 또한 케임브리지와 옥스퍼드에서는 그에게 명예 학위를 수여했다. 이러한 영국의 이례적인 환대는 마한의 군사적 업적보다는 그가 1890년에 출간한《시파워가 역사에 미친 영향, 1660~1783 The Influence of Sea Power upon History, 1660~1783》, 1892년에 출간한《시파워가 프랑스혁명과 제국에 미친 영향, 1793~1812 The Influence of Sea Power upon the French Revolution and Empire, 1793~1812》, 이 두 권의 책 때문이었다. 이 두 책에서 마한은 영국이 시파워를 발판으로 삼아 정치경제적으로 세계를 지배하는 제국으로 발돋움하는 과정을 설명했다. 영국인들이 열광할 만했다.

알프레드 마한은 1840년 9월 27일 뉴욕 웨스트포인트에서 태어났다. 아버지 데니스 마한Dennis Hart Mahan은 웨스트포인트에 있는 미 육사에서 공학 및 수학을 가르치는 교수였다. 마한은 1854년 컬럼비

알프레드 마한.

아 대학교에 입학했으나 2년 뒤에 다시 아나폴리스에 있는 해군사관학교에 편입해 1859년 차석으로 졸업한다. 2년 후 남북전쟁이 발발하자 북군 일원으로 남부 해안 지방에 대한 초계 순찰을 담당하기도 했다. 전쟁 막간에는 해군사관학교의 스테판 루스Stephen Luce 휘하에서 선박조종술 교관으로 일하기도 한다. 전후에는 아시아, 남미 지역의 파견 임무를 맡기도 했다. 그는 남북전쟁 후 20년 가까이 평범한 해군 생활을 했지만 사람들과 잘 어울리지는 못했다. 불의를 보면 참지 못하는 성격이어서 비리나 부정을 발견하면 문제 제기를 하곤 했다. 또한 독실한 개신교 신자였으며 역사와 언어 교육을 중시하고 무엇보다 왕성한 독서가였다. 남북전쟁 이후 해군 규모가 대폭 축소되었지만 그는 틈틈이 남북전쟁 당시의 해전 등에 관한 글을 썼다. 그러던 그가 본격적으로 해군 전사 및 전략에 대해 연구하게 된 것은 1884년 신설된 해군대학Naval War College의 교관으로 초빙되면서부터이다. 평소 함정 근무보다 독서와 글쓰기를 더 좋아했던 그에게 천직이었을 것이다.

그보다 앞서 마한은 페루에 기항하던 시절 리마에 있는 도서관에서 독일 역사학자 테오도어 몸젠Theodor Mommsen의《로마사The History of Rome》를 읽는다.[1] 이 책이 마한의 인생을 바꾸었다. 몸젠은 카르타고와 로마의 전쟁에서 로마가 승리한 것은 해군력이 우세했기 때문이라는 논지를 폈다. 카르타고의 한니발 장군이 스페인과 프랑스를 거치는 육로를 통해 로마를 공격한 것은 해군이 빈약했기 때문이다. 한니발은 이 행군에서 병사를 절반 이상 잃게 된다. 반면 로마군은 바다를 이용해 전력 손실 없이 스페인을 공격할 수 있었다. 카르타고는 해양 지배에 실패했기 때문에 17년 전쟁에서 로마에 패배한 것이다. 이 책에서 큰 깨달음을 얻은 마한은 상업적·군사적으로 해양을 지배하는 것, 즉 시파워의 우위와 제해권 장악이 국가 운명에 중대한 영향을 미친다고 판단하고서 이에 관한 연구를 하기로 결심한다. 1885년에 해군대학 복무를 명령받았으나 그는 우선 뉴욕에서 영국과 유럽의 역사, 워털루 전투 등에 관해 연구를 시작한 후 1886년 가을학기부터 강의를 시작했다.

마한은 연구 과정에서 프랑스의 군사이론가 앙리 조미니Henri Jomini

1　Warren Zimmermann,《First Great Triumph: How Five Americans Made Their Country a World Power》, Farrar, Straus and Giroux, 2002, p. 88.

에게 많은 영향을 받는다. 조미니가 정립한 육상 전투의 원리를 해상 전투에도 적용할 수 있다고 보았으며 특히 '결정적인 지점에 병력을 집중하라'는 원리를 중시했다.

1년간의 준비를 거쳐 시작된 강의는 1660년 이래 국가가 시파워을 발전시키는 데 있어 어떤 조건이 필요했는지, 시파워가 유럽과 미국에 어떤 영향을 미쳤는지가 주된 내용이었다. 그의 강의는 전례 없이 폭넓고 깊이 있었다. 해군대학 초대 학장인 스티븐 루스Stephen B. Luce는 '해군의 조미니'를 발견했다며 마한의 강의를 격찬했다. 그리고 1890년에 이 강의록을 엮은 책인《시파워가 역사에 미친 영향, 1660~1783》이 출간됐다. 이 책은 출간 즉시 미국에서 베스트셀러가 되고, 유럽과 일본 등에서도 뜨거운 관심을 받아 세계적 베스트셀러가 됐다. 그렇게 마한은 일약 세계적 스타가 됐다.

시파워가 역사에 미친 영향, 1660~1783

마한은 자신의 역사 연구에서 해양이 국가에 미치는 영향을 매우 중시했다. 그는 강대국이 되기 위해서는 바다를 지배해 해양 대국이 되어야 한다고 판단했다. 카르타고, 로마, 이탈리아, 스페인, 영국의 역사에서 볼 수 있듯이 바다를 지배하는 것은 세계적 패권에 항상 중요하게 작용했다.

왜 해로가 육로보다 중요한가? 마한은 해양이 육지와 달리 사방이 막힘 없는 거대한 고속도로로서 어느 방향으로나 갈 수 있는 교역로가 된다는 점에 주목했다. 역사적으로 육로를 통한 교통은 도로가 부족한 데다 개설하고 유지하는 데 비용도 많이 들어 비효율적이었다. 더욱이 전쟁이나 혼란이 발생하면 안전하지도 않았다. 반면 해상 교통은 훨씬 더 신속하고 안전했다. 이런 해양을 이용하기 위해서는 해군력을 강화해 제해권을 장악해야 한다. 해상에서 이루어지는 국내외 교역이 순조롭게 진행되기 위해서는 항만 같은 시설뿐 아니라 평화로운 항해를 보장할 수 있는 해군력 강화가 반드시 필요하다. 이후 해외 식민지 및 기지를 확보하고 해외시장에 진출해 국부를 늘리는 기초가 되는 것이 시파워이다. 마한은 이런 시파워의 중요성이 역사상 충분한 주목을 받지 못했다고 보았다. 마한은 자신의 책에서 시파워를 결정짓는 여섯 가지 요소를 제시한다. 지리적 위치, 천연자원 및 기후 등 물리적 환경, 영토의 크기, 인구, 국민성, 정부의 성격 등이 그것이다.

첫 번째 요소는 지리적 위치이다. 섬나라인 영국처럼 육지에서 자국을 방어할 필요도 없고 영토를 확장하고 싶은 유혹에 빠질 수도 없는 위치에 있으면 그 국가는 해양에 역량을 집중할 수 있어서 더 유리하다는 것이다. 영국이 프랑스나 네덜란드에 비해 갖는 장점이라고 보았다.

두 번째 요소는 영토의 물리적 형태이다. 지리적 위치는 다른 나라와의 관계 속에서 규정되는 데 반해 물리적 환경은 국내 기후 등과 같은 자연적 조건과 관련이 있다. 한 국가의 해안은 일종의 프런티어이고 수심이 깊은 항구가 많으면 평시에 힘과 부의 원천이 된다.

나폴레옹 전쟁 시 프랑스는 상대적으로 항구가 부족했고 영국에는 더 많은 항구가 있어서 유리했다. 자연적 조건은 국민성에도 영향을 미친다. 프랑스는 기후가 쾌적한 데다 자연 산물이 풍부해서 프랑스인들은 육지를 선호한다. 반면 영국은 자연 산물이 부족하고 기후가 좋지 않아 해외에서 부족한 산물을 찾아야 했고 이는 영국인들이 해양 활동을 추구하도록 만들었다. 마한은 당시 미국이 프랑스의 길을 밟고 있다고 우려했다. 건국 초기에는 해양에 관심을 가졌지만 남북전쟁 후로는 내륙 개발에만 전념해 해양에는 무관심해졌다는 것이다.

세 번째는 영토의 크기이다. 여기에는 단순한 면적뿐 아니라 해안선의 길이와 항구들의 특성이 중요하다. 해안선의 길이와 비교해 인구수도 고려해야 한다. 남북전쟁 시 남부는 긴 해안선을 갖고 있었음에도 인구가 적어 해군력에 있어 북부보다 우위를 확보하지 못했다.

네 번째는 인구수이다. 특별히 시파워와 관련해 중요한 것은 조선업이나 어업 등 해양과 관련된 일에 종사하는 인구수이다. 프랑스의 총인구는 영국보다 많지만 시파워와 관련 있는 일에 종사하는 인구는 영국이 더 많다. 이런 사실이 1778년 전쟁을 포함해 양국 간 전쟁에서 승패를 결정했다는 것이다. 마한은 미국이 해안선의 길이에 비해 준비된 인력이 부족하다고 우려하며 인력 양성을 위해서는 해상 무역이나 해운 등 해상 관련 산업 육성이 필요하다고 역설한다.

다섯 번째 요소는 국가의 성격이다. 국민성을 포함해 국가의 문화까지 포함하는 개념이다. 마한은 시파워가 평화적인 대규모 통상에 기초하며 이런 해상 무역을 추구하는 성향은 역사적으로 해양 대국만

이 갖는다고 보았다.

　과거 시파워 대국인 스페인이나 포르투갈은 남미 등 식민지에서 발견한 금에만 관심을 쏟고 제조업이나 상업에는 관심을 기울이지 않았다. 그 때문에 해운 같은 해양 관련 산업이 발전하지 못하고 생필품 등은 오히려 해상 무역에 능한 경쟁국인 영국이나 네덜란드에 의존했다. 영국과 네덜란드는 자국에서 제조한 상품을 스페인과 포르투갈에 팔고 원료 수입과 완제품 수출을 위한 상선을 짓기 위해 조선소를 확장했다. 그다음으로는 상선을 보호하기 위해 강력한 해군을 건설했다. 마한에 의하면 시파워는 상업 및 무역과 함께 발전한다. 생산과 무역 증가로 인해 해운이 발전했고 이것이 해양 지배로 이어졌다는 것이다.

　프랑스가 해양 국가로 발전하지 못한 이유는 국가적 성격, 국민성, 문화와 관련이 있다. 프랑스인은 절약하고 저축하는 방식을 택했으나 상업 발전에 필요한 도전 정신은 부족했다. 해외 무역이나 해운 발전에도 소극적이었다. 또한 프랑스와 스페인은 상업을 경시했다. 중세의 영향을 받은 귀족층의 태도 때문이었다. 반면 영국과 네덜란드는 상업과 축재를 긍정적으로 받아들였다.

　식민지 건설은 상업과 함께 시파워에 큰 영향을 미쳤다. 영국은 최고의 식민지 건설자였다. 그들은 식민지에서 기회를 찾아 정착하고 본국으로 돌아가지 않았다. 영국인은 새로운 식민지를 전체적으로 개발하는 데 힘썼다. 반면 프랑스인은 본국으로 돌아가려 했고 스페인은 극히 제한적인 자원에만 관심을 보였다. 네덜란드인은 본국과 식민지를 연계하는 상업에만 관심이 있었다. 마한은 미국인이 상업에 대한 본능과 대담한 기업가 정신을 모두 갖고 있다고 보았다. 앞으로 식민지 개발 기회가 있다면 영국인처럼 자율적이고 독립적으로 발전시킬 수 있다고 본 것이다.

마지막 여섯 번째 요소는 정부 및 국가기관의 성격이다. 해양 지배를 목적으로 한 정책을 수립해 국민을 일관되게 지도하는 국가의 능력이 시파워 강화에 중요한데, 마한에 따르면 이 점에서 영국 정부는 성공적이었다. 영국의 올리버 크롬웰Oliver Cromwell은 항해법을 제정해 해외에서 영국으로 수입되는 상품은 영국 선박 혹은 생산국 선박으로만 운송할 수 있도록 제한해 당시 경쟁자이던 네덜란드를 견제하고 자국의 해운업을 육성했다. 1713년 위트레흐트 조약으로 영국은 지중해의 지브롤터와 메노르카섬을 얻었고 북미에서 뉴파운드랜드, 노바스코샤, 허드슨만을 획득했다. 네덜란드 해군은 약해지고 스페인과 프랑스의 시파워는 사실상 소멸했기 때문에 그러한 상황들이 영국이 제해권을 장악하는 데 디딤돌이 되어주었다.

영국은 유럽에서 벌어진 여러 분쟁 사이에서 일관되게 시파워를 유지하는 데 전략적 초점을 맞췄다. 이후에도 영국 정부는 해군을 효율적으로 관리했고 프랑스와 달리 귀족이 아닌 일반인에게도 해군을 개방해 저변을 확대했다. 이로써 영국은 시파워의 기초인 대규모 교역, 대형 기계 산업, 광범위한 식민지를 모두 갖추게 됐다.

반면 네덜란드는 프랑스에 맞서 육군을 중시하고 해군을 경시함으로써 시파워를 상실했다. 프랑스의 경우 장 바티스트 콜베르Jean-Baptiste Colbert가 단기간에 시파워를 구축하려 했지만 루이 14세가 네덜란드와의 전쟁을 강행하면서 시파워는 쇠퇴하고 상업과 해운 모두 약해졌다.

미국은 남북전쟁 후 내륙 개발에만 집중해 시파워 발전에 필요한 첫 단계인 대규모 생산은 가능했지만 식민지와 해운 산업은 구축하지 않았다. 마한은 적국이 미국의 주요 항구를 봉쇄하는 위협에 대비하고 미국으로의 안전한 항해를 보장하기 위해서라도 해군이 필요하다고 판단했다. 하지만 미국의 해운업 규모가 커지더라도 그에 상응해 해군이 강화될 것이라는 데에는 회의적이었다. 미국과 유럽 강대국 사이에는 큰 대양이 있고 거리가 멀어 일종의 자연적 방어망이 되기 때문에 해군 강화에 소극적일 것이라고 본 것이다. 마한은 미국이 해군 기지를 확보해야 한다고 강조했다. 연료를 공급하고 수리를 할 수 있는 기지 없이는 해군 확대가 불가능하다고 말한다.

요컨대 마한은 해군 육성과 국가의 정치적·경제적 운명을 결합했다. 미국의 생산이 확대되면 생산물의 교역이 필요하고 이어서 상품 운송을 위한 해운이 필요하며 그 해운을 확대하고 보호하기 위한 거점과 해군 기지로서 식민지가 필요하다는 것이다. 마한의 이론은 석탄, 철강, 제련, 중공업, 화학 등 새롭게 발전하는 근대 산업을 위한 전략을 당시 신흥 산업국가인 미국의 엘리트들에게 제공한 것이다. 이 때문에 미국은 물론이고 유럽의 신흥 강국 및 일본의 지배층도 이 책에 열광했다.

한편 마한은 해군의 전략 전술에서 근본 원칙은 '승패를 정하는 장소에 적보다 우월한 전력을 집중하고 다른 전투에서는 적이 병력을 결전장으로 이동하지 못하도록 견제한다'는 집중의 원칙이라고 천명했다. 그리고 이 원칙에 충실했던 영국의 호레이쇼 넬슨Horatio Nelson 제독을 모범으로 삼았다. 그는 해전에서 병력 또는 통신 이동을 보호하거나 차단할 수 있는 위치가 중요하다고 강조했으며 병참도 중시했다. 또한 교역 봉쇄commerce blockade와 함대 결전에 주목했다.

마한은 18세기 전쟁에서 영국에 맞선 프랑스가 패배한 원인은 방어적인 해군 전략에 집착했기 때문이라고 분석했다. 해군은 연안 방어 같은 소극적인 전략에서 벗어나 필요시 적 함대를 분쇄 격멸한다는 공격적 전략 개념에 의해 편성되어야 한다는 것이다. 이것이 '공격적 주력함대론'인데 해군 함대는 순양함이 아니라 무장 전함이 중심이 된 주력 함대로 구성해야 한다는 주장이다. 그리고 이 주력 함대는 결전을 불사해야 한다. 마한은 강력한 주력 함대만이 미국의 해안선을 방어하고 제해권을 장악하는 첩경이라고 판단했다. 따라서 미국 해군은 순양함이 아니라 주로 전함을 건조해 함대결전론에 입각해 교역로를 보호하고 예상되는 적의 해상 병참선을 차단해야 한다고 주장했다.

1892년에는 그의 두 번째 책인《시파워가 프랑스혁명과 제국에 미친 영향, 1793~1812》도 출간됐다. 마한은 이 책에서 나폴레옹 전쟁을 랜드파워와 시파워 간의 대결이라는 큰 구도가 구체화된 완벽한 사례로 제시한다. 영국은 나폴레옹 대군과 맞설 육군이 없었고 나폴레옹은 영국 해군에 대항할 해군이 없었다. 그러한 구도에서 결국 나폴레옹이 패한 것은 해군력이 부족했기 때문이라고 결론지었다.

마한의 세계적 영향

첫 번째 책이 출간된 후 이를 탐독한 시어도어 루스벨트Theodore Roosevelt는 마한이 가장 뛰어나고 흥미로운 해양사 책을 저술했다고 격찬했다. 마한은 1887년 가을학기에 영국과 미국의 전쟁인 1812년 전쟁에 관한 강의를 해줄 외부 강사로 5년 전 이에 관한 책을 출간했던 시어도어 루스벨트를 초청한다. 마한과 루스벨트는 미국에 대형 군함과 원양 항해가 가능한 대형 해군이 필요하다는 데 의견이 일치했다. 이를 계기로 18살 연상인 마한은 루스벨트와 동맹 관계가 된다. 루스벨트는 마한의 책을 더할 나위 없이 중요한 자료로 여겼다. 마한의 책이 미국의 미래를 위한 전략적 지도서가 된 것이다. 이후 마한은 루스벨트에게 아이디어를 제공하고 루스벨트는 해군 차관(1897~1898)에 이어 대통령(1901~1909)이 되어서 마한의 전략을 실현했다.

마한의 책은 식민지 확장과 제국주의 경쟁 시대를 맞이해 미국 정계에 움트고 있었던 군비확장론자들에게 강력한 무기가 됐다. 미국 정계에서도 루스벨트뿐 아니라 헨리 로지Henry Cabot Lodge 등이 그의 강력한 후원자가 됐다. 해군장관 벤자민 트레이시Benjamin F. Tracy, 힐러리 허버트Hilary A. Herbert 등도 그의 저서에 영향을 받았다.

마한의 책은 영국, 독일 등에서도 반향이 매우 컸다. 40년간의 의무 복무 기간을 채우기 위해 시카고호 함장으로서 유럽을 방문한 마한은 자신이 유럽에서 유명 인사가 되었음을 체감한다. 《런던타임스The Times of London》는 시파워를 태양과 같은 중심으로 만들었다며 마한을 코페르니쿠스에 비견했다. 독일의 빌헬름 2세는 마한의 열광적 팬임을 자청했다. 그는 마한의 책을 격찬하고 마한에게 책을 단순히 읽은 게 아니라 통째로 외웠다고 편지를 썼다. 그는 독일의 모든 함정에 이 책을 비치해 읽도록 명령했다. 이후 독일제국은 빌헬름 2세의 강력한 의지로 영국에 대항할 수 있을 만큼 해군력을 강화했다. 알프레드 폰 티르피츠Alfred von Tirpitz 제독의 주도로 진행된 독일제국의 해군 증강은 결국 영국을 자극하고 다른 유럽 국가들에게도 호전적으로 비춰져 제1차 세계대전의 한 원인이 된다.

마한의 책은 일본 해군에서도 필독서였다. 일제가 건함 경쟁에 뛰어들어 해군력 증강에 힘을 쏟은 것도 마한의 영향이 컸다. 마한의 책은 일본에서 모든 해군 및 군사학교의 교과서로 채택된다. 러일전쟁 당시 대마도 앞바다에서 벌어진 해전의 작전 참모였던 아키야마 사네유키秋山真之는 미국 해군대학에서 유학했는데 당시 학장이던 마한에게 전략 전술을 배웠다고 전해진다. 그가 러일전쟁 초기에 지휘한 뤼순항 입구 봉쇄 작전은 마한이 스페인과의 전쟁에서 지휘한 산티아고 항구 봉쇄 작전을 모방한 것이다.[2] 1905년 대한해협에서 일본 해군이 러시아 발트 함대를 격파한 것에도 마한의 가르침이 작용했다.

마한이 다시 미국으로 돌아온 1895년 이후 그와 루스벨트 그리고 로지는 삼각 편대가 되어 강력한 해군 건설을 추진한다. 또한 마한은 미국 정부와 해군 당국의 정책에 영향을 미치는 전략가로서, 국제정

---

2   奥山真司,《地政学: アメリカの世界戦略地図》, 五月書房, 2004, p. 62.

치 분석가로서, 미국역사학회 회장을 역임한 역사가로서 활발한 저술 활동을 하여 제1차 세계대전이 발발한 해인 1914년 12월 영면하기까지 총 20여 권의 저작과 137편의 논문을 남기게 된다.

미국 해군 강화

마한은 19세기 후반 미국 해군의 현황을 깊이 우려했다. 남북전쟁 시 북군이 보유했던 군함은 671척이었으나 종전 후 10년이 흐른 시점에서는 고작 147척에 불과했다. 해군 숫자도 1865년에는 5만 8천 명이었으나 전쟁 종료 후 9천 4백명가량으로 축소됐다. 1881년 무렵 미국 해군의 규모는 브라질, 페루, 이집트만도 못 했다.

마한은 미 해군의 주요 목표는 적의 해군 그 자체여야 하며 제해권을 확보하기 위해서는 무엇보다 전함이 필요하고 기존의 방어적인 순양함 중심의 해군 편성을 바꿔야 한다고 집요하게 주장했다. 마한은 역사상 영국 정치인들이 시파워의 역할에 대해 가장 정확하게 이해했기 때문에 세계 최고의 해군을 만들 수 있었다며 미국 정치인들이 시파워에 대해 제대로 이해해야 한다고 촉구했다. 1889년 3월 공화당 소속 해리슨 정부가 들어섰고 해군 장관에는 벤자민 트레이시가 임명됐다. 이들은 해군확장론자들이었다. 결국 1890년에 제정된 해군법은 1만 톤 급 전함 3척 건조를 승인했고 이것이 해군 확장의 계기가 됐다. 1893년 3월 출범한 클리브랜드 정부 해군 장관은 힐러리 허버트였다. 그는 민주당 소속이었지만 마한이 제시한 주력함 이론에 영

향을 받고 해군 확장 계획을 진행시켜나갔다. 그 결과 1897년 미국의
북대서양 함대는 1급 전함 3척, 2급 전함 3척, 무장 순양함 2척의 규
모를 갖추게 됐다.[3] 유럽 열강들의 함대에 비해서는 열세였지만 이 함
대들은 미국이 북미 지역 제해권을 장악하는 데 기여했다. 이러한 건
함 계획은 1907년 시어도어 루스벨트 대통령이 추진한 대규모 함대 건
조 정책에 이르기까지 계속된다. 미국의 군함 톤 수도 증가해 1890년
에 24만 톤이던 규모가 1900년에는 33만 톤, 1910년에는 82만 4천
톤으로 증가했다.[4] 미국은 1898년 영국, 독일에 이어 세 번째로 큰 해
군력을 보유하게 되고 1907년에는 영국에 뒤이은 2위의 해군 강국이
된다. 마한의 영향이 컸다.

미국의 팽창

1890년 미국 인구통계청은 전국 인구조사를 한 후 미국에 더 이
상 프런티어 라인이 존재하지 않는다고 선언했다.[5] 토지 개척이 공식
적으로 마감된 것이다. 대서양에서 시작해 태평양에서 끝났다.
프레더릭 잭슨 터너Frederick Jackson Turner는 1896년에 쓴 그의 글

---

3   박영준, 〈Alfred T. Mahan의 해양전략론에 대한 연구〉, 《육사논문집》, 제44집, 1993,
p. 198.
4   폴 케네디, 《강대국의 흥망》, 한국경제신문사, 1989, p. 245.
5   1평방마일(약 260만 제곱미터)당 거주하는 사람이 2명 미만인 지역을 '프런티어'로
정의한다.

〈서부의 문제The Problem of the West〉에서 지난 3백 년 동안 미국인의 삶에서 지배적인 양상은 바로 팽창이었다며 프런티어의 종언으로 인해 팽창의 에너지가 소멸할 것이라고 보는 것은 성급한 예단이라고 했다. 오히려 미국은 해외로 나아갈 것이라고 전망했다. 터너의 전망대로 이제 팽창은 해외로 향하기 시작했다. 1890년대 초 미국이 처음으로 제국주의적 행보를 시작한 것이다. 1890년에 마한의 첫 번째 책이 출간된 것은 아주 절묘했다. 미국의 내부 프런티어가 사라지고 해외를 향한 새로운 전략을 수립해야 하는 시점에서 마한이 새로운 전략을 제공한 것이다. 1880년대에 계속되었던 경제 위기로 인해 팽창주의자들이 옹호하던 해외팽창론이 더 힘을 얻어갔다. 우선은 중남미와 중국으로의 진출을 노렸다. 바로 이런 시기에 마한의 시파워 강화 이론은 미국의 팽창적 욕구를 실현할 구체적 방안이 됐다.

파나마운하, 하와이, 필리핀, 유라시아

마한은 1893년 논문 〈지협과 시파워The Isthmus and Sea Power〉에서 서유럽 세계가 동아시아나 인도로 향하게 될 때 그때까지는 장애물이던 해양이 이제 큰 항로가 되어 접근을 용이하게 한다고 지적한다. 마한은 중미 지협 운하의 확보가 미국의 생존뿐 아니라 국부 증대와 국익에 큰 영향을 준다고 믿었다. 태평양과 대서양에 양분해 전개될 수밖에 없는 미 해군 전력을 단시간에 어느 한쪽으로 이동시켜 집중하기 위해서는 중미 지협 운하 건설이 필수적이었다. 파나마운하가 완공되면 뉴욕에서 샌프란시스코로 가는 배의 경우 남미의 남단에 위치한 혼곶Cape Horn을 돌아가는 2만 9백 킬로미터 이상의 항로가 약 1만 2천 5백 킬로미터로 단축될 수 있었다. 필요할 경우 미 해군이 유럽 국가의 해군에 접근하기가 용이하다는 것도 이점 중 하나였다. 하지만 방어적 관점에서 보면 이 지협 항로는 역설적으로 중대한 군사적 약점이 될 가능성이 있었다. 마한은 이러한 점을 우려하고서 이들 운하, 상선단, 항로 그리고 미국 본토 방위를 위해서는 해군을 강화해야 한다고 역설했다.

또한 마한은 1893년 논문 〈하와이와 우리의 미래 시파워Hawaii and Our Future Sea Power〉에서 하와이가 미국 방어를 위해 불가결하다고 설명한다. 우선 아시아에 진출하려면 태평양, 즉 '태평양 고속도로' 도중의 요지에 식량 및 탄약·물·연료 등의 보급, 선박 수리, 병사 휴양 등을 위한 기지가 있어야 했다. 하와이가 최적이었다. 태평양에 전진하는 것은 중국에 접근하기 위해서뿐만 아니라 미 본토 방어를 위해서이기도 했다. 마한은 태평양에서 미국의 국익을 위한 그랜드 전략을 최초로 구상하고 아시아 대륙에 경쟁적인 패권 세력이 출현하는 걸 저지하는 것이 미국의 이익에 부합한다고 인식한 최초의 전략가이다. 마한은 1893년에 중국이 향후 해양 대국이 될 것이라고 예측하고 중국을 경계했지만 1895년 일본이 청일전쟁에서 승리하자 일본을 주목하기 시작했다.[6] 루스벨트가 1897년 미 해군성 차관보가 되자 마한은 '최고의 제독을 태평양에 보내라'고 조언했다.

하와이 제도가 중미에 건설 예정인 지협 운하와 연결되면 통상 루

1914년 8월 15일 파나마운하를 최초로 통과하는 미국 함선 안콘호.

트가 확대될 뿐만 아니라 아시아로 향하는 교역로가 된다. 마한은 하와이와 중미 지협을 확보하면 해운 거리를 단축하고 통상에서 유럽과 대등하거나 우월한 경쟁력을 확보할 수 있다고 주장했다. 무역과 군사적 측면에서 볼 때 태평양에서 하와이의 가치는 매우 컸다. 하와이가 미국에 병합된 것은 1898년이었다. 하와이는 다인종이 거주하는 해외 영토가 미국에 편입된 최초의 사례였다.

1898년 4월 24일 개시된 미국과 스페인의 전쟁 중 당시 미국 해군

---

6   Michael J. Green, 《By More Than Providence: Grand Strategy and American Power in the Asia Pacific Since 1783》, Columbia University Press, 2017, p. 81.

1898년 8월 12일 하와이 국기가 내려지고 미국 국기가 게양되는 모습.

차관 시어도어 루스벨트는 홍콩 주재 극동군 사령관 조지 듀이George Dewey 제독에게 스페인의 식민지였던 필리핀을 공격하도록 지시한다. 이에 미군 1만여 명이 필리핀에 진격하고 루손섬 등을 점령한 후 병참선 확보를 위해 괌, 하와이, 웨이크, 미드웨이 등에 해군 기지를 설치한다. 이로써 마한이 주장한 대로 동아시아로 진출할 통로가 열렸다. 1899년 미국의 존 헤이John Hay 국무장관은 문호개방정책open door policy을 외치며 강대국들 사이에서 벌어진 중국 이권 쟁탈전에 뛰어들고 1900년에는 미군 2천 5백 명을 중국에 파병한다. 이렇듯 미국에게 동아시아는 핵심적 이익이 걸려 있는 곳이다.

마한의 역사적 위치

마한이 집필 활동에 착수한 시기는 미국 해군이 급속히 쇠퇴한 시기와 겹친다. 해군이었던 그는 미국 해군의 존재 의의와 미래에 대해 숙고한다. 제국주의와 해군 강화 이론은 마한이 가진 해군이라는 정체성의 산물인 것이다. 역사가 윌리엄 애플먼 윌리엄스William Appleman Williams는 그의 저서《미국 외교의 비극The Tragedy of American Diplomacy》에서 마한이 초기에는 팽창주의에 반대했지만 중상주의 사상을 연구하고 1888년 이후 미국의 경제 불황과 정치 불안을 겪고 나서 입장을 바꾸었다고 분석했다. 그는 마한을 경제적 관점을 가진 제국주의적 팽창주의자라고 평가했다.

마한에 따르면 주요 분쟁 지역은 아시아의 북위 30도와 40도 사이에 있는데 여기서 러시아의 랜드파워와 영국의 시파워가 부딪친다. 그는 유라시아를 둘러싼 핵심 기지들을 확보한 영미동맹이 세계를 지배할 수 있을 것으로 판단했다. 여러 가지 면에서 마한의 세계관은 매킨더의 세계관을 예견했다. 하지만 그 둘은 랜드파워와 시파워의 상대적 우위에 대한 견해가 완전히 달랐다.[7]

특히 해럴드 스프라우트Harold Sprout와 마가렛 스프라우트Margaret Sprout는 마한이 1900년 팽창적 러시아의 위협에 관해 주장한 것은 매킨더의 유라시아 하트랜드heartland 개념을 예견한 것이라고 주장했다.[8] 마한은 바다를 지배하는 해양 국가이면서 동시에 대륙을 지배하는 대륙 국가가 될 수는 없다고 말한다. 대륙 국가는 대륙 내에서 상시 발생하는 이웃 국가들과의 국경 분쟁 등으로 해양 지배를 위한 노력을 하기 힘들다는 이유였다. 마한의 이론은 시파워가 랜드파워에 비해 우월하다는 시파워 우위론이다.

미국은 19세기 말 20세기 초에 제국주의 경쟁 무대에 성공적으로 뛰어든다. 이는 단기간에 구축한 시파워 없이는 불가능했다. 제1차 세계대전 시 미국은 당시 독일에 고전하던 영국, 프랑스 등을 지원함으로써 아메리카를 벗어나 유라시아에 개입하기 시작하고 제2차 세계대전을 거치면서 시파워 대국인 영국의 헤게모니를 대체했다. 미국의

---

7   Saul Bernard Cohen, 《Geopolitics: The Geography of International Relations》 3rd Edition, Rowman & Littlefield Publishers, 2014, p. 23.

8   Jon Sumida, 〈Alfred Thayer Mahan, Geopolitician〉, Colin S. Gray & Geoffrey Sloan(Eds.), 《Geopolitics, Geography and Strategy》, Routledge, 2014, p. 42.

2002년 9월 대서양을 항해 중인 마한호.

전직 외교관 위렌 짐머만Warren Zimmerman은 그의 책《최초의 대승: 어떻게 5명의 미국인이 미국을 세계 대국으로 만들었는가?First Great Triumph: How Five Americans Made Their Country a World Power?》에서 미국을 세계 대국으로 만든 다섯 명 중 한 명으로 마한을 꼽았다. 미 해군 대장 출신인 제임스 스타브리디스James Stavridis는 그의 저서《시파워: 세계 대양의 역사와 지정학Sea Power: The History and Geopolitics of the World's Oceans》에서 미국이 국제적인 해양 전략을 구상하는 데 마한의 관점은 여전히 불변의 가치를 지닌다고 강조한다.

　　미 해군은 마한의 공적을 기려 역대 4척의 군함을 마한호로 명명했다.

2

매킨더

랜드파워

SEA POWER
LAND POWER

아프리카의 나이로비 동북쪽 150킬로미터 지점에는 케냐산이 우뚝 서 있다. 해발 5,199미터로 아프리카에서 두 번째로 높은 산이다. 1899년 9월 13일 3개월간의 고난 끝에 이 산을 최초로 등정한 사람은 영국의 핼퍼드 매킨더였다. 놀랍게도 그는 전문 등산가가 아니라 지리학자였다.

1898년에 이미 독일 등산가 한스 마이어Hans Meyer(1858~1929)가 아프리카 최고봉인 킬리만자로산을 성공적으로 등정했다. 그는 케냐산도 조만간 등정할 계획이라고 선언했다. 매킨더는 한스 마이어보다 먼저 케냐산을 등정하고 싶어 했다. 1880년대와 1890년대에 영국과 독일은 동아프리카 지역을 놓고 서로 경쟁했다. 어느 나라가 케냐산을 정복하는가에는 큰 정치적 의미가 담겨 있었다. 탐험가로서의 능력을 보여주고 독일과의 경쟁에서 이긴 것은 매킨더에게 큰 자산이 됐다. 매킨더는 후에 케냐산 등정이 자기 인생의 정점이었다고 회고했다.[1]

1861년 영국의 게인즈버러에서 태어난 매킨더는 게인즈버러 고등학교와 엡솜 칼리지Epsom College를 거쳐 1880년 옥스퍼드 대학교

케냐산.

에 진학한다. 그는 어려서부터 자연현상에 호기심이 많고 여행과 탐
험을 좋아했다. 또한 국제 관계에 흥미가 있었으며 지도 제작에도 관
심이 많았다. 매킨더는 옥스퍼드에서 마이클 새들러Michael Sadler와 헨
리 모즐리Henry Nottidge Mosely의 영향을 받는다. 두 사람 모두 영국에
서 지리학을 독립된 학문으로 정립하려고 노력한 이들이다. 매킨더
는 동물학, 역사학, 지질학을 연구한 후 1886년에 자연과학과와 경
제사학과의 강사로 임명됐고 같은 해 왕립지리학회Royal Geographical

---

1   Gerry Kearns, 《Geopolitics and Empire: The Legacy of Halford Mackinder》,
Oxford University Press, 2009, p. 99.

햘퍼드 매킨더.

Society에 가입한다. 1887년 매킨더는 옥스퍼드 대학교 지리학과School of Geography의 준교수Reader에 임명되고 유럽 역사에 끼친 지리의 영향에 대해 강의를 시작한다. 그는 옥스퍼드 대학교에 지리학과를 설립하는 데 주도적 역할을 했다.

　1887년 매킨더는 첫 주요 논문인 〈지리학의 범위와 방법On the Scope and Methods of Geography〉을 발표한다. 이 논문에 제시한 네 가지 주요 아이디어는 매킨더의 후속 저작을 이해하는 데 초석이 된다. 첫째, 지리학의 목적은 과거를 조망해 현재를 해석하는 것이다. 둘째, 인류의 지리적 발견은 종착역에 도달해간다. 지도에서 아직 발견되지 않은 곳은 아주 적다. 셋째, 정치적 정복자는 '지상 늑대'와 '해상 늑대' 두 종류가 있다. 육상 지배자와 해상 지배자를 그렇게 표현한 것이다. 넷째,

기술 진보가 현대적인 대국을 가능하게 한다.

1899년 9월 말 매킨더는 케냐산 등정을 마치고 강의를 하기 위해 옥스퍼드에 급히 돌아갔다. 그때 아프리카 남쪽에서는 큰 사건이 발생한다. 1899년 10월 보어전쟁이 시작된 것이다. 1902년까지 계속된 이 전쟁에는 영국군이 50만 명이나 참전했으며 희생도 컸다. 이러한 결과를 지켜보며 매킨더는 대영제국을 방어하는 것이 쉬운 일이 아님을 깨닫게 된다. 이러한 깨달음은 매킨더의 세계관과 제국관에도 영향을 미친다.

대영제국의 경제적 · 전략적 우려

19세기 말 유럽에서는 아프리카 쟁탈전이 심화됐다. 1880년대 초부터 영국 외의 많은 유럽 국가들이 보호주의적 관세정책을 실시했다. 독일제국은 신흥 세력으로 등장해 랜드파워에 시파워를 더하고 싶어 했다. 1898년에는 북아프리카 파쇼다에서 영국과 프랑스가 충돌했다. 같은 해 카리브해에서는 미국이 스페인을 격파하고 신흥 세력으로 부상했다. 강대국들은 분쟁과 경쟁에 빠져들고 있었다. 대영제국의 미래는 어두웠다. 작은 섬나라인 영국은 대륙을 지배하는 대국들에 압도될지도 몰랐다.

매킨더는 1902년 출간한 저서 《영국과 영국의 바다Britain and the British Seas》에서 영국이 신흥 강대국에 밀려나고 있다는 우려에 대해 상세히 논한다. 이 책은 주로 영국의 물리적 특성과 조건에 관해 논하지만 매킨더의 핵심적 아이디어는 이미 싹트고 있었다. 이 책에서 그는 영국이 유럽 국가이지만 유럽 내에 있지 않고 대륙 밖에 위치하기 때문에 영국이 세계에서 차지하는 우월적 지위는 바다의 지배에 달려 있다고 주장했다. 또한 영국, 프랑스, 독일, 러시아, 미국 등 다섯 강대국들 사이에 새로운 세력균형 구도가 나타나고 있다고 분석했다. 그는 영국의 위상이 대륙의 방대한 자원을 보유한 대국인 러시아와 미국 때문에 위험해지고 있다고 보았다. 따라서 이들 강대국과의 경쟁에서 이기기 위해서는 영국연방을 하나의 함대, 하나의 외교정책을 가진 민주주의 연맹으로 결속해야 한다고 인식했다. 영연방 내부의 무역을 촉진하는 관세 제도를 도입해 연방 내의 경제성장을 촉진해야 한다는 것이다. 또한 경제통합과 아울러 교육개혁 및 사회 개혁을 통해 제국의 통합을 이루어야 한다고 조언했다.

역사의 지리적 중심

매킨더는 1904년 1월 25일 왕립지리학회에서 논문 〈역사의 지리적 중심The Geographical Pivot of History〉을 발표했다. 이 논문은 지정학사에서 획기적인 논문이 된다. 매킨더는 이 논문에서 전체 역사의 지리적 인과관계를 밝혀내고 당시 국제정치의 경쟁적 세력 관계를 조망했다.

그는 지리적 탐험의 시대인 콜럼버스 시대가 끝나가고 있다고 진단했다. 지난 '400년간 세계지도의 윤곽은 이미 거의 정확히 그려졌고', 게다가 '정복자, 선교사, 광부, 농민 그리고 엔지니어들이 세계 구석구석을 찾아다녀' 세계는 역사상 처음으로 '닫힌 정치 시스템'이 됐으며, 더 이상 미지의 곳이 없어졌다는 것이다. 이는 지구상 어느 한 곳의 변화도 멀리 떨어진 곳에 반향을 불러일으킬 수 있고 정치경제적으로 약한 국가는 소멸할 위기에 직면할 것이라는 의미이다. 어느 국가도 이제는 더 이상 지구 저 멀리 떨어진 곳에서 일어난 사건을 무시할 수 없게 됐다.

매킨더는 유럽과 아시아를 묶어서 하나의 대륙인 '유로-아시아 Euro-Asia'라고 명명했다. 유로-아시아는 '연속적인 지역으로 북쪽은 얼음으로 둘러싸이고 다른 곳은 물로 둘러싸인 2천 1백만 평방마일의 육지'를 말한다. 그는 유로-아시아의 북쪽 중심은 '약 9백만 평방마일로 해양으로 나갈 수 있는 수로가 없는 반면에 기마인의 기동성에는 유리하다'고 지적했다. 이 중심 지역pivot area의 동쪽과 남쪽은 광대한 초승달 모양의 지역에 위치한 주변부인데 선박을 이용해 접근이 가능하다.

매킨더는 5세기와 16세기 사이에 훈족, 아바르족, 불가리아족, 마자르족, 하자르족, 페체네그족, 쿠만족, 카를루크족 등이 중앙아시아에서 출현해 초승달 모양의 주변부에 위치한 유럽, 중동, 서남아시아, 중국, 한반도, 일본 등을 정복하거나 위협했다고 지적한다. 매킨더는 '유럽의 역사는 실은 유라시아 대륙으로부터 온 자극 및 압력에 의해 형성된 것'이라고 규정했다. 아시아의 위협으로 유럽이 문명을 이루고 국가를 형성했다는 것이다. 이는 유럽 열강이 동양을 지배하던 당시에 코페르니쿠스적인 발상의 전환이었다. 그에 의하면 과거 유럽은 동쪽으로부터 침입한 기마민족에 자주 압도됐으며 그 시기는 말의 기동력을 활용한 랜드파워 우세의 시대였다. 유럽에 끼친 아시아의 영향은 13세기 몽고의 침략으로 극대화된다.

그러나 15세기 후반부터 콜럼버스 시대의 선원들이 시파워를 이용해 중앙아시아를 둘러쌌다. 매킨더는 시파워가 커지면서 '유럽과 아시아의 관계가 역전'됐다고 설명한다. 그 무렵 기동력의 주역은 선박이었기 때문에 시파워의 시대가 된 것이다. 중세 유럽에서 남쪽은 통행이 불가능한 사하라 사막, 서쪽은 미지의 대양, 북쪽과 동북쪽은 동토이거나 숲으로 우거진 황무지였다. 동쪽과 동남쪽은 기마인의 뛰어난 기동력 때문에 계속해서 위협을 받았다. 그런데 콜럼버스 이후 유럽이 세계에 등장해 유럽 육지보다 30배 이상 큰 전 세계 바다와 해안의 육지에 접근하게 되고 지금까지 유럽에 위협적이었던 유로-아시아 강국에 영향력을 행사하게 됐다고 설명한다. 대항해 시대에 합류한 유럽 여러 나라가 거꾸로 동양을 압박해 서양이 주역인 시대가 됐다는 것이다.

그러나 유럽이 바다를 통해 해외로 세력을 확장하는 사이에 동유럽과 중앙아시아에 근거를 둔 러시아는 남쪽과 동쪽으로 영역을 넓혀갔다. 러시아는 코사크족을 동원해 스텝 지대를 정복하여 많은 인적·자연적 자원을 갖고 있는 방대한 공간을 차지했다. 서유럽이 바다로 진출하는 동안 러시아는 육상을 통해 모스크바에서 시베리아로 확장했다.

영국의 제해권은 도전받지 않았다. 단지 해외 제국을 경영하는 데 있어 한 가지 위협은 아시아에도 공간을 확보한 러시아였다. 당시 영국에서는 러시아가 콘스탄티노플이나 인도 서북부 쪽에서 분쟁을 일으킬 것이라는 소문이 무성했다. 영국의 시파워와 러시아의 랜드파워가 국제 무대의 중심을 차지한 것이다. 그런데 매킨더는 당시 대륙에 장거리 철도가 건설되기 시작하면서 기동력의 주역이 육상 교통이 될 것이라고 판단했다. 러시아가 차지한 방대한 공간은 조만간 철도 네트워크로 촘촘히 연결될 것이고 그렇게 되면 랜드파워의 기동성과 영향력이 비약적으로 증대될 것임을 예리하게 통찰한 것이다.

매킨더는 이렇게 분석한다. 러시아 철도는 서쪽의 비르발리스에서 동쪽의 블라디보스토크까지 6천 마일이나 이어진다. 시베리아 횡단철도는 당시에는 불안정한 교통수단이었지만 전 아시아가 철도로 뒤덮일 날이 머지않았다. 러시아는 대단히 방대하고 인구 규모로 보나 밀, 면화, 연료, 금속 등 자원의 잠재력으로 보나 조만간 거대한 경제 조직체가 출현할 것임이 틀림없다. 하지만 이곳은 선박으로 접근하기 어렵다.

러시아는 몽고를 대체한다. 핀란드, 스칸디나비아, 폴란드, 터키, 페르시아, 인도, 중국에 가하는 러시아의 압력은 과거의 몽고를 대체한다. 독일이 유럽의 지리적 중심이라면 러시아는 세계의 지리적 중심이다. 현대적인 철도망을 완성하는 것은 러시아에게 시간문제이다. 그래서 매킨더는 랜드파워 시대가 도래했다고 본 것이다. 대륙 횡단철도가 랜드파워의 위상을 변화시키고 있었고 유로-아시아의 닫힌 지역에서 가장 큰 효과를 발휘하고 있다. 러시아 육군이 만주에 주둔하는 것은 랜드파워의 기동성을 보여주는 증거였다. 남아프리카에 주둔하는 영국 육군이 시파워의 증거이듯이.

지리적·역사적 맥락에서 매킨더는 유로-아시아의 북중앙 부분을 세계 정치의 '중심 지역' 혹은 '중심 국가pivot state'라고 칭했다. 중심 지역은 동유럽 쪽 러시아 전부와 아시아 쪽 러시아 대부분이었다. 또한 중국 서부, 몽고, 아프가니스탄 일부를 포함하고 발루치스탄과 페르시아의 좁고 기다란 해안가는 제외된다. 이 중심 지역·국가는 선박으로 접근하기가 어려워 시파워의 공격을 방어할 수 있다. 랜드파워인 이 중심 지역·국가의 역량이 커지면 반대로 주변으로 팽창해 시파워를 갖출 수 있다. 이 점이 중심 지역·국가가 시파워에 대응할 수 있는 전략적 강점이다. 그래서 매킨더는 '중심'이라는 단어로 표현한 것이다.

그는 독일, 오스트리아, 터키, 인도, 중국 등 중심 지역에 바로 인접한 지역을 '내측 초승달 지역inner crescent'이라고 칭했는데 이 지역의 특징은 바다로 배수가 된다는 점이다. 크게 세 지역으로 유럽 해안, 아라비아 중동 사막, 아시아의 몬순 지역이다. 이 지역들은 육지와 바다에 접해 있어 중심 지역과 바다 사이의 중간 지대가 된다. 중동 사막을 제외하고는 배가 다닐 수 있는 강도 있고 풍부한 강수량과 비옥한 토지, 높은 인구밀도가 특징이다.

또한 영국, 남아프리카, 호주, 미국, 캐나다, 일본 등 도서 국가들은 '외측 초승달 지역outer crescent'이라고 지칭했다. 1904년 매킨더는 유로-아시아에 비해 이 지역은 그다지 중시하지 않았다.

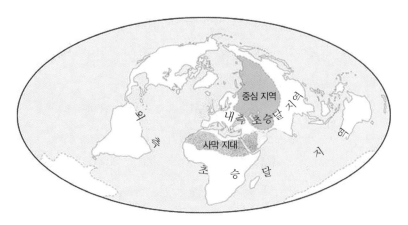

1904년 매킨더의 지리적 세계관.

　매킨더는 앞으로 중심 지역·국가에게 유리하게 세력균형이 이루어진다면 유로-아시아 주변부로까지 팽창하는 결과를 초래할 것이고 방대한 대륙의 자원을 사용해 대규모 함대를 건조한 다음 마침내 세계를 지배하는 제국이 출현할 수 있다고 경고했다. 이러한 주장이 1904년 논문의 핵심 메시지이다. 이것은 매킨더와 마한의 결정적 견해 차이로 매킨더는 지배적 랜드파워가 지배적 시파워를 발전시킬 것이라고 보았다.

　매킨더는 러시아와 독일이 동맹을 맺으면 세계 패권을 차지할 수 있다고 보았다. 방대한 대륙의 자원에 '바다에 접한 육지'가 더해지게 되면 대륙과 바다에서 모두 우월한 강대국을 만들어내기에 충분한 지정학적 조건이 만들어질 것이라고 우려했다.

　매킨더는 만약 일본에게 조직화된 중국이 러시아를 정복한다면 세계의 자유를 위협하는 황화yellow peril가 될 것이라고 경고했다. 방대한 대륙의 자원뿐 아니라 해양에 접한 대륙의 전면까지 확보하기 때문이다. 이는 중심 지역을 지배한 러시아도 누리지 못한 강점이다. 당시 중국의 국력은 쇠약해졌고 일본이 동아시아의 강대국으로 발돋움했기 때문에 매킨더는 일본이 주도적으로 조직화한 중국이 러시아를 제압할 가능성이 있다고 상상한 것이다. 당시 국력이나 세력 관계로 보아 매킨더는 그렇게 분석할 수밖에 없었을 것이다. 하지만 중국이 지리적 조건만으로도 세계 제국이 될 가능성이 있다고 지적한 점은 지금 큰 의미를 갖는다.

또 그는 이미 유럽에서 가장 큰 영토를 보유하고 전략적으로 중심적 위치를 점유한 독일이 막강한 해군력까지 확보해 영국의 시파워를 견제할 것으로 보았다. 미국 또한 꾸준히 성장해 강대국의 반열에 올랐다고 보았다.

매킨더는 지리적 결정론은 피했다. 특정 시기에 이루어진 실제 정치 세력 간의 균형은 한편으로는 경제적·전략적인 지리 조건에 의해 결정되지만 다른 한편으로는 경쟁국의 상대적 인구수, 국민들의 활력, 물질적 설비, 조직력 등에 따라 결정된다고 보았다.

지리, 역사, 제국에 대한 관점이 어우러진 1904년의 이 논문은 국제 문제에 관한 도발적 성찰을 보여준다. 지리가 갖는 정치적 의미를 간파한 매킨더는 이 논문에서 주요한 잠재적 위협을 제시함으로써 영국의 국제적 위상을 지켜내려고 했다. 첫 번째 위협은 앞으로 랜드파워에게 유리한 흐름이 전개되어 세계적 위상을 가진 영국에게 심각한 도전이 될 것이라는 점이었다. 두 번째는 랜드파워 러시아의 부상이었다. 매킨더는 독일이 유럽에서 전략적 위상을 가진 것을 인정하면서도 독일은 작은 위협으로 보고 러시아를 주요 위협으로 간주했다. 따라서 영국은 러시아를 봉쇄하여 러시아가 페르시아만 연안에 접근하지 못하게 막아야 한다고 인식했다. 당시 영국이 장악하고 있던 해상 무역로를 보호하기 위해서이다. 마지막으로 그는 영국에게 주요한 위협인 러시아와 독일이라는 두 랜드파워가 동맹을 맺는 시나리오도 고려했다. 매킨더는 러시아 단독으로 혹은 러시아와 독일이 동맹을 맺는 경우 세계 제국이 출현할 확률이 더 높아진다고 보았기 때문에 이를 경계했고 독일 자체는 우려의 대상으로 보지 않았다. 이 동맹이 결성된다면 독일에 적대적인 프랑스는 해외의 다른 나라와 동맹할 것이며 프랑스, 이탈리아, 이집트, 인도, 한반도 등이 러시아-독일 동맹에 맞서는 교두보가 될 수 있다고 분석했다. 여기에서 한반도를 랜드파워를 견제하기 위한 핵심적 교두보 중 하나로 인식했다는 점은 매우 중요하다. 한반도의 향후 운명과도 직결되기 때문이다. 시파워 국가의 해군이 교두보 국가들의 육군을 지원하면 랜드파워 중심 국가들 역시 육지에 병력을 배치할 수밖에 없고 그 결과 그들은 해군력 강화에 집중하지 못하게 된다는 것이다. 이는 랜드파워 봉쇄 정책을 의미하는데 이는 향후 지정학이나 안보 전략에 중대한 시사점을 제공한다.

영국에게 주요한 외부 위협이 러시아라는 것은 의심의 여지가 없었다. 당시 인도는 영국에게 '왕관 속의 보석The Jewel in the Crown'이었다. 그런데 러시아가 남하정책을 추진하면서 인도와 페르시아 쪽으로 내려오기 시작했다. 19세기 내내 영국과 러시아는 '그레이트 게임 Great Game'을 벌였다. 매킨더가 러시아의 위협을 과대평가한 부분이 있지만 이런 인식은 러시아와 경쟁하던 빅토리아 시대와 에드워드 시대 영국의 지정학적 문화에 깊이 뿌리내리고 있었다. 로버트 카플란 Robert D. Kaplan은 그의 저서 《지구의 끝The Ends of the Earth》에서 러시아와 영국 사이의 게임을 고려하지 않고서는 매킨더의 이론을 이해하기 어렵다고 말한다.

논문이 발표된 직후 1905년에서 1907년 사이에는 매킨더의 이론이 틀린 것처럼 보였다. 1905년 시파워 일본이 러시아에 승리하고 러시아에 혼란이 찾아오자 더 이상 러시아는 대국으로 보이지 않았다. 1907년 영국과 러시아 사이의 협약으로 러시아는 페르시아에 대한 영국의 영향력을 인정하고 영국은 중앙아시아에 대한 러시아의 영향력을 인정했다. 중심 지역·국가의 중요성은 부정된 것처럼 보였다. 매킨더의 1904년 논문은 영어권에서 35년간 잊혔다. 그러다 제2차 세계대전을 치르면서 비로소 영국과 미국은 매킨더의 1904년 논문과 1919년 저서 《민주적 이상과 현실Democratic Ideals and Reality》에 담긴 통찰을 알아보게 됐다.

1910년 1월 매킨더는 스코틀랜드 글래스고 선거구에서 의원으로 당선되어 의회에 진출했다. 하지만 집권당 소속이 아니었기 때문에 활동 기간(1910~1922) 내내 할 수 있는 일이 거의 없었다. 제1차 세계대전이 발발하자 매킨더는 스코틀랜드에서 징집에 나섰고 전비 조달을 위한 활동을 지원했다.

민주적 이상과 현실

1919년 출간된 매킨더의 주요 저작 《민주적 이상과 현실》에는 제 1차 세계대전 종전 후 전개되는 국제 정세에 대한 그의 관심과 지정학적 아이디어가 상세히 기술되어 있다. 그는 파리평화회의에 모인 각국 정치인 및 외교 관료들에게 조언하는 의미에서 이 책을 썼다. 이 책은 그때까지 지리학자가 국제정치에 관해 쓴 책 중 가장 중요한 책이라고 할 수 있다.

이 책 초반에 매킨더는 역사와 세계 정치의 연구에서 지리가 갖는 중요성을 강조한다. 그는 토지의 비옥도 같은 자연적 조건이 지표상 다르게 분포되어 있기 때문에 국가가 불균등하게 성장하는 것이며 그로 인한 직간접적 결과가 역사상 일어났던 큰 전쟁들이라고 지적했다. 따라서 미래에 있을 세계 분쟁을 미리 막기 위해서는 이러한 지리적 현실을 직시해야 한다고 말한다.

우선 매킨더는 시파워와 랜드파워의 관점 차이를 설명한다.

시맨seaman의 관점

로마는 포에니전쟁에서 카르타고를 점령해 서지중해를 '닫힌 바다'로 만들었고 모든 해안을 하나의 랜드파워가 차지했다. 랜드파워가 시파워의 기지를 빼앗아 경쟁에서 이긴 것이다. 5세기 동안 지중해는 '닫힌 바다'였기 때문에 로마제국은 주로 랜드파워로 여겨진다.

7세기 이후에는 이슬람제국이 시칠리아와 스페인 같은 해양 기지를 장악하여 지중해는 기독교 세계와 이슬람 세계를 나누는 경계가 됐다. 유럽의 해로는 수에즈 지협에 의해 인도양과 단절됐다. 그러므로 시맨의 관점에서 유럽은 아주 유한한 개념이었다.

1498년 바스코 다 가마Vasco da Gama가 희망봉을 돌아 인도에 도착해 새로운 항로를 개척한 이래 1869년 수에즈운하가 개통될 때까지 유럽의 시맨들은 희망봉을 돌아 북쪽으로는 중국과 일본에 이른다. 인도로 가는 항로의 관점에서 보면 세계는 거대한 곳이었다. 중세가 끝나가면서 포르투갈, 스페인, 프랑스, 네덜란드, 영국 같은 여러 해양 국가가 등장해 경쟁을 했다. 해양 지배를 놓고 서로 다투면서도 유럽 반도에 통일 국가가 출현하지 않은 사이에 상대적으로 작은 섬나라 영국이 반도를 봉쇄하는 시파워 국가가 됐다. 영국 시파워의 진정한 기반은 비옥한 영국의 평원이었고 그 평원 주변에서 나온 석탄과 철 같은 자원이었다. 시파워로 성장하기 위해서는 생산적이고 안전한 해양 기지를 확보하고 있느냐가 관건이었다.

나폴레옹 전쟁이 끝났을 때 영국의 시파워는 동쪽으로는 영국에서 서쪽 일본까지 아우르고, 희망봉까지 뻗어 나온 크나큰 세계곶world-promontory을 둘러쌀 수 있었다. 이제 경쟁자가 없어졌다. 영국 시파워가 가장 두드러진 곳은 인도양이었다. 인도양은 닫힌 바다가 됐다. 영국이 대부분의 해안선을 소유하거나 보호했기 때문이다. 페르시아만을 제외하고는 안전하고 필요한 자원을 갖춘 라이벌 기지가 없었다. 그래서 영국은 페르시아만의 페르시아나 터키 쪽 해안에 다른 나라가 해양 기지를 설립하는 것을 저지하려고 했다. 영국은 해군을 이용해 인도와 이집트에 지역적 랜드파워를 건설했다.

사실 유럽, 아시아, 아프리카를 연결한 대륙은 실질적으로 하나의 섬이다. 매킨더는 이를 세계도世界島, world island라고 부른다. 세계곶은 현대의 육상 교통으로 통합되면 사실은 하나의 고립된 섬인 세계도이고 방대한 자원을 보유하고 있다. 지난 4세기 동안 시맨은 이를 하나의 거대한 곶으로 보았다. 수에즈운하 개통 후에도 동쪽으로의 항해는 여전히 곶을 통해 가야 한다. 케이프타운 대신 싱가포르를 지나서.

매킨더는 유라시아-아프리카의 세계도가 차지하는 위치가 지구상에서 얼마나 중요한지를 지리적·역사적 비유로 보여주었다. 세계도와 북아메리카의 관계는 도리아인 치하 그리스와 크레타의 관계나 로마제국과 영국의 관계와 유사하다고 비유했다. 즉 도전자가 없는 반도의 랜드파워 대 섬의 시파워라는 관계이다. 역사상으로 강력한 기반을 가진 패권적 랜드파워가 강력한 기반을 가진 시파워를 이겨왔다. 그러나 이는 단순히 랜드파워가 시파워보다 우월하기 때문은 아니다. 승리한 랜드파워는 육상에서는 도전받지 않고서 시파워를 대적하기 위한 강력한 해군 함대를 건조할 수 있는 충분한 자원을 보유했다. 매킨더가 보기에 최적의 지리적 위치와 대규모 자원을 가진 섬이 바로 '세계도'였다. 더 이상 유럽을 아시아, 아프리카와 떼어놓고 생각해서는 안 된다. 구세계는 단일한 섬이 됐다. 지구상에서 가장 큰 지리적 단위가 된 것이다. 소위 신대륙은 구대륙의 위성에 불과했다.

제1차 세계대전의 주요 전쟁터는 반도국 프랑스였지만 이는 랜드

파워와 시파워의 전쟁이었다. 연합국은 시파워인 영국, 캐나다, 미국, 브라질, 호주, 일본, 뉴질랜드 그리고 반도국 프랑스, 이탈리아였다. 거기에 인도와 중국이 가세했다. 중국은 시파워인 영국, 미국, 일본의 전위부대였다. 영국의 시파워가 거둔 성취가 워낙 뛰어났기에 영국인들은 역사의 경고를 무시하는 경향이 있다. 시파워가 랜드파워보다 우위에 있다고 보는 것이다. 하지만 제1차 세계대전에서 만약 랜드파워 독일이 승리했으면 역사상 가장 넓은 기지에 시파워를 구축할 수 있었을 것이다. 거대한 대륙, 세계도 혹은 그 대부분이 미래에 하나의 단일한 시파워 베이스가 된다면 어떤 일이 발생할까? 무적의 시파워가 구축될 수 있을 것이다. 독일은 제1차 세계대전에서 결국 패했지만 매킨더는 여전히 독일을 경계했다. 큰 대륙 대부분이 단일한 세력에 의해 언젠가 통일되어 무적의 파워가 등장할지도 모른다고 생각했다. 매킨더는 이것이 세계의 자유에 대한 가장 큰 위협이라고 했다.

랜드맨landman의 관점

매킨더는 4세기 전 콜럼버스, 다 가마, 마젤란 등이 해양 시대를 열었던 것처럼 육상과 항공 교통수단이 현대화됨에 따라 이제 랜드의 시대가 열릴 것이라고 보았다.

아시아의 북쪽은 접근 불가능한 해안으로, 좁은 수로를 제외하고는 얼음으로 뒤덮여 있다. 세계에서 가장 큰 강에 속하는 레나강, 예니세이강, 오비강은 시베리아를 지나 북쪽으로 흐르기 때문에 큰 바다나 강으로 항행할 수 없다. 북극과 대륙의 배수 지역은 아시아의 절반과 유럽의 4분의 1 그리고 대륙의 북부와 중앙 쪽으로까지 이어지는 연속적인 거대한 지역이다. 평탄하지만 얼어 있는 시베리아에서부터 무덥고 가파른 발루치스탄과 페르시아 해안까지 이르는 전 지역은 선박으로는 접근할 수 없다. 이전에는 사실상 길이 없었던 그 지역을 철도로 연결하여 통행이 가능하게 되면 세계 지리와 인간의 관계에 혁명적 변화가 일어날 것이다. 매킨더는 이 거대한 지역을 대륙의 하트랜드라고 부른다. 하트랜드의 북쪽 중앙 서쪽은 해발 수백 피트에 불과한 평탄한 지역이 펼쳐진다. 이 대평원을 대저지대great lowland라고 한다. 하트랜드에는 대부분의 대저지대와 이란고지대가 포함되어 있다.

세계도에서 전략적으로 가장 중요한 부분은 하트랜드이다. 심장heart에 해당하는 중요한 지역이라는 뜻으로, 논문 〈역사의 지리적 중심〉에서 '중심 지역'을 대체한 것이다. 이는 대륙의 북부에서 중부까지 연속적으로 이어지는 큰 지역이고 시베리아의 얼어 있는 평지에서부터 무덥고 가파른 발루치스탄과 페르시아에까지 걸쳐 있다. 이 지역의 큰 강들인 레나강, 예니세이강, 볼가강, 우랄강은 얼어붙은 북극해 혹은 카스피해와 아랄해 같은 내해로 흘러가기 때문에 바다를 통한 선박으로는 하트랜드에 접근하는 것이 불가능하다. 또 하트랜드는 시베리아에서 유럽으로 가는 관문을 형성하는 저지대 대평원도 포함한다. 이 저지대 대평원은 기동성이 높은 랜드파워에 적합한 지역이다.

아프리카 사하라 이남에 있는 강들은 고지대를 지나 수천 마일을 항행할 수 있지만 시베리아 강들처럼 바다와는 완전히 격리되어 있다.

이 사하라 남쪽에 있는 아프리카 내부 지역이 두 번째 하트랜드로 남쪽 하트랜드라고 부른다. 아라비아 스텝 지역이 북쪽과 남쪽 하트랜드의 통로가 된다.

　지중해 주위 유럽과 아시아의 동남부 해안에는 세계 인구 4분의 3이 거주한다. 거대한 대륙인 세계도 인구로 보면 무려 5분의 4가 이 두 지역에 거주하는데 면적은 5분의 1만을 차지한다. 두 지역의 공통점은 대부분의 강들이 바다와 연결되어 항행이 가능하고 몬순과 풍부한 강우량 덕에 비옥한 연안 지역이 있다는 것이다. 양 연안 지대는 경작에 유리해서 인구가 많다. 유럽과 아시아 연안 지대는 농부와 선원의 지역이다. 반면 북쪽 하트랜드와 아프리카 남쪽 하트랜드는 대부분 경작되어 있지 않고 선박의 접근 또한 불가능하다.

　시베리아 횡단철도는 초원 지역을 지나 첼랴빈스크에서 이르쿠츠크까지 간다. 철로와 옥수수 밭과 사람들이 있는 기나긴 스텝 지역은 기마인 타타르족을 떠올리게 한다. 타타르 유목민은 흉년이 들 때마다 유럽이나 중국 농경 지역을 침공했다. 5세기에는 훈족의 아틸라 대왕이 헝가리를 침공했다. 그들은 헝가리에서 서북쪽, 서쪽, 서남쪽으로 진공했다. 그로 인해 서북쪽에서 게르만족이 이동하게 됐고 앵글족과 색슨족은 바다를 건너 브리튼섬에 정착한다. 서쪽으로는 골gaul 지역까지 진격하는데 거기에서 프랑크족, 고트족, 로마의 속주 등이 연합하여 훈족을 격퇴한다. 이때의 연합이 프랑스의 모체가 된다. 아틸라는 서남쪽으로는 밀란까지 진격해 파도바, 아퀼레이아 같은 로마 도시들을 파괴했는데 거기서 도망친 피난민들이 바다 옆 늪지에 세운

도시가 베네치아이다. 하트랜드로부터 이런 강력한 공격을 받자 해안 사람들이 대응하는 과정에서 영국과 프랑스가 형성되고 해양 도시 베네치아가 생겨난 것이다. 이런 과정이 유럽을 만들었다. 유럽에는 기마인들이 서쪽으로 달려오는 걸 막아낼 장애물이 없었다. 훈족의 침공은 몇 년 후 그쳤는데 이는 맨파워가 그리 강하지 않았기 때문일 것이다.

하트랜드에서 유럽으로 열린 통로와 달리 하트랜드와 아시아 동부, 동남부 사이에는 강력한 장애물이 있다. 바로 세계의 지붕인 티베트이다. 티베트는 중국과 인도로 가는 육로를 가로막아서 두 나라의 서북쪽 변경에 중요한 역할을 한다. 그럼에도 인도와 중국으로 가는 좁고 힘든 길을 통해 하트랜드로부터 계속 침공이 있었고 그 결과 인도의 델리, 중국의 베이징, 시안이 생겨났다.

제1차 세계대전 때는 하트랜드 내의 흑해가 독일군이 동진하는 전략적 통로가 됐다. 시파워의 함대는 흑해처럼 발트해에도 깊숙이 진입할 수 없었다. 발트해는 제1차 세계대전 시 독일이 시도했던 것처럼 랜드파워에 의해 봉쇄될 수 있다. 그렇기에 흑해 연안 전부가 하트랜드로 간주되어야 한다. 다르데날 해협이 없다면 토러스산맥과 디나르알프스산맥이 하트랜드의 가장자리가 될 것이다. 매킨더의 〈역사의 지리적 중심〉에 규정된 중심 지역에 비해 범위가 확장된 이유가 이것이다. 하트랜드는 전략적 관점에서 발트해에서 항행이 가능한 다뉴브강 중간 부분인 낮은 부분까지 포함한다. 여기에는 흑해, 소아시아, 아르메니아, 페르시아 그리고 몽고가 해당된다. 또 과거 기마인들에

1919년 매킨더의 지리적 세계관.

게 결여된 맨파워를 갖춘 3대 기지인 프러시아, 오스트리아-헝가리 제국, 러시아도 속해 있다.

　랜드파워는 대륙 횡단 열차와 자동차를 보유하고 있고 비행기도 보유한다. 이는 시파워에 대항할 수 있는 랜드파워의 무기이다. 1900년 보어전쟁 때 영국은 바다 건너 6천 마일 떨어진 곳에 25만 명의 군인을 파병했다. 1904년 러일전쟁 때 러시아는 4천 마일 떨어진 만주로 25만 명 이상의 군인을 철도를 통해 보냈다. 현대의 포는 전함에 가공할 위협이 된다. 하트랜드와 아라비아가 보유한 군사력은 수에즈에 있는 세계의 교통로를 쉽게 차지할 수 있다. 제1차 세계대전 때 전쟁 초기부터 흑해에 잠수함대가 배치됐다면 수에즈운하를 방어하기 어려웠을 것이다. 이러한 지리적 상황으로 보건대 앞으로는 랜드파워가 시파워보다 더 전략적 우위에 설 것이다. 100년 전 무렵부터 세계도에 세계의 자유를 위협할 맨파워 기지가 출현했다.

제국들의 경쟁

이어서 매킨더는 시파워와 랜드파워를 대표하는 제국들 간의 각축을 이렇게 분석한다. 나폴레옹의 패전은 프랑스 맨파워가 약화됐기 때문이기도 하지만 주된 원인은 나폴레옹의 서유럽 지역이 영국의 시파워에 둘러싸였기 때문이다. 영국이 바다를 장악해서 영국 육군이 네덜란드, 스페인, 이탈리아에 상륙할 수 있었기에 나폴레옹 군을 후방에서 약화시킬 수 있었다. 나폴레옹 전쟁은 서유럽과 동유럽의 전쟁이었다. 면적과 인구는 거의 비슷했지만 영국의 시파워 때문에 나폴레옹의 우월한 서유럽 문명이 약화된 것이다.

과거의 기마인은 제국을 지속적으로 유지하는 데 필요한 맨파워를 갖추지 못했다. 맨파워는 조직력, 즉 사회적 유기체에 따라 달라진다. 러시아는 최초로 위협적 맨파워를 갖춘 랜드파워이다. 표트르 대제는 18세기 초 모스크바에서 상트페테르부르크로 수도를 옮겼다. 슬라브권에서 게르만권으로 수도가 이동하자 러시아의 맨파워는 더 강화됐다. 러시아 관료는 발트 지역 독일 귀족층에서 충원되기도 했다. 1853년 크림전쟁이 발발했을 때는 러시아가 동유럽의 중심이었다. 러시아는 하트랜드를 지나 인도에 압박을 가했다. 그러다 영국이 시파워를 확대하면서 하트랜드를 지배하게 된 러시아와 라이벌이 됐다. 19세기 영국은 제해권을 장악하고 인도로 향하는 항로의 안전을 확보하는 데 주력했다. 당시 미국은 아직 강대국이 아니었고 유럽은 내전에 빠져 있었다. 거의 대부분의 하트랜드를 장악한 러시아는 인도의 육상 문호를 두드렸고 영국은 중국의 해상 문호를 두드리고 있었다. 그러면서 영국은 인도의 서북쪽으로부터의 위협에 대응하기 위해 내륙으로 진출한다. 영국과 러시아의 그레이트 게임이 진행된 것이다.

1862년에는 비스마르크가 프러시아의 권력자로 등장해 군국주의를 앞세운 프러시아가 동유럽의 중심이 된다. 러시아는 동유럽에서 약해졌다. 비스마르크는 프랑스, 이탈리아, 스페인 등을 분할해 서유럽을 다스리고 동유럽에서는 러시아와 오스트리아를 동맹국으로 삼으려 했다.

동유럽 상황의 핵심은 게르만권이 슬라브권을 지배하려는 것이었다. 비엔나와 베를린은 중세에는 슬라브권이었는데 게르만권이 첫 번째 동진한 곳이었다. 오스트리아는 오토만제국을 몰아내고 동유럽을 지배하려고 했다. 1876년 러시아와 오토만제국이 전쟁을 하는 사이에 오스트리아가 슬라브 지역인 보스니아헤르체고비나를 차지하게 되면서 게르만권이 처음 발칸에 발을 딛게 된다. 게르만의 힘이 강해지자 러시아는 프랑스와 연합하든지 독일에 복속하든지 둘 중 하나를 택해야 했다.

영국은 독일제국을 견제했다. 독일이 러시아로부터 동유럽 주도권을 쟁취해 동유럽과 하트랜드를 지배할 수 있었기 때문이다. 영국은 독일이 특유의 문화인 쿨투르Kultur로 인해 러시아보다 더 엄중한 지배를 할 것이라고 보았다. 독일의 철학자 피히테는 프러시아가 예나전투에서 나폴레옹에게 패하자 애국심을 북돋웠다. 이제 프러시아는 지식 자체를 추구하기보다 지식을 목적을 위한 수단으로 삼게 됐다. 19세기 프러시아는 전문가, 참모, 관료, 교수들이 지배했다. 이것이 쿨투르의 기원이다. 쿨투르는 수단과 방법을 중시하며 전략적 정신을 강조한다.

독일의 국가 주도 경제는 개인의 경쟁을 국가 간의 경쟁으로 대체했다. 독일의 신속한 경제성장은 수단과 방법을 중시하는 전략적 문화와 조직의 결과이다. 조직화된 맨파워의 산물인 것이다. 빠르게 성장하는 독일은 시장 확보가 절실했다. 독일은 슬라브 국가들을 독일을 위해 식량을 공급하는 기지이자 독일 상품을 구매해줄 시장으로 만들고자 했다.

국가의 자유

제1차 세계대전 후 새로운 국제 질서를 논하는 데 있어 매킨더는 안정적 질서를 구축하기 위한 현실적 대안을 제시한다. 패전국 독일이 다시 위협으로 등장할지 모른다고 예감하면서 이를 예방하기 위해 동유럽에 독립국들을 만들어 완충지대를 조성해야 한다고 제안했다. 또 독일을 포함해 전후 국가들 간의 경제적 균형이 실질적 안정을 확보하는 데 중요한 요소임을 강조했다. 매킨더의 구체적 설명은 다음과 같다.

제1차 세계대전은 독일이 슬라브 국가들을 복속시키려고 했기 때문에 일어난 것이다. 독일은 시장을 확대하고 원료와 경작지를 확보하기 위해 슬라브권 정복에 나섰다. 독일의 빠른 인구 증가도 큰 몫을 했다. 독일인의 성향은 쉽게 바뀌지 않을 것이다. 독일인은 지구상에서 가장 활력 있는 민족 중 하나이다. 그렇기에 현재 무질서한 독일에 또 하나의 무자비한 조직이 등장할 가능성을 염두에 두어야 한다. 독일이 쉽게 부흥하지 못하리라고 예단하는 것은 경제적 흥망의 조건을 이해하지 못하는 것이다. 중요한 것은 생산력이며 독일은 그 잠재력을 갖고 있다. 독일에 징벌을 가하더라도 그 징벌은 오히려 독일인을 분발하게 할 뿐이다.

따라서 동유럽에서 새로운 전쟁이 일어나는 것을 예방하고 새 질서를 구축하기 위해서는 게르만권과 슬라브권 사이에 균형이 이루어져야 한다. 서유럽처럼 동유럽도 자족적인 국가들로 분할되어야 한다. 이를 위해서는 독일과 러시아 그리고 그 중간층인 동유럽 독립국들이라는 세 층위로 이루어진 질서가 필수적이다. 동유럽 독립국들이 러시아와 독일의 완충지대가 될 것이다. 6천만 명 이상의 인구를 가진 동유럽 7개 독립국이 철도로 연결되고 아드리아해, 흑해, 발트해를 통해 바다로까지 연결되면 실질적으로 독일을 견제할 수 있을 것이다. 폴란드, 보헤미아, 헝가리, 루마니아, 세르비아, 불가리아, 그리스 등 동유럽 국가들은 서로 다르기 때문에 새로운 세력이 동유럽 여러 나라를 한꺼번에 지배하려는 움직임에 저항할 것이다. 러시아는 자신의 역량만으로 독일에 대항하기에는 국력이 취약하다. 매킨더는 이러한 전략적 통찰에 근거해 제1차 세계대전 종전 후 새로운 국제 질서를 논의하기 위해 베르사이유에 모인 정치인들에게 기억에 남을 조언을 했다. "동유럽을 지배하는 자가 하트랜드를 지배한다. 하트랜드를 지배하는 자가 세계도를 지배한다. 세계도를 지배하는 자가 세계를 지배한다." 동유럽 문제에 대해 매킨더가 내놓은 해결책은 독일과 러시아 사이에 일련의 독립국가를 만드는 것이었다. 그리고 영국, 미국 같은 외부 국가들이 이를 지원해야 한다고 주장했다. 그렇지 않으면 동유럽에서 힘의 공백이 생겨 다시 유라시아 패권을 놓고 분쟁이 발생할 것이라고 전망했다.

또한 국제연맹이 성공하기 위해서는 하트랜드를 견제해야 한다. 하트랜드는 세계 지배의 발판이기 때문이다. 하트랜드 파워는 군사주의적 경향이 강하다. 이때 역사적 동력을 갖춘 독일과 러시아 두 나라를 주목해야 하는데 특히 혁명 후 취약해진 러시아보다 독일의 잠재적 위험성이 더 크다. 국제연맹은 흑해와 발트해에도 주의를 기울여야 한다. 하트랜드 파워가 그리스를 지배하게 되면 잠수함과 항공기를 이용해 세계도 지배로 이어질 것이다. 시파워는 인도와 중국이 하트랜드 파워 손에 넘어가지 않도록 방어해야 한다.

매킨더는 베르사이유에 모인 정치인들이 동유럽에 효과적인 안보 시스템을 구축하지 못하면 단기간의 휴지기를 지나 조만간 다시 패권을 노리는 세력이 하트랜드에 등장할 것이라고 보았다. 패배한 독일이 다시는 정복과 파워에 대한 욕망을 갖지 않게 될 거라고 주장하는 사람들에 대해 매킨더는 단순히 한 국가의 심리 상태 변화에 근거해 세계 평화의 미래를 믿는다는 것은 지나치게 낙관적이라고 경계했다. 국제연맹 설립과 활동으로 평화가 확보될 것이라는 주장에 대해서는 국제연맹의 헌장에 그러한 내용이 기록되어 있다 해도 이는 단순한 종잇조각일 뿐이며 하트랜드가 다시 전쟁의 중심이 되지 않을 것이라는 걸 보장하지 못한다고 예언적으로 충고했다.

한편 국제연맹이 성공하기 위해서는 각 구성원들의 경제적 독립이 중요하다. 경제적 종속 관계는 균형과 통합을 저해한다. 전후 어느 주요 국가도 주요 산업이나 기본 산업이 박탈되어서는 안 된다. 자유 무역 체제에서 어느 국가가 국제 분업상 열위에 처한다면 불만이 생길 것이다. 그러므로 각 국가의 균형 발전을 위해서는 우애를 바탕으로 한 절제가 필요하다. 자유 무역의 한계는 금융과 산업적 역량을 축적한 기업들이 우월적 지위를 차지한다는 것이다. 영국이나 독일에서 분업으로 특화된 산업은 시장을 확보하기 위해 국가나 기업 차원에서 모두 혈안이 되어 있었다. 영국은 남미 시장, 인도 시장, 중국 시장을 확보하고자 할 때마다 시파워를 사용했다. 이것은 자유무역이 아니다. 독일도 이를 알기 때문에 시파워를 강화해 영국에 대항하려고 했다. 그 결과 영국의 자유방임적 자유무역과 독일의 약탈적 보호주의 모두 전쟁을 낳게 된 것이다. 따라서 전후 재건을 위해서는 각 국가와 지역의 균형 발전이 필수적이다.

국가는 지역사회로 이루어지므로 내부의 지역 공동체에 기반해야 하고 민족이나 이해관계에 바탕해서는 안 된다. 지역 공동체는 자신만의 균형 잡힌 생활이 필요하며 계급이나 이익집단에 좌우되어서는 안 된다. 무정부주의와 볼셰비키주의는 사회적 자살이기에 물질주의적 조직가들이 사회를 지배하지 않도록 해야 한다. 매킨더는 이웃 간의 상호부조와 박애 정신이 시민 행복의 기초이며 이것이 계급과 국가 간의 전쟁을 막을 수 있는 길이라고 충고하며 《민주적 이상과 현실》을 끝맺는다.

외교 특사 매킨더

매킨더는 인도로 향하는 통로를 보호하는 데 관심이 있었다. 1917년 러시아에서 탄생한 볼셰비키 정권은 매킨더가 보기에 이에 대한 큰 위협이었다. 1919년 가을 영국 외무장관 조지 커즌George Curzon이 매킨더를 동유럽과 흑해 지역의 외교 특사로 보내기로 한 것도 바로 이 때문이었다. 매킨더에게 주어진 임무는 그의 지정학적 구상을 실행에 옮길 수 있는 절호의 기회였다. 특히 전후 동유럽의 재건에 직접 참여할 수 있었다. 매킨더는 동유럽과 남러시아를 방문한 후 보고서를 제출했다. 러시아 내전에 대한 영국의 정책을 근본적으로 수정하도록 요구하는 내용이었다. 그는 의회 동료들에게 볼셰비즘이 폴란드의 안전을 계속 위협했다는 걸 잊어서는 안 된다고 강조했다. 처칠 같은 개입주의파는 지역 내 동맹을 결성해 최소 비용으로 러시아의 볼셰비즘 확산을 억제하고 싶어 했다. 반면 로이드 조지Lloyd George는 볼셰비키 정권과 평화로운 관계를 구축해 영국 경제를 살리고 싶어 했다. 로이드 조지의 정책이 크게 인기를 얻자 결국 커즌과 처칠이 고립됐고 매킨더의 지정학적 구상도 설 자리가 없어졌다. 매킨더의 특사 임무는 실패했다.

정치적으로 고립된 매킨더는 거대한 동유럽 연맹 구상을 포기하고 영국의 국내 문제로 주의를 돌렸다. 1922년 매킨더는 스코틀랜드 글래스고 선거구에서 패하고 의원직을 잃는다. 이후 매킨더는 다시는 의회에 돌아가려고 시도하지 않았다. 대신 영연방 내의 경제 교류를 촉진하려고 했다. 1920년에는 제국해운위원회ISC 의장을 맡아 1939년 까지 활동했다. 1925년에 설립된 제국경제위원회IEC 의장도 지냈다. 제국경제위원회는 영국의 육류 제품, 생선, 과일, 목재, 고무, 홍차 등의 상품 마케팅에 대해 조언했다.

매킨더의 서로 다른 그림자

1920~1930년대에 매킨더의 아이디어는 영국과 미국에서 거의 영향을 미치지 못했다. 그러나 독일에서는 달랐다. 비현실적이라는 이유로 그다지 환영받지 못하고 잊힌 매킨더의 지정학적 아이디어는 1930년대 후반에 와서 독일의 카를 하우스호퍼에 의해 재해석되면서 주목을 받는다. 하우스호퍼는 하트랜드 이론을 독일의 공격적인 팽창 주의를 뒷받침하는 데 이용했다. 독일, 일본, 소련 사이에 거대한 유라시아 대륙 블록을 결성하여 서방측 시파워 제국주의에 대항하자고 제안한 것이다. 하지만 이는 매킨더의 원래 이론을 180도 뒤집은 것이었다. 매킨더의《민주적 이상과 현실》2판 서문에서 조지 필딩 엘리엇

George Fielding Eliot은 본래 민주주의를 방어하기 위한 것이었던 매킨더의 이론을 하우스호퍼가 나치를 위해 악마적으로 악용했다고 비난했다. 나치와 소련의 1939년 8월 협약 그리고 제2차 세계대전의 시작과 독일의 소련 침공은 미국에서 매킨더의 저작물에 큰 관심을 불러일으켰다. 1941년과 1942년 《뉴스위크Newsweek》《리더스다이제스트Reader's Digest》《라이프Life》 등은 매킨더와 그의 저작물을 언급한 글을 게재했다. 《민주적 이상과 현실》은 1942년 재발간됐다.

둥근 세계와 평화의 확보

그 무렵 《포린어페어스Foreign Affairs》의 편집자 해밀턴 피시 암스트롱Hamilton Fish Armstrong은 매킨더에게 그의 하트랜드 이론을 업데이트해달라고 요청했다. 그 결과 1943년 7월 매킨더의 논문 〈둥근 세계와 평화의 확보The Round World and the Winning of the Peace〉가 발표됐다. 이 글은 지정학에 관한 매킨더의 마지막 주요 논문이다.

매킨더는 "나의 하트랜드 개념은 20년 전, 40년 전보다 지금 더 타당하다"라고 썼다. 그는 하트랜드를 유로-아시아의 북부와 내측 부분으로 규정하면서 북극 연안 아래로부터 중앙 사막까지 걸쳐 있고 서쪽으로는 발트해와 흑해 사이의 넓은 지협에까지 이른다고 했다. 기본적으로 하트랜드는 소련의 영토에서 예니세이강의 동쪽 지역만 제외했다고 보면 된다. 예니세이강 동쪽은 험준한 산, 계곡, 고원, 침엽수림으로 뒤덮인 지역이다. 이 지역의 대표적인 강이 레나강이라서 매킨더는 이를 레나랜드Lenaland라고 불렀다. 이 예니세이강 서쪽에 하트랜드가 존재한다. 남북으로 2천 5백 마일, 동서로 2천 5백 마일이며 인구는 1억 7천만 명이다. 하트랜드는 방대한 자연 자원을 보유하고 있을 뿐 아니라 전략적 위치 또한 탁월하다. 경제는 우랄 남부에서 빠르게 성장하고 있다. 밀, 보리, 귀리, 사탕수수, 망간, 철, 석유, 석탄 등 원자재도 풍부하다. 아주 소수의 원자재를 제외하고는 대부분의 원자재 생산이 가능하다. 또한 하트랜드는 방어와 전략적 후퇴가 가능하다. 매킨더는 만약 소련이 전쟁에서 독일을 이기면 지구상 가장 큰 랜드파워 국가가 될 것이라고 지적했다. 하트랜드는 지구상 가장 큰 자연 요새이고 역사상 처음으로 숫자와 질에 있어서 충분한 군대가 주둔하게 됐다고 설명했다. 매킨더의 이 지적은 제2차 세계대전 후 냉전이 시작되면서 미국 전략가들에게 소련 봉쇄 전략의 정당성을 제공한다. 매킨더가 이 논문을 발표할 당시에는 소련이 미국과 동맹 관계였으므로 매킨더는 이 논문에서 소련에 대한 적대적 표현을 하지 않았지만 소련의 지정학적 잠재력을 강조함으로써 미국의 전략가들에게 소련에 대한 경계감을 고취시켰다. 또한 결과적으로 냉전 시 소련이 단기간에 국력을 발전시키면서 매킨더의 예측은 어느 정도 실현됐다.

두 번째 개념으로 매킨더는 또 다른 지리적 개념인 '미드랜드 오션 Midland Ocean'을 제안한다. 미드랜드 오션에는 북대서양, 캐나다, 미국의 동부 절반, 북대서양 유역, 지중해, 발트해, 북극해, 카리브해가 포함된다. 이 미드랜드 오션은 북미의 방대한 자원과 맨파워를 보유한다. 이 지역에는 프랑스와 영국도 포함되는데 놀랍게도 매킨더가 이 논문을 발표하고 나서 6년 후에 결성된 나토NATO와 흡사하다.

마이클 제라스Michael Gerace는 논문 〈매킨더와 스파이크먼 사이Between Mackinder and Spykman〉에서 매킨더의 미드랜드 오션 개념은 독일의 위협에 대응하기 위해 고안된 것이라고 지적한다. 북미, 영국, 프랑스 등이 연합하고 소련과 협력해 독일을 견제하자는 것이다. 미드랜드 오션과 소련이 신세계 지렛대의 받침점이며 외부 세계는 미국, 영국, 중국이 이끈다는 것이다. 이는 독일을 의식한 구상이다. 독일이 중심적 문제인 상황에서 미드랜드 오션은 나토의 선구적 개념이 아니라는 것이다. 나토는 서독이 포함되고 소련을 봉쇄하는 구도이기 때문이다.

매킨더는 하트랜드 소련이 미드랜드 오션인 대서양 강국들과 협력해 제2차 세계대전에서 이기고 향후 독일이 다시 전쟁을 일으키지 못하도록 협력하기를 희망했다. 아직 전쟁이 진행 중인 시점에서 이 글을 썼기 때문에 당연하다.

세 번째는 하트랜드와 미드랜드 오션 지역을 둘러싼 방대한 인구 과소 지역으로 사하라 사막 같은 황무지이다. 그는 석탄과 오일이 고갈된 후 사하라 사막에서 태양 에너지를 얻을 수도 있을지 모른다고 예측한다. 선견력 있는 통찰이다. 네 번째는 남대서양 양변에 있는 남미와 아프리카 열대우림 지역이고, 다섯 번째는 10억의 인구에 고대 동양 문명의 발상지인 몬순랜드Monsoon land 인도와 중국이다. 독일과 일본이 전후 다시 문명화되는 사이에 중국, 인도는 중흥하여 미주리와 예니세이 사이의 하트랜드와 미드랜드 오션 지역에 거주하는 또다른 10억 인구를 견제하고 균형을 이루어야 한다고 매킨더는 말한다. 그에게는 세력균형을 이룬 세계만이 행복하고 자유롭기 때문이다.

하트랜드 밖 외부 세계는 미국, 중국, 영국이 이끌 텐데 이 영미 두 나라를 자유 진영 국가들이 따를 것이다. 중국은 금융 지원을 받고 새로운 문명 건설에 나설 것이다. 매킨더는 중국이 아주 동양도 아주 서양도 아닌 독자적인 문명을 구축할 것이라고 예측한다. 영국이 쇠락하고 있음을 인식하고 있었을 매킨더가 군이 영국을 미국, 중국과 함께 외부의 주도적 세력으로 지칭한 점은 매킨더가 영국인이라는 점을 고려하면 이해할 만하다. 사실상 외부 세계의 두 주도 국가로 미국과 중국을 예상한 것이다. 1943년에는 중국의 국력이 미약했는데도 마치 수십 년 후 중국의 부상을 예상하기라도 한 듯하다. 결국 이 논문에 따르면 제2차 세계대전 종전 후 3대 파워는 하트랜드 파워인 소련, 미드랜드 오션 파워인 미국 그리고 몬순랜드의 중국이다. 이들은 정확히 오늘날 세계 3대 슈퍼 강국이다.

중국이 경제적·군사적으로 다시 부상한 요즘 서방의 전략가들은 매킨더의 이 예측을 어떻게 해석해야 할지 고민한다. 매킨더가 두려워했듯이 중국이 사실상 세계도의 패권을 차지할 가능성이 보인다면 이를 저지하고 견제해야 하지 않을까? 그렇다면 어떻게 견제해야 하는가? 북대서양 세력이 단독으로? 하트랜드 파워와 손을 잡고? 인도와 손을 잡고? 지금 매킨더가 살아 있다면 어떻게 균형을 이루려 할지 궁금해진다.

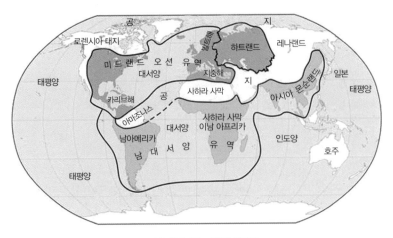

1943년 매킨더의 지리적 세계관.

매킨더의 영향

특정한 지리적 현상인 '해양'이 국제 관계에 미치는 영향을 최초로 체계적으로 분석한 인물은 마한이지만, 매킨더는 그보다 더 방대한 지리적 데이터를 포함시켜 분석 틀을 확장하고 심화해나갔다. 또한 매킨더는 프리드리히 라첼Friedrich Ratzel이나 요한 루돌프 셸렌Johan Rudolf Kjellen, 마한의 저작들에 담긴 내용을 수용하면서 역사나 기술 발전과 연계시켜 지리적 견해를 구축했다. 이 점에서 매킨더는 고전 지정학의 비조이다.[2]

---

2   Geoffrey Parker, 《Western Geopolitical Thought in the Twentieth Century》, Routledge, 2015, pp. 20~31.

수십 년 동안 잊힌 하트랜드 개념은 특히 미국에서 학문적 유행이 됐고 오웬 래티모어Owen Lattimore나 니콜라스 스파이크먼 등에 의해 재조명됐다. 래티모어는 매킨더의 1904년 논문을 원용해 몽고와 중국 북부에서 소련의 파워가 지속적으로 증가하는 것에 대해 경고했다.

래티모어와 스파이크먼의 견해는 1945년 이후 미국 외교정책에 영향을 미쳤는데 하트랜드 이론이 서방측 전략 연구의 중심이 됐다. 한스 모겐소Hans J. Morgenthau 같은 정치학자들은 사이비 학문이라고 혹평했지만 펜타곤의 군사전략가들은 매킨더의 이론을 열정적으로 수용했다. 미국의 전략가들은 소련의 지리적 팽창에 대응해 매킨더의 견해를 당대의 시각에서 해석해 이용했다. 매킨더 이론은 미국이 소련 봉쇄 정책을 만드는 데 암암리에 영향을 미쳤다. 소련이 독일을 이기면 역사상 최대의 하트랜드 파워가 될 것이라는 매킨더의 진단에 근거해서다.

러시아에서는 알렉산더 두긴Alexander Dugin이나 겐나디 주가노프 Gennady Zyuganov가 매킨더의 하트랜드 이론을 이용해 서방세계에 대한 대응 이론을 구축했다. 매킨더 지정학은 브라질, 인도, 터키 등지에서도 널리 수용되어 신흥 강대국들의 전략 구상에 영향을 미친다.

앤서니 피어스Anthony J. Pierce는 1962년 판《민주적 이상과 현실》 소개 글에서 1942년 이래 미국과 영국은 매킨더 이론에 근거해 글로벌 전략을 연구했다고 주장했다. 콜린 그레이Colin Gray가 지적하듯이 지리적 배경하에 역사적으로 변천한 강대국들의 관계에 대한 매킨더의 해석은 그에 대한 비판에도 불구하고 시간이 지나도 그 가치를

유지하고 있다.[3]

정치 평론가나 전략가들은 매킨더의 아이디어가 여전히 지속적인 영향력을 갖고 있음을 증언한다. 1974년 R. E. 월터스R. E. Walters는 서양의 군사 사상에서 제1의 전제가 하트랜드 이론이라고 썼다.[4] 1975년 솔 코헨Saul Cohen은 대부분의 서양 전략가들이 여전히 매킨더가 묘사한 대로 세계를 보고 있다고 지적했다.[5] 즈비그뉴 브레진스키의 저서 《게임 플랜Game Plan》과 《그랜드 체스판The Grand Chessboard》은 매킨더의 이론을 상당 부분 반영하고 있다. 1980년 로버트 니스벳Robert Nisbet는 60년 전 매킨더가 《민주적 이상과 현실》에서 말했던 지정학적 우려가 모두 실현됐다고 주장했다.[6] 헨리 키신저는 그의 책 《디플로머시Diplomacy》에서 러시아는 누가 통치하든지 매킨더가 말하는 지정학적 하트랜드 지역에 걸쳐 있다는 경고로 결론을 맺는다.[7] 부시 정부에서 국방부 부장관을 지낸 폴 월포위츠Paul Wolfowitz는 미국의 대표적 네오콘 인사이다. 그 또한 매킨더의 지정학 이론에 큰 영향을 받은 것으로 알려졌다.[8]

---

3   Colin S. Gray, 《The Geopolitics of Super Power》, The University Press of Kentucky, 1988, p. 4.

4   W. H. Parker, 《Mackinder: Geography as an Aid to Statecraft》, Clarendon Press, 1982, p. 192.

5   Saul B. Cohen, 《Geography and Politics in a World Divided》, Oxford University Press, 1975, p. 44.

6   Robert Nisbet, 《History of the Idea of Progress》, Basic Books, 1980, p. 331.

7   Henry Kissinger, 《Diplomacy》, Simon and Schuster, 1994, p. 814.

1944년 미국지리협회American Geographical Society는 매킨더가 지리학에 공헌한 것을 기려 찰스 댈리 메달Charles P. Daley Medal을 수여했다. 매킨더는 지리학을 국정 운영과 국가 전략 수립의 도구로 자리 잡게 한 최초의 학자라고 평가받았다. 1년 후 영국의 왕립지리학회 역시 매킨더에게 최고의 메달인 페이트런 메달Patron's Medal을 수여했다. 매킨더는 제2차 세계대전이 끝난 직후인 1947년 3월 6일 86세로 사망했다. 하지만 70여 년이 지난 지금도 강대국 전략가들은 매킨더의 세계에서 맴돌고 있다. 시파워 국가들은 랜드파워 국가를 견제할 근거를 매킨더의 지정학에서 찾는다. 랜드파워 국가들도 매킨더의 이론에서 시파워를 뒤집고 그들이 주도하는 새 질서를 구축할 가능성을 찾는다. 이 때문에 매킨더의 이론은 여전히 계속해서 관심을 받고 있다.

---

8   Gerry Kearns, 《Geopolitics and Empire: The Legacy of Halford Mackinder》, Oxford University Press, 2009, p. 7.

3

하우스호퍼

레벤스라움

SEA POWER
LAND POWER

1945년 4월 22일 밤 독일 베를린에 있는 모아비트 교도소 근처에 여러 발의 총성이 울린다. 나치 친위대원들이 쏜 것이었다. 피살자 중 한 명은 알브레히트 하우스호퍼Albrecht Haushofer로 당시 42살이었다. 1944년 7월 20일 클라우스 폰 슈타우펜베르크Claus von Stauffenberg가 주도한 히틀러 암살미수사건에 연루된 그는 1944년 12월 체포되어 모아비트 교도소에 수감됐다.

1945년 4월 22일 저녁 소련군이 베를린 교외까지 진군했다. 나치의 패배가 다가왔다. 알브레히트와 15명의 수감자들은 처음엔 석방된다는 이야기를 들었지만 곧바로 인발리덴 슈트라세Invalidenstraße 공터에 옮겨져 사살된다. 그중 기적적으로 생존한 이가 알브레히트의 동생 하인즈에게 연락해 알브리히트의 시신이 있는 위치를 알려준다. 피살 3주 후 하인즈는 알브레히트의 시체를 발견한다. 알브레히트의 굳은 손은 다섯 장의 종이를 꽉 움켜쥐고 있었다. 그가 옥중에서 지은 소네트들이 적혀 있는 종이였다. 그가 남긴 시들인 '모아비트 소네트 Moabit Sonnet' 중에는 자신의 아버지에 관한 시가 있다.

내 아버지는 밀봉을 뜯어버렸다네

그는 악의 숨결을 보지 못했다네

그로 인해 악마는 세계로 날아올랐다네

여기서 악마는 히틀러, 악은 나치즘이다. 그의 아버지는 카를 하우스호퍼이다. 도대체 왜 알브레히트 하우스호퍼는 자신의 아버지가 히틀러라는 악마를 세계에 등장시켰다고 한탄하는가?

1924년 6월 24일 독일 바이에른주 소도시 란츠베르크에 있는 교도소에 초로의 신사가 30대 초반의 두 죄수를 만난다. 그 죄수들의 이름은 아돌프 히틀러Adolf Hitler와 루돌프 헤스Rudolf Hess였다. 1923년 11월 뮌헨에서 바이마르 정권을 전복하겠다고 일으킨 뮌헨폭동이 실패하고 구금된 히틀러와 헤스를 찾아온 이 사람이 바로 카를 하우스호퍼이다. 육군 장성 출신이자 대학 교수인 하우스호퍼는 왜 이들을 찾아갔을까?

카를 하우스호퍼는 1869년 독일 뮌헨에서 출생했다. 1889년 바이에른 왕국 육군사관학교를 졸업하고 포병 부대에 배속됐다. 그는 군 복무 중 유럽 전역을 여행했는데 이때 지리학에 대한 관심이 싹텄다. 1896년에는 마르타 마이어도스Martha MayerDoss와 결혼했는데 그녀의 아버지는 유태인으로 담배 제조업자였다. 그리고 둘 사이에서 장남 알브레히트와 차남 하인즈가 태어났다. 유태인 어머니를 둔 이들은 순수한 아리안족이 아니라 혼혈이 된 것이다. 이는 그들의 미래에 어두운 그림자를 드리운다.

카를 하우스호퍼.

1905년 하우스호퍼는 바이에른 왕국 육군사관학교에서 전사戰史 강의를 맡기도 했다. 1908년 겨울에는 일본 육군을 연구하라는 지시를 받고 동아시아로 향하는 여정에 올랐다. 지중해와 홍해 그리고 인도양을 거쳐 일본으로 향하면서 그는 각지에 산재해 있는 영국의 식민지와 해군 기지를 보고 영국의 시파워를 목격한다. 일본에 도착한 후 그는 일본 각지와 중국 여러 지역을 순방하고 한국까지 여행했다. 일본어는 물론 한국어나 중국어를 배우기도 했다. 힌두교나 불교 경전 그리고 아리안 민족이 많이 사는 인도 북부와 이란에 대한 지식도 밝아 아시아 신비주의의 권위자이기도 했다. 그는 7개국어를 익혔다. 독일로 귀국하는 길에는 블라디보스토크와 시베리아를 경유해 지리적 견문을 넓혔다. 대륙의 랜드파워를 느꼈음은 물론이다. 1910년 여름 귀국한 그는 오랜 여행으로 건강이 악화되어 1912년 군에서 제대했다. 제대 후 그는 지리학 연구에 뜻을 두고 뮌헨 대학교에 입학했고

1914년에는 박사 학위를 취득했다. 그리고 1913년에 일본의 팽창 과정, 팽창의 기본 방향 및 팽창에 대한 장애 요인을 분석한 최초의 저서 《대일본: 대일본제국의 군사력, 세계적 지위 및 장래에 관한 고찰 Dai Nihon: Betrachtungen über Groß-Japans Wehrkraft, Weltstellung und Zukunft》을 발간했다. 중국과 러시아와의 전쟁에서 승리하고 대한제국을 병합해 새로운 강대국으로 부상한 일본에 관심을 갖게 하는 것이 그 목적이었다. 이후 제1차 세계대전이 발발하자 그는 다시 소집되어 군에 복무했으며 소장으로까지 진급했다.

일본의 영향

하우스호퍼는 일본 체재 중 청일전쟁과 러일전쟁에서 승리한 일본의 군사 문화에 깊이 천착했다. 그는 일본이 독일제국과 유사하다고 생각했다. 메이지 시대 지배 계층인 사무라이는 프로이센 지배 계층이었던 융커Junker처럼 정치적 자유주의나 공화주의를 거부하고 입헌군주제를 도입했다. 프로이센의 군사 시스템을 연구하고 본받아 일본제국의 육군을 현대화시켰던 야마가타 아리모토山縣有朋는 하우스호퍼에게 이상적 모델이 됐다.[1] 하우스호퍼는 일본의 군대와 학교의 관계가 독일보다 훨씬 긴밀하다는 점을 발견했다. 또 야마가타의 사무

---

1   Holger H. Herwig, 《The Demon of Geopolitics: How Karl Haushofer "Educated" Hitler and Hess》, Rowman & Littlefield, 2016, pp. 22~23.

라이 윤리와 현대 교육의 융합이 가져올 긍정적 효과에 주목했다. 질
서, 권위, 규율이 국가와 사회를 받치고 있다고 믿었던 그는 국민보다
국가의 운명을 더 중요하게 여겼다.

하우스호퍼는 일본에서 사회적 진화론이 적용된 구체적 사례를
살폈다. 《대일본》에서 그는 전쟁을 민족의 생존권에 대한 마지막 최
대의 테스트, 자유 공간에 대한 투쟁, 국제 관계의 최종 심판자, 가
진 자와 못 가진 자의 영원한 투쟁이라고 말했다. 또 1910년 활력 있
고 공격적인 메이지 일제가 허약한 대한제국을 병합한 것은 당연하다
고 보았다. 오쿠마 시게노부大隈重信는 1910년 대한제국과 대만을 병
합하면 일본의 인구 약 5천 4백만 명에 대한제국의 인구 1천 3백만 명
과 대만의 인구 3백만 명을 더하게 되어 두 세대 후에는 1억 인구를
가진 대국이 될 수 있다고 주장했다. 하우스호퍼는 이런 주장에 깊은
인상을 받았다.[2] 일본에서의 경험은 하우스호퍼가 독일지정학의 초
석을 놓는 데 영향을 미쳤다. 이 때문에 독일 지리학자 페터 쉘러Peter
Schöller는 일본이 독일지정학의 원체험原体験이 됐다고 말한다.[3] 일본
군국주의가 독일지정학 형성에 결정적 영감을 제공하고 이것이 하우
스호퍼를 통해 히틀러에게까지 전해진 것이다.

하우스호퍼의 세계관은 1913년경 확고히 성립됐다. 그의 세계관

---

2   Holger H. Herwig, 같은 책, p. 32.

3   Christian W. Spang(石井素介[訳]), 〈カール・ハウスホーファーと日本の地政学〉, 《空間・
社会・地理思想》 6号, 大阪市立大学文学部地理学教室, 2001, p. 2.

근저에는 사회적 진화론이 강하게 깔려 있었다. 강자는 생존하고 약자는 소멸하기에 국가 역시 생물학적 법칙에 따라 흥하기도 하고 망하기도 한다는 것이다. 그는 청일전쟁, 러일전쟁을 치른 일본처럼 독일도 팽창해야 한다고 믿었다. 군국주의자인 그는 군대를 민족의 학교라고 하면서 관료, 자본가, 언론인들을 비하했다. 또한 전쟁이 인류의 교육자라고 확신했으며 의회를 멸시했다. 오래된 군주제와 무사계급을 가진 일본제국이 그의 모델이었다. 그는 물질주의와 자본주의를 경멸했고 종교를 멀리했으며 전투적 청년을 육성하는 것을 매우 중요시했다.

헤스와 히틀러

제1차 세계대전에서 독일이 패한 후 베르사이유조약으로 부과된 거대한 배상금과 영토의 축소, 독일의 외교적 고립으로 하우스호퍼는 침통했다. 그는 퇴역해 뮌헨 대학교에서 지리학 및 전쟁사 강의를 시작했다. 독일이 지리적 지식과 전략이 부족했던 것이 제1차 세계대전에서 패배한 원인 중 하나였다고 믿었기 때문이다. 1919년 하우스호퍼는 제자인 루돌프 헤스와 아주 가까운 사이가 된다. 그리고 1921년에는 헤스를 통해 히틀러를 만난다. 전후 독일 내의 심각한 분열은 정치적 진공을 낳고 불확실성과 불안이 확산됐다. 안정적이고 영웅적이던 과거를 상기시키는 극단적 정치 조직이 등장할 만한 분위기가 조성됐다. 하우스호퍼는 1923년 11월 8일 뮌헨폭동으로 도주 중이던

란츠베르크 교도소의 아돌프 히틀러, 에밀 모리스, 헤르만 크리벨, 루돌프 헤스, 프리드리히 베버.

헤스를 잠시 숨겨주었다. 헤스는 이후 히틀러와 함께 5년 형을 선고받고서 란츠베르크 교도소에 수감된다.

하우스호퍼는 1924년 6월 24일부터 11월 12일까지 헤스와 히틀러를 8회 면회한다. 55살이던 하우스호퍼는 매주 수요일 란츠베르크 교도소에 찾아가 오전 한 시간, 오후 두 시간씩 대략 3시간 정도를 면회했다. 그는 단순히 면회를 한 것이 아니라 지정학 등에 관한 강의를 했다. 하우스호퍼는 이 22시간에 걸친 수업에서 레벤스라움Lebensraum, 하트랜드, 지정학 등의 개념을 두 사람에게 쉽게 설명했다.[4]

---

4   Holger H. Herwig, 같은 책, pp. 90~94.

또한 카를 폰 클라우제비츠Karl von Clausewitz의 논문이나 그의 명저인
《전쟁론Von Kriege》을 소개했다. 그리고 히틀러에게 자신의 저서 《대
일본》 중 특히 독일, 러시아, 일본의 동맹 체결에 관한 부분을 강조해
서 읽게 했다. 하우스호퍼는 왜 많은 시간을 내서 '젊은 독수리young
ealges'라고 불린 그들을 만났을까? 자신의 지정학적 구상을 그들이 실
현할 수 있을 거라고 믿었기 때문이다. 히틀러는 지정학과 국제 문제
에 관한 당대 최고의 자료와 서적을 집중적으로 탐독하고 소화한다.
하우스호퍼가 히틀러와 헤스에게 소개한 가장 영향력 있는 책은 프리
드리히 라첼의 《정치지리학Politische Geographie》이었다. 라첼이 제시한
첫 번째이자 가장 중요한 개념인 레벤스라움을 가르치기 위해서였다.

하우스호퍼의 지정학

하우스호퍼는 아버지의 친구인 라첼의 영향을 많이 받았다. 라첼
은 뮌헨 고등기술연구학교 교수였던 아버지와 같은 학교의 지리학 교
수였다. 하우스호퍼는 어릴 적에 라첼과 이자르강을 거닐면서 대화를
나누기도 했다. 라첼은 독일에서 최초로 정치지리학을 독립적 학문으
로 정립한 인물이다. 그는 정치지리학적 관점에서 인류의 진화를 이
해하려고 했다. 라첼은 모든 유기체는 특정 크기의 공간이 필요한데
이를 그 특정 유기체의 레벤스라움이라 불렀다. 그의 유기체 개념은
개별 생명체뿐만 아니라 숲이나 동물 무리처럼 개별 생명체가 공간적
으로 모인 군집群集에도 적용됐다. 이 집단 유기체도 독자적인 레벤스

프리드리히 라첼.

라움이 필요하다는 것이다. 국가 역시 하나의 집단 유기체로 보았다.

국가라는 '공간 유기체'는 토지에 확고히 뿌리를 내리고 있다. 국가의 성격은 그 영토의 성격과 위치에 따라 결정된다. 공간 유기체인 국가가 건강하기 위해서는 영토 확장을 통해 힘을 강화하는 것이 자연스럽고 바람직하다. 모든 국가는 이렇게 성장해야 하고 그렇지 못하면 쇠락하여 소멸할 수밖에 없다. 라첼은 다윈의 적자생존을 '공간을 위한 투쟁'으로 해석했다. 라첼은 인구 증가 문제를 인식했지만 맬서스와 다른 결론에 이른다. 인구 증가는 국가의 활력을 나타내는 지표라는 것이다. 토지 확보를 위한 팽창은 필수적이었다. 따라서 라첼은 해외 식민지를 확보하는 것이 해결책이라고 생각했다. 국가들 사이에는 지배하는 국가와 복종하는 국가만 존재한다.

하우스호퍼는 국민에게 충분한 공간과 자원을 제공하는 것이 국가의 권리와 의무라고 규정했다. 약한 국가를 밀어내고 강국이 팽창하는 것은 강국의 의무라는 것이다. 국가를 국제법이 아니라 '생물학적 법칙'을 따르는 유기체라고 본 그에게는 당연한 결론이다. 국가는 레벤스라움이라는 필수 요소를 획득하기 위해 평화적인 정책 혹은 '올바른 전쟁'을 동원할 수 있다. 레벤스라움이나 자급자족autarky을 확보하기 위해 팽창하는 국가에 있어 국경이란 일시적 휴전선에 불과하다.

이후 라첼이 독일 해군에 관계하면서 하우스호퍼도 라첼을 통해 마한의 이론을 접하게 된다. 하우스호퍼에게 바다는 팽창을 위한 길이자 부의 원천이었다. 그는 헤스와 히틀러에게 강의할 때도 마한의 이론을 들어 인도양과 태평양의 중요성을 강조했다. 두 바다를 지배해야 유라시아 연안에 영향력을 행사할 수 있기 때문이었다. 랜드파워의 영향력은 경계선에서 끝나지만 시파워의 영향력은 전 지구에 걸쳐 펼쳐진다. 하지만 랜드파워가 시파워보다 우선한다. 랜드파워가 통합된 후에야 시파워를 노릴 수 있기 때문이다.

라첼의 영향을 받은 스웨덴 출신 정치학자 요한 루돌프 셸렌은 하우스호퍼의 세계관에 영향을 미친 또 다른 한 사람이다. 그는 라첼의 이론을 국가유기체론으로 구체화했다. 바로 그가 지정학Geopolitik이라는 용어를 처음 창안했다. 셸렌은 주저인《생명체로서의 국가Staten som Lifsform》에서 국가를 지리적 유기체나 공간 현상으로 인식하는 학문이 지정학이라고 정의한다. 이 국가 유기체는 삶과 공간을 위한 항구적인 투쟁을 하게 되고 가장 성공적으로 적응한 국가만이 생존하고 번영한다. 그는 인간처럼 국가도 탄생, 성장, 발전, 쇠락의 법칙을 따른다고 보았다. 공간은 성공을 위한 핵심 열쇠이고 공간이 부족하지만 활력이 있는 국가는 식민지 확보, 정복, 병합 등을 통해 공간을 확장한다고 보았다.

하우스호퍼가 강조한 두 번째 지리적 개념은 자급자족이다. 셀렌의 개념을 수용한 것이다. 셀렌은 국가는 독립적 유기체이기 때문에 자급자족이 필요하다고 말한다. 자급자족 수준에 따라 국가의 독립성 수준이 결정된다. 이를 위해서는 내부적 생산이 가능한 충분한 영토가 존재해야 한다. 독일에게는 중부유럽, 남유럽, 동유럽이 중동, 아프리카와 더불어 핵심 공간이었다. 제1차 세계대전 시 연합국 측의 해상 봉쇄로 독일이 겪은 식량난은 자급자족의 중요성을 실증했다.

세 번째로 하우스호퍼는 1931년부터 범지역pan-regions이라는 개념을 적극적으로 내세웠다.[5] 어떤 국가도 단독으로 지역을 구성할 수 없기 때문에 '언어적·문화적으로 비슷한 사람들'과 '언어적·문화적으로 친척 관계에 있는 사람들을 포함하는 지역'이 필요하다는 것이다. 확장이 성공적으로 이루어지면 지리적 의미를 갖는 큰 지역인 범지역이 형성된다. 이 지역은 면적이 넓고 자원의 자급자족이 가능해야 한다.

---

5   John O'Loughlin and Herman van der Wusten, 〈Political Geography of Panre-gions〉, 《Geographical Review》, Vol. 80, No. 1 , 1990.

하우스호퍼는 세계를 세 개의 큰 범지역으로 나누었다. 1941년 무렵 그는 미국이 주도하는 범아메리카, 독일이 주도하는 범유럽, 일본이 주도하는 범아시아로 세 개의 범지역을 제안한다. 독일이 소련을 침공하기 전이다. 범유럽 경계는 소련 국경에서 끝난다. 하우스호퍼는 동유럽의 실질적 경계를 페이푸스호에서 드네스트르강 하류로 설정했다. 여기엔 지중해, 중동, 아프리카 전체가 포함되며 이 지역을 표현하기 위해 유라프리카Eurafica라는 용어가 사용됐다.

이 범지역은 자급자족이 가능하다. 물리적으로도 서로 분리되어 쉽게 방어할 수 있다. 이 범지역들 간에는 세력균형이 이루어질 수 있다. 미국은 자신의 범지역에서 중심이 된다. 미국의 먼로주의가 이를 표현한다. 소련은 범지역 구도에서 제외됐는데 이는 네 번째 독자적 범지역을 의미한다. 하우스호퍼는 항상 소련과 우호적 관계를 유지하길 원했다. 범지역 구상 초기 버전에서는 범러시아 지역을 따로 설정해 중동 일부를 포함하고 인도양까지 포함시킨다. 그러나 1941년 버전에서는 하트랜드 소련의 전 지역이 자원과 방어 가능성 면에서 다른 범지역과 동등한 위상을 갖는 것으로 해석한다.[6]

하우스호퍼의 범지역 개념은 세계를 네 개의 블록으로 나누어 그 블록들이 상호 견제하며 공존하는 구도라는 특징을 갖는다. 미국 주도의 나프타NAFTA가 범지역 개념에 근접하다. 그러나 이런 지리적 공

6　Geoffrey Parker, 《Western Geopolitical Thought in The Twentieth Century》, Routledge, 2015, p. 75.

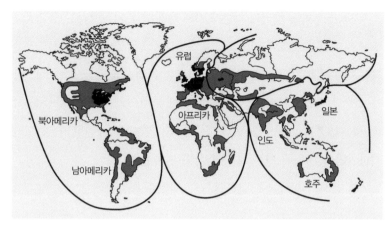

하우스호퍼의 범지역 개념.

존 개념은 나치의 수직적 구조와 맞지 않았다. 유태인과 볼셰비키(공산주의)는 제3제국 나치의 최대 적이었다. 게다가 소련은 중부유럽과 너무 가까워 위협적이었다.

　다음으로 하우스호퍼는 매킨더의 랜드파워 대 시파워라는 개념을 수용했다. 그는 매킨더의 1904년 논문을 가장 위대한 지리적 세계관이라고 여겼다.[7] 유라시아-아프리카 대륙은 우선 그 넓이가 세계 최대인 데다 인구가 가장 많고 가장 풍요로웠다. 이 지배적인 랜드파워는 자급자족을 실현할 수 있다. 그 대륙의 서쪽, 남쪽 그리고 동쪽 주위에는 바다에 접근할 수 있는 시파워 국가가 존재하는데 초승달 모양으로 주위를 둘러싸고 있다.

7　Geoffrey Parker, 같은 책, p. 58.

하우스호퍼는 영국과 일본을 시파워의 양대 거점이라고 생각했고 후에 시파워 리스트에 미국을 포함시켰다. 남아메리카나 흑인이 거주하는 아프리카 그리고 호주나 뉴질랜드는 지정학적 구조 속에서는 외측 초승달지대에 위치하는 '대륙적 섬'으로 보았다. 언젠가 충분한 시파워를 갖춘 하트랜드 파워가 내측 초승달지대를 제압할 수 있으면 시파워의 지배하에 있는 대륙적 섬도 지배할 수 있다. 하우스호퍼는 독일과 러시아에 일본을 더하면 우선 내측 초승달지대에 있는 영국의 시파워를 제압할 수 있고 최종적으로 대륙적 섬인 외측 초승달지대도 지배할 수 있다고 생각했다. 하후스호퍼에게는 육지와 바다에서 모두 유능한 대국이 가장 이상적이었다. 그는 대륙을 정복한 후에야 바다를 지배할 수 있다고 보았다.

하우스호퍼가 구상한 유럽 정책은 시파워와 랜드파워의 경쟁이라는 맥락에서 만들어졌다. 초원의 강도인 랜드파워와 바다의 해적인 시파워 둘 다 독일의 적이다. 둘이 유럽의 중앙을 뒤틀리게 만들었고 독일의 서쪽 출구 확보와 동쪽 영토 확장을 저지했다. 하우스호퍼는 그중에서도 특히 시파워 영국을 주적으로 인식했다. 제1차 세계대전은 영국이 주도한 시파워의 승리이자 랜드파워의 패배였다. 그는 영국 주도의 국제연맹이 세계 질서를 20세기 초의 형태로 고정해 대영제국을 보존하는 도구라고 해석했다.

하우스호퍼는 베르사이유 체제를 완전히 부정했다. 그리고 이에 대한 대책으로 소련과의 데탕트를 제시했다. 독일의 진정한 운명은 동쪽에 있지만 그 전술은 1920년대 국제 상황에 맞춰야 한다고 확신했다. 소련은 서방으로부터 버림받고 영토도 뺏긴 또 다른 버려진 국가였다. 하우스호퍼는 버림받은 이 두 나라가 협력해 '국제연맹에서 바다를 지배하는 시파워'에 대항해 '버림받은 자들의 대륙 연합'을 결성할 수 있다고 본 것이다. 제3의 동맹 대상은 일본이었다. 일본이 앵글로색슨 패권에 대한 독일의 저항에 우군이 될 것이라고 생각했다. 독일, 소련, 일본이 연합하면 앵글로색슨 패권에 절대 패배하지 않을 것이라고 믿었던 것이다.

하우스호퍼와 《나의 투쟁》

히틀러는 란츠베르크 교도소가 정부에서 무상으로 제공한 대학이었다고 술회했다. 약 9개월의 구금 기간 동안 이루어진 하우스호퍼의 강의와 집중적인 독서가 히틀러의 세계관 형성에 큰 영향을 미친 것이다. 하지만 히틀러는 하우스호퍼에게서 지적인 영향을 받았다는 것을 인정하지 않았다. 그의 저서 색인에는 하우스호퍼나 지정학이라는 항목이 아예 없다. 그럼에도 1940~1941년 무렵에는 라첼의 저서가 자신에게 가장 크게 영향을 미친 책이라고 했다.

하우스호퍼가 《나의 투쟁mein kampf》의 숨은 저자라는 주장은 근거가 없다.[8] 하우스호퍼는 《나의 투쟁》을 쓰는 데 직접적으로는 한마디도 거들지 않았을 뿐만 아니라 자신이 주관하던 《지정학잡지

---

8   Holger H. Herwig, 같은 책, p. 98.

《나의 투쟁》의 초판본 표지.

Zeitschrift für Geopolitik》에서 서평을 부탁받고도 지정학과는 아무 관계가 없다는 이유로 거절하기도 한다. 하지만 《나의 투쟁》에는 하우스호퍼에게 배운 지정학적 개념들인 자급자족, 레벤스라움, 생물지리학 그리고 기타 지정학적 개념들이 녹아 있다. 레벤스라움이라는 단어는 히틀러의 《나의 투쟁》 하권에 2회 나오고, 1928년에 썼지만 출판되지 않았던 히틀러의 두 번째 저서 초고에는 11회나 사용된다.

조지타운 대학교 외교학과를 세운 에드먼드 월시Edmund A. Walsh 는 《나의 투쟁》에서 하우스호퍼의 그림자를 강하게 느낄 수 있다고 지적한다. 특히 '교화적이고 교육적인 군사 훈련' '우리 독일 민족에 필요한 토지의 획득' '인간이 국가 간의 경계를 만들고 변경한다' '독일은 세계 강국이 되거나 소멸할 것이다' '이 세계에서 가장 신성한 권리는 토지에 대한 권리이다' 등의 문장을 그 예로 들었다.[9]

하우스호퍼는 뮌헨의 실력자들에게 히틀러를 소개하고 스위스 금융기관이 히틀러를 지원하도록 돕기도 했다. 그가 나치에 입당하지 않은 것은 위장책이었다. 그는 1919년부터 나치의 상층부 인사들인 루돌프 헤스, 마르틴 보어만Martin Bormann, 요아힘 폰 리벤트로프 Joachim von Ribbentrop, 알프레드 로젠베르크Alfred Rosenberg 등과 긴밀한 관계를 맺고 적극적 활동을 했다. 그들을 통해 히틀러와도 관계를 맺었다.

나치 집권 이후

1933년에서 1940년 사이에 하우스호퍼는 나치의 목표가 지정학 이론과 예측에 부합한다는 취지의 발언을 하고 글을 썼다. 히틀러가 집권하고 나서 몇 주가 지난 후 하우스호퍼는 이를 독일 미래를 보장하는 사건이라고 칭송했다.[10] 하우스호퍼의 공식 전기작가 한스 아돌프 야콥센Hans-Adolf Jacobsen은 하우스호퍼가 '제3제국의 교양 있는 홍보 임원'이 됐다고 표현했다.[11]

하우스호퍼의 공개적 활동은 1924년에 시작됐다. 그해에 매월 라디오 프로그램에 출연해 지정학 강의를 하면서 독일 민족의 교육자

---

9   Holger H. Herwig, 같은 책, pp. 103~104.

10   Zoppo E. Ciro, Zorgbibe Charles(Eds.), 《On Geopolitics: Classical and Nuclear》, Martinus Nijhoff Publishers, 1985, p. 70.

11   Hans Adolf Jacobsen, 《Karl Haushofer, Leben und Werk》, Vol. 1, H. Boldt, 1979, p. 372.

가 된 것이다. 또 같은 해에 《지정학잡지》의 공동 편집인이 되고 이후 1931년에는 단독 편집인이 된다. 그 잡지는 점차 나치의 입맛에 맞게 만들어졌다. 월간 발행 부수는 1920년대 후반에 30만 부에서 40만 부까지 늘어났다가 1933년 나치가 집권한 해에는 75만 부에 이른다.

1933년 1월 30일 히틀러는 독일 수상으로 취임한다. 루돌프 헤스는 나치당의 부총통이 된다. 란츠베르크 교도소에 수감됐던 하우스호퍼의 '젊은 독수리' 두 사람이 독일 정치 권력의 정점에 선 것이다. 하우스호퍼는 1933년에는 독일학술원 원장이 되고 뮌헨 대학교 지리학과 정교수가 된다. 다음 해에는 나치가 소유하는 6개 신문사 지주회사의 편집위원이 된다.

하우스호퍼는 1913년부터 1945년까지 40권 이상 저서와 700편 이상의 논문을 발표한다. 그런 활동이 가능했던 건 1924년 창간한 《지정학잡지》의 편집자이자 대학 교수이기 때문이기도 했지만 나치와 밀접한 관계에 있던 독일아카데미, 독일민족평의회, 재외독일민족동맹 등 중요한 국가기관의 지도부였기 때문이다. 나치 집권 후 하우스호퍼와 독일지정학은 제3제국의 도구로 전락한다. 하우스호퍼가 출간한 여러 책의 주제는 반복됐다. 민족은 활동 공간elbow room과 숨쉴 공간room to breathe이 필요하다는 점, 인간의 기본권으로서의 레벤스라움, 토지와 공간에 대한 자연권 그리고 혈통과 토양의 신성한 일체 등을 강조했다.[12] 그는 공간이 절대적으로 필요하다고 외치며 이는

---

12   Holger H. Herwig, 같은 책, p.143.

제국주의가 아니고 단지 지구상에 생존하기 위한 권리일 뿐이라고 강변한다. 하우스호퍼는 공간극복적 인종과 공간예속적 인종을 구분하며, 전자는 백인, 특히 튜턴족이라고 지적해 인종주의 확산에도 관여한다.

독일제국은 전성기에도 인구밀도가 1평방킬로미터당 129명이었다. 북으로는 북해와 발트해에 막혀 있고 남으로는 알프스산맥, 서쪽과 동쪽으로는 프랑스와 러시아라는 두 강대국에 막혀 있다. 또 세 개의 큰 강인 동쪽 비스와강, 서쪽 라인강, 남쪽 다뉴브강에 갇혀 있다. 그래서 하우스호퍼가 보기에 독일은 못 가진 자 중에서도 가장 못 가진 국가였다.[13] 팽창하지 않고는 미래가 없었다. 일부 나치 인사들은 하우스호퍼가 인종 대신 공간을 너무 강조한다고 불만을 갖기까지 했다.

독일지정학자들이 구상한 레벤스라움은 인구가 많은 중부 및 동유럽을 넘어 우크라이나의 빈 공간과 러시아의 스텝이었다. 거기에는 식량과 에너지 자원이 풍부했다. 독일인의 이주도 가능했다. 그들은 엘베강에서 아무르강까지 이르는 큰 대륙의 국가연합을 구성해야 독일이 대영제국에 대항할 힘을 갖는다고 생각했다. 하지만 하우스호퍼와 히틀러는 러시아에 대한 견해가 크게 달랐다. 하우스호퍼에게 레벤스라움은 기본적으로 과거 독일 땅이었고 독일인의 피가 흐르는 동쪽 지역을 가리킨다. 그러나 히틀러에게 레벤스라움은 러시아와 그

13　Holger H. Herwig, 같은 책, p.144.

위성국들이었다.[14]

하우스호퍼의 구상은 《대일본》에서 주장한 바와 같이 매킨더의 이론을 180도 뒤집어 '바다의 해적'인 앵글로색슨의 시파워를 독일, 러시아, 중국, 일본으로 구성된 '초원의 강도' 랜드파워가 견제하는 구도로 만드는 것이었다.

하우스호퍼는 제1차 세계대전 후에도 일본과 관계를 지속했다. 주독 일본 대사나 무관 등과 접촉을 유지했고 자신이 쓴 일본 관련 저서를 배포했다. 독일 내에서는 대표적인 일본 전문가로 인정받았다. 하우스호퍼는 1935년 5월, 8월, 10월에 베를린 일본 대사관에서 양국 간 공식 회담을 주선해 독일과 일본 간의 반코민테른 협정 체결을 성사시켰다. 소련이 차후 전쟁을 일으킬 경우 유럽과 아시아 양쪽에서 적을 맞이해야 한다는 의미에서 소련을 견제하는 것이었고 이는 히틀러의 구상에 부합했다. 하우스호퍼는 이 협정 체결이 자신이 30년간 기울인 노력에 대한 결실이라며 기뻐했다.

하우스호퍼는 1920년대에 줄곧 소련에 우호적이었다. 하우스호퍼는 1925년 소련과 일본의 기본조약 체결을 환영했다. 소련과 나치는 1939년 8월 23일 불가침조약을 체결했다. 영국의 시사 잡지 《뉴스테이츠먼New Satesman》은 이를 가리켜 하우스호퍼와 헤스가 히틀러에게 전해준 제국주의적 지리학의 승리라고 평가했다.[15] 이 불가침조약

---

14 Holger H. Herwig, 같은 책, pp. 106~107.
15 Holger H. Herwig, 같은 책, p. 169.

은 반코민테른 협정을 약화시켰다. 하우스호퍼는 이러한 상황을 '역사의 지리적 중심'을 실현하는 데 한 걸음 다가간 것으로 여겼다.

히틀러는 제1차 세계대전의 실패를 되풀이하지 않고 중부유럽에서 전쟁을 벌일 수 있을 것이라고 확신했다. 히틀러가 새로운 전쟁을 시작하려 하자 하우스호퍼는 또 다른 1914년이 될지 모른다고 우려했다. 아테네와 스파르타처럼 전후 국력을 소진한 영국과 독일이 대국의 지위를 상실할지도 모른다고 예감한 것이다. 1939년 9월 1일 나치는 마침내 폴란드를 침공한다. 하우스호퍼는 폴란드가 독립국으로 존재할 권리가 없다고 주장했다. 하우스호퍼는 폴란드 침공을 '방어적 전쟁'이라고 규정했다.

1940년 6월 독일과 프랑스 사이에 휴전 협상이 시작됐다. 하우스호퍼는 유럽을 앵글로색슨으로부터 해방시키는 전쟁에서 히틀러가 이겼다고 환호했다. 이를 '금권정치가, 프리메이슨 그리고 미국 루스벨트 대통령 주변의 유태인'에 대한 승리라고 규정했다. 그러고는 '미국은 미국인에게, 유럽은 유럽인에게'라는 그의 오래된 주장을 반복했다. 독일은 1939년 나치-소련 협약에 뒤이어 1941년 봄까지 하우스호퍼가 유럽의 동쪽 경계라고 여긴 곳 대부분을 확보했다.

1940년 9월 잠시나마 하우스호퍼의 그랜드 디자인인 독일-러시아-이탈리아-일본의 초대륙적인 유라시아 블록이 형성됐다. 그해 9월 27일 독일, 이탈리아, 일본이 3국군사동맹tripartite pact을 체결한 것이다. 1939년에 소련과 독일 사이의 협정이 이미 체결됐으므로 이제 하우스호퍼의 '완전한 지정학적 삼각형'이 앵글로색슨의 '해적'들을 맞

3국군사동맹을 체결한 독일, 이탈리아, 일본.

설 수 있게 된 것이다.

　이 동맹은 소련이 인도와 이란을 지배하는 것을 지지함으로써 소련을 끌어들이고 일본이 중국을 지배하는 것을 용인하는 것이었다. 1940년 히틀러는 앵글로색슨 해적의 영향력이 가장 취약한 곳 중 하나인 인도에서 러시아 '곰'이 영국에 맞서게 하는 게 의미 있다고 여겼다. 하지만 1940년 11월 베를린을 방문한 소련 외상 뱌체슬라프 몰로토프Vyacheslav Molotov는 인도와 이란에 대한 관심이 없다며 오히려 히틀러에게 핀란드, 루마니아, 발칸, 발트 지역 국가들에 대해 어떤 입장인지를 물었다. 스탈린은 발트 지역 국가들과 핀란드에 더 관심이 있었던 것이다. 퇴짜를 맞은 히틀러는 1940년 12월 18일 '전쟁지령 21호'에 서명해 소련을 신속히 격멸하기로 결정한다.

하우스호퍼는 혼란에 빠진다. 히틀러가 소련을 공격하면 시파워가 소련과 손을 잡을 것이다. 일본이 어떻게 반응할지도 미지수다. 영국은 아직 패배하지 않았고 미국도 사실상 참전 의사를 굳혔다. 하우스호퍼는 유럽 국가 간 내전은 무의미하다고 판단했다. 따라서 영국과 평화협정이 가능한지를 타진해야 했다. 영국과 전쟁이 계속될 경우 '백인종의 자살'이 될 것이 뻔했다. 하지만 영국은 히틀러를 사탄이라 여기며 어떤 타협도 거부했다. 하우스호퍼는 '소련의 유라시아'가 독일과 영국의 공통 적이라는 인식을 공유하는 것만이 독일과 영국의 대치를 해소할 수 있다고 보았다. 그는 여러 경로를 통해 그 가능성을 탐색했고 헤스와도 접촉했다.

헤스는 영국과 화해를 모색하고자 1941년 5월 10일 홀로 비행기를 몰고 스코틀랜드에 갔다. 히틀러도 헤스의 단독 행동을 사전에 알았을 것이다. 영국행 6일 전 헤스는 히틀러와 4시간 동안 면담을 했다. 하지만 영국에서 곧바로 체포된 헤스는 나치에 의해 정신병자로 공격당하고 매장된다. 22년간 하우스호퍼와 헤스는 하나였다. 그를 잃은 건 하우스호퍼에게 개인적으로나 사회적으로나 재앙이었다. 헤스는 하우스호퍼 가족에게 독일 제3제국 내에서 유일한 후견인이었던 것이다.

헤스가 사라진 후 1941년 6월 22일 독일은 소련을 침공한다. 하우스호퍼는 물론이고 대다수 지정학자들에겐 엄청난 실수로 여겨졌다. 그래도《지정학잡지》는 입장을 바꿔 히틀러를 지지했다. 하우스호퍼는 목재, 철광석, 석유 등 러시아의 풍부한 자원에 주목하라고 했다.

유라프리카에 대한 관심은 이제 독일 확장의 자연스러운 대상으로 유라시아를 강조했다. 발트 국가, 벨라루스, 드네프르강 유역까지 독일의 영향력이 미친다는 것이다. 동쪽에 레벤스라움을 확보하는 게 독일 팽창의 주된 목표가 되어버린 것이다. 소련은 모스크바로 밀려나고 그곳은 다시 독일이 아시아로 진공할 때 손쉬운 먹이가 될 것이라고 상상했다.

하우스호퍼는 일본이 소련 공격에 동참하지 않은 걸 안타깝게 여겼다. 우랄산맥까지 일본의 지배권을 인정하라는 일본의 요구를 히틀러가 거절했었다. 독일이 소련을 공격하자 '유라시아 대륙 블록'을 구축하겠다는 하우스호퍼의 꿈은 물거품이 됐다. 히틀러는 베를린과 도쿄 사이의 '육교'를 태워버린 것이다. 헤스가 사라지고 나치가 소련을 침공한 이후 나치 체제에서 하우스호퍼가 설 자리는 거의 없어졌다.

하우스호퍼에게 지정학은 예술이고 정교하게 운용되어야 했다. 자동차 경주가 아니었다. 하후스호퍼는 지리를 친구로 삼아야지 적으로 만들어서는 안 된다고 믿었다. 그가 보기에 로마제국은 지리를 우군으로 만들었지만 나폴레옹은 적으로 만들었다. 히틀러 역시 나폴레옹과 마찬가지로 지리를 적으로 만들어버렸다. 독일은 악몽 같은 양면전쟁에 말려들었다. 처음에는 성공하는 듯 보였지만 1941~1942년 겨울을 지나면서 역시나 지리는 가장 매서운 적이 됐다. 나폴레옹이 125년 전에 이미 겪었듯이 말이다.

이 상황을 더 악화시킨 사건이 바로 일본의 진주만 공격이었다. 이로 인해 미국이 본격적으로 참전하면서 나치는 더 곤경에 처하게 된다. 일본의 도발은 하우스호퍼의 조언과는 상반된 것이었다. 하우스호퍼는 일본이 만주를 점령하자 만주가 식민지로는 지리적으로 부적합하다고 지적하면서 남쪽으로 진출해야 한다고 권했다.[16] 그런 그가 보기에 1937년 중국 본토를 침공한 것은 실수였다. 일본의 전력을 엄청나게 소모할 뿐이었기 때문이다. 그는 일본이 중국으로 깊이 들어가면 익사할 것이라고 예측했다.

　나치는 결국 미국과 소련을 동시에 적으로 돌려 패배했다. 독일은 지리 교육에 심혈을 기울였지만 지정학의 의미를 제대로 이해하지 못한 것이다. 1942년 로버트 스트라우스 후페Robert Strausz-Hupe는 지정학이 나치의 이론이었다고 주장했는데 이는 더 이상 사실이 아니었다. 제프리 파커Geoffrey Parker는 독일지정학자들이 제안한 전략은 나치의 외교정책과는 달랐다고 지적한다.[17] 데이비드 머피David T. Murphy는 저서《영웅적 땅: 바이마르 독일 시대 지정학 사고, 1918~1933 The Heroic Earth: Geopolitical Thought in Weimar Germany, 1918~1933》에서 히틀러는 지정학을 이용해 그의 행위를 정당화했지만 그의 궁극적 목표나 이를 실현하기 위한 수단은 자신이 고안한 것이라고 평가한다.

16　Geoffrey Parker, 같은 책, p. 80.
17　Geoffrey Parker, 같은 책, p. 82.

하우스호퍼와 지정학의 몰락

미국이 참전하기 전에도 미국의 잡지 《라이프》는 하우스호퍼를 히틀러의 '아이디어맨'으로 지칭하며 '나치즘의 철학자' '독일의 두뇌' 등으로 묘사했다. 독일이 소련을 침공했을 때 《리더스다이제스트》에서는 뮌헨에 있는 지정학연구소에 관한 신화를 창조했다. '나치즘의 최고 두뇌'인 하우스호퍼가 거기에서 1천 명의 지정학자, 실무자, 스파이 등을 고용해 전쟁을 지휘한다는 것이다. 1942년 할리우드 영화감독 프랭크 카프라Frank Capra는 영화 〈나치 스트라이크The Nazi Strike〉를 만들었는데 하우스호퍼를 '세계도'에 달려든 '촌장headman'으로 묘사했다. 다음 해엔 에드워드 칸Edward Cahn이 하우스호퍼의 일대기를 〈파멸 계획Plan for Destruction〉이라는 드라마로 만들었다. 그는 여기서 하우스호퍼를 히틀러의 '인류 노예화' 프로젝트의 설계자로 그렸다.[18]

1942년 미국 육사에서 강의하던 허만 뷰케마Herman Beukema는 하우스호퍼가 히틀러보다 더 중요한 인물로 기억될 것이라고 강조했다. 하우스호퍼의 연구가 있었기에 히틀러가 권력투쟁과 전쟁에서 승리할 수 있었다는 것이다. 하우스호퍼가 뉘른베르크 국제군사법정 International Military Tribunal의 주요 전범 명단에 포함된 것은 당연했다. 1945년 9월 7일 미국 측 검찰은 하우스호퍼에 대해 군사법정에 다음과 같이 의견을 제시했다.

---

18   Holger H. Herwig, 같은 책, p. 198.

하우스호퍼는 히틀러의 지적인 대부였다. 《나의 투쟁》을 쓴 건 히틀러라기보다는 하우스호퍼이다. 하우스호퍼는 나치 바이블의 근간을 제공했는데 우리가 볼 때 이는 일반적인 범죄 계획이다. 지정학은 단지 학문 이론이 아니다. 이는 유라시아의 심장부를 정복하고 세계를 지배하려는 역동적 추진 계획이었다.[19]

에드먼드 월시가 하우스호퍼의 기소를 적극 주장했다. 그는 하우스호퍼를 '나치 초기부터의 두뇌'이자 히틀러의 저서 《나의 투쟁》의 진정한 저자이며 독일이 저지른 전쟁 범죄의 최고 책임자로서 레벤스라움 팽창주의의 설계자라고 공격했다. 하우스호퍼가 심판받는 것은 피할 수 없었다.

하우스호퍼는 10월 3일 뉘른베르크 법정에 세워져 정식으로 심문을 받았다. 하지만 그때쯤 군 검찰 측은 그가 주요 전범인지에 대해 의문을 품었다. 하우스호퍼가 나치의 침략 전쟁에 직접 가담했는지 여부를 입증하기가 곤란했다. 하우스호퍼의 공개적인 공격 행위가 있었다는 직접적인 증거가 없고 무엇보다 저술 활동이 형사 범죄에 해당한다고 보기가 어려웠다. 자칫 하우스호퍼에 대한 재판이 마녀사냥으로 비칠 염려도 있었다. 게다가 10월 4일 하우스호퍼는 다시 심장발작으로 쓰러졌다. 담당 판사인 로버트 잭슨Robert Jackson은 하우스호퍼의 건강을 고려해 재판을 중지한다. 월시도 이에 동의한다.

---

19 Holger H. Herwig, 같은 책, p. 199.

뉘른베르크 국제군사법정.

하우스호퍼는 월쉬에게 자신이 히틀러나 헤스에게 미친 영향력은 그다지 크지 않았다고 변명했다. 히틀러나 헤스가 그의 아이디어를 이해할 만한 지적 능력을 결여했다고까지 암시했다. 헤스의 장점은 지능이 아니라 좋은 성격과 마음이라고까지 했다. 그는 히틀러를 '제대로 교육받지 못한 사람'으로 묘사했다. 자신이 전달한 지정학 원리를 결코 이해하지 못했다고 했다. 히틀러가 그저 잘 이해하지도 못한 몇 가지 캐치워드에만 집중했다고 말했다. 월시는 영국에서 송환된 헤스와 하우스호프를 조우시킨다. 헤스는 기억상실증에 걸린 것처럼 연기해 하우스호퍼를 알아보지 못하는 척한다. 제자이자 25년지기 친구와의 이 만남은 그에게 너무나 고통스러웠고 그의 건강을 더 악화시켰다.

이미 1945년 7월 6일 슈타우펜베르크가 주도한 히틀러 암살미수사건에 연루되어 검거됐던 장남 알브레히트가 게슈타포에 의해 총살된 후였다.

1946년 3월 10일 하우스호퍼는 부인 마르타와 함께 독약을 마시고 자살한다. 그는 어떤 장례식도, 어떤 종교의식, 부고, 묘비명, 묘의 표지도 필요 없다고 유언한다. 그가 남긴 마지막 말은 "나는 잊히고, 잊히고 싶다"였다. 하우스호퍼와 함께 지정학도 지하에 매장됐다. 지정학이라는 단어 자체가 나치를 연상시켰기 때문이다. 하우스호퍼가 나치에 긴밀히 관련했다는 점에서 지정학은 이념적으로 파산했고 도덕적으로도 의심을 벗어나기 어렵게 됐다. 지정학은 철저히 터부시됐다. 역설적이게도 나치의 박해를 피해 미국으로 이주한 유태인이자 닉슨 대통령 시설 국무장관을 지냈던 헨리 키신저가 지정학이라는 단어를 다시 살려낸다. 하우스호퍼와 동향 출신인 키신저가 지하에 묻혀 있던 지정학을 다시 지상으로 끌어낸 것이다.

4

스파이크먼

림랜드

SEA POWER
LAND POWER

1941년 12월 7일 새벽 7시 48분 하와이 호놀룰루 진주만에 있는 미군 기지에 전격적 공습이 시작됐다. 6대의 항공모함에서 발진한 353대의 일본 전투기가 두 번에 걸쳐 폭격을 감행한다. 2,403명의 미국인이 사망하고 1,178명이 부상당했다. 미국 역사상 외국의 침공에 이렇게 무참히 당한 일은 없었다. 일본은 공습 후에야 선전포고를 한다. 미 의회는 다음 날 바로 일본에 대해 선전포고를 한다. 4일 후인 11일 독일과 이탈리아가 미국에 대해 선전포고를 하고 미국도 곧바로 선전포고로 대응한다. 제2차 세계대전에 미국이 공식적으로 참전하게 된 것이다. 미국의 참전은 역사적 전환점이 됐다.

1941년 12월 31일 미국 지리학회와 정치학회의 합동 회의에서 한 학자가 논문을 발표한다. 논문 제목은 〈프론티어, 안보 그리고 국제조직Frontiers, Security, and International Organization〉이었다. 미국이 제2차 세계대전에 전면적으로 뛰어든 지 한 달도 채 되지 않았고 미국의 주적은 독일과 일본이었다. 당시 소련은 연합국에 속한 동맹국이었다.

그런데 그 학자는 질의응답 시간에 미국은 전쟁이 끝나면 일본, 독일과 동맹을 결성해야 하고 소련을 견제해야 한다는 취지의 발언을

진주만 공습.

했다.[1] 참석자들은 웅성거리며 자신들의 귀를 의심했다. 지금 미국에 대해 선전포고를 하고 전쟁을 개시한 적국인 일본, 독일과 한편이 되어 동맹국인 소련을 견제하자는 게 말이 되는 소리인가? 제정신으로 하는 소리인가? 얼핏 듣기에는 터무니없는 망언이었다. 이 발언의 주인공은 예일 대학교 교수 니콜라스 스파이크먼이었다.

　　스파이크먼은 1893월 10월 13일 네덜란드 암스테르담에서 태어

1　Geoffrey Sloan, 《Geopolitics, Geography and Strategic History》, Routledge, 2017, p. 127.

니콜라스 스파이크먼.

났다. 젊은 시절에는 중동과 동아시아에서 저널리스트로 활동하며 유라시아 주변의 분쟁 지역에 관한 전문성을 쌓았다. 이 경험은 그가 이후 지정학적 감수성을 기르는 토양이 됐다. 이후 버클리 대학교에서 박사 학위를 취득하고서 1928년에 미국 시민이 된다. 1925년에는 예일 대학교의 국제관계학과 교수로 취임하고 1937년 예일 대학교 국제연구소를 설립해 1940년까지 소장으로 재직한다.

　제2차 세계대전이 발발하자 미국인들은 멀리 떨어진 유럽과 아시아에서 벌어진 전쟁에서 미국이 어떤 역할을 해야 하는지 논쟁했다. 또한 제2차 세계대전 말기에 새롭게 형성되는 전후 국제 질서에 어떻게 관계해야 하는지에 대해서도 논의했다. 이 논의에서 미국의 정책은 스파이크먼의 현실주의적 지정학에 영향을 받았다.

　1938년《미국정치학리뷰The American Political Science Review》에 실

린 논문 〈지리와 외교Geography and Foreign Policy〉에서 스파이크먼은 국가의 대외 전략에 영향을 미치는 다른 변수들, 즉 인구밀도, 경제구조, 정부 형태, 국가 지도자들의 성격과 편견 등과 비교해 지리는 상대적으로 변하지 않는 요소라고 지적한다. 스파이크먼은 세계사를 돌아보면 강대국은 대부분 국토 크기가 큰 대국이었다고 지적한다. 국토 크기와 자원이 기술력과 결합했을 때 국가의 위상이 결정된다. 하지만 상대적으로 네덜란드, 영국 등 면적이 작은 소국들이 바다를 지배해 제국을 세운 적도 있다. 국토 크기는 절대적 강점은 아니지만 잠재적 강점인 것이다.

강대국의 가장 중요한 요소는 효과적인 중앙집권적 지배인데 이는 중앙과 주변을 연결하는 효율적 교통 시스템이 존재하느냐의 여부에 달려 있다. 스파이크먼은 잉카, 페르시아, 로마, 프랑스, 중국, 러시아가 어떻게 도로망과 운하를 만들어 그들의 제국을 통합했는지 설명한다. 최근에는 철도나 항공이 더 광대한 지역의 효과적인 통합을 가능하도록 했다고 말한다. 그는 논문을 쓸 당시를 기준으로 50년 후쯤 세계의 4대 강대국은 미국, 소련, 중국, 인도일 것이라고 예측했다.

스파이크먼은 국토 크기보다 더 중요한 것은 위치라고 말한다. 하지만 위치의 중요성은 교통수단, 교통 루트, 군사기술의 변화 그리고 세계 파워 중심의 이동에 따라 달라진다. 따라서 위치의 의미는 지리적·역사적 맥락에서 파악해야 한다고 했다.

그는 세계의 파워 중심이 처음에는 중동에서 에게해로, 그다음에는 지중해로, 이어서 서유럽으로, 그 이후에는 대서양으로 이동했다고 지적한다. 그리고 1938년 당시에는 4개의 세력권, 즉 미국의 아메리카, 일본의 동아시아, 소련의 하트랜드 유라시아, 유럽의 대서양과 인도양이 파워의 중심이라고 설명한다. 스파이크먼은 태평양이 핵심적 무역 통로로 부상할 것이라고 예측했다. 오랜 시간이 걸리겠지만 태평양 유역이 대서양과 경쟁할 수 있고 두 대양의 상대적 위상은 태평양에 유리하게 이동 중이라고 했다. 스파이크먼은 미국은 대서양과 태평양 유역에 직접 접근이 가능해 세계에서 위치상 가장 혜택받은 국가라고 결론짓는다.

스파이크먼은 아무리 국가 지도자들이 유능해도 국가는 지리를 피할 수 없다고 강조한다. 국가의 대외 전략은 지리를 직시해야 한다. 국가는 지리를 유능하게 다루거나 무능하게 다루거나 혹은 변경할 수는 있지만 무시할 수는 없다는 것이다.

1년 후 스파이크먼은 애비 롤린스Abbie Rollins와 함께 《미국정치학리뷰》에 〈외교에 있어서 지리적 목표Geographic Objectives in Foreign Policy〉라는 논문을 쓴다. 이는 국가들의 팽창 패턴을 역사적·지리적으로 고찰한 것이다. 스파이크먼은 모든 국가는 팽창하는 경향이 있다고 본다. 이는 시파워나 랜드파워 모두 마찬가지이다. 여기서 세력균형의 변화에 주목해야 한다.

그는 국가들의 팽창 사례를 전략적·지리적 용어로 서술했다. 국가들은 흔히 교통 통로였던 강이나 계곡 주위를 따라 확장했다. 이집트가 나일강, 메소포타미아 국가가 티그리스와 유프라테스강, 중국이 황하 유역, 미국이 미시시피와 미주리 유역을 따라 확장한 것이 그 예이다. 내륙국들은 바다에 접근하고 싶어 한다. 바빌론과 아시리아는 지중해에, 발칸 국가들은 아드리아해에, 러시아는 부동항에 진출하기를 원한다. 섬나라들은 인접 연안 지역을 정복해 확장하려 한다. 영국은 유럽의 서부 연안을, 일본은 중국의 동부 연안을 정복하려고 했다. 또한 영국, 일본, 네덜란드, 미국은 경제적·전략적 이유로 해로를 지배하고 싶어 했다. 어떤 국가들은 주변해나 내해를 지배한다. 그리스의 에게해, 로마의 지중해, 미국의 카리브해 지배가 그 예이다.

스파이크먼은 국제연맹이나 다른 국제기구가 히틀러의 독일, 무솔리니의 이탈리아 그리고 일본제국을 저지할 수 없다고 생각했다. 이러한 팽창은 항상 나타났고 이로 인한 분쟁도 계속됐다. 이런 행태가 조만간 바뀔 거라고 볼 근거가 없다는 것이다.

세계 정치에서 미국의 전략

스파이크먼의 두 번째 논문이 발표된 후 1939년 9월 1일 독일은 폴란드를 침공해 제2차 세계대전을 시작한다. 이후 제2차 세계대전이 한참 진행 중이고 미국도 이미 참전한 후인 1942년 봄, 스파이크먼은 저서 《세계 정치에서 미국의 전략: 미국과 세력균형America's Strategy in World Politics: The United States and the Balance of Power》을 출간한다. 이는 세계 정치에 대한 분석과 지정학적 리얼리즘에 바탕해 미국의 전략을 연구한 걸작이다.

스파이크먼은 책의 첫 부분에서 세계 정치의 무정부성을 기술한다.

전 세계를 통치하는 단일 정치기구가 없는 상황에서 모든 국가는 무엇보다 생존을 위해 힘쓴다. 모든 국가의 대외 전략 목표는 영토의 보전과 정치적 독립이다. 세계 정부가 없기 때문에 국가들 간 파워 투쟁은 불가피하다. 파워 투쟁은 생존 투쟁이고 상대적인 파워의 증대가 국가 전략의 기본 목표가 된다. 나머지는 부차적이다. 국가의 파워는 생존, 자신의 의지를 타자에게 관철하는 능력, 파워가 없는 자들에 대한 지배력, 열등한 파워를 가진 자로부터 양보를 강제하는 능력을 의미한다. 그리고 마지막 순간에 전쟁에서 이기는 능력이다. 국가의 파워는 영토의 크기와 성격, 인구, 자원의 양, 경제력, 기술 수준, 정치적 안정성, 국민정신, 군사력, 잠재적 적국의 강점과 파워 등 여러 요소로 구성된다. 따라서 군사적·정치적 전략에 있어 지리는 중요한 열쇠이다.

국가는 파워 정치에 전념해야만 생존할 수 있다. 그러므로 국가 지도자들은 파워 목표를 달성하는 데 역량을 집중해야 한다고 그는 말한다. 국가의 대외 전략에서 도덕은 부차적이다. 외교는 파워 목표에 기여하는 한도 내에서만 정의, 공정, 관용을 고려해야 한다. 또한 국가 지도자는 파워의 글로벌 균형에 관심을 기울여야 한다. 역사를 보면 선의보다는 세력균형이 안전을 더 보장했다. 역사상 국가들이 자신의 파워를 스스로 제약하는 경우는 거의 없다. 국가는 오로지 자신에게 유리한 균형에만 관심이 있다. 세력균형은 끊임없이 변하는 강대국들 간의 동적 관계이다.

자명한 원리나 신성한 도덕적 가치도 이상적 세계를 보장하지 못한다. 파워는 국가의 생존이나 더 나은 세계의 건설을 위해 불가결한 요소이다. 균형 잡힌 파워는 협력, 조화, 법치 증대, 평화 유지, 정의 유지, 폭정 방지라는 결과를 가져온다. 민주주의도 보장된다. 세력균형 시스템에서만 집단적 안전보장이 가능하다. 크게 차이 나지 않는 파워를 가진 국가들 사이에서의 정의도 실현된다. 파워를 추구하는 것은 도덕적 가치를 실현하기 위한 것이 아니다. 오히려 도덕적 가치가 파워 획득을 위해 이용된다. 이런 스파이크먼의 주장에 대해 한스 웨이거트Hans W. Weigert는 '파괴와 니힐리즘의 소리'라고 혹평했다.[2]

국가는 자신의 상대적 파워를 증대시키고 다른 국가의 파워를 약하게 하려 하기 때문에 다른 국가들은 잠재적 적이다. 또 경계에 있는 완충 국가들은 보호하거나 강화시키려 한다. 강대국의 인접국과는 협력하여 패권국의 출현을 저지하려 한다. 역동적 강대국의 팽창을 억제하는 세력균형 전략은 국가의 생존을 위한 대외 전략이다. 모든 국가는 자신에게 유리한 세력균형을 원한다. 그러나 다른 모든 국가들이 이러한 세력균형을 무너뜨리려 하기 때문에 늘 내적으로 불안정하다. 어느 국가의 안보상 이익은 다른 국가에게는 위험이다. 그래서 어느 국가들 간의 동맹alliance은 거기에 대항하는 동맹counter-alliance을 낳고 어느 국가의 군비armament는 그에 대항하는 군비counter-armament를 촉발한다. 항구적 파워 경쟁이 벌어지는 것이다. 이는 모든 역사에

---

2   David Wilkinson, 〈Spykman and Geopolitics〉, 《On Geopolitics: Classical and Nuclear》, Martinus Nijhoff Publishers, 1985, p. 88.

서 그러했다. 파워 경쟁은 때로 전쟁으로 이어진다. 평화를 정상적으로, 전쟁을 비정상적으로 보는 것은 전쟁에 대한 지적 혼동에 불과하다. 전쟁이 즐겁지는 않지만 독립된 주권 국가들로 구성된 무정부적 글로벌 시스템에는 항상 전쟁 발생 가능성이 내재해 있다. 전쟁은 세력균형을 유지하기 위해 불가결한 도구이다. 스파이크먼은 20세기에 전쟁은 군사적·정치적·경제적·이념적으로 치러진다고 지적한다. 총력전total war인 것이다.

《세계 정치에서 미국의 전략》에서 스파이크먼은 서반구, 대서양, 태평양 지역을 포함한 전 세계에서 미국이 어떤 지정학적 위치에 놓여 있는지 분석한다. 미국은 북미와 서반구에서 지배적 파워이다. 미국의 팽창은 전쟁, 외교, 탐험, 원주민의 강제 축출, 상대적으로 약한 이웃 국가, 유리한 지리적 위치 그리고 유럽 국가들의 경쟁을 영리하게 이용한 결과이다. 유럽의 강대국들은 미국의 파워가 급성장하는 걸 우려했지만 아메리카 대륙의 세력 관계보다는 유럽에서의 세력균형과 자국의 영토 안전에 더 관심을 기울였다.

스파이크먼은 미국의 본토 방어상의 위협은 태평양의 절반 거리에 불과한 대서양 쪽에서 독일이 공격해올 가능성이라고 판단하고 특히 파나마운하가 있는 카리브해 주변 지역이 독일에 제압되는 것을 막아야 한다고 인식했다. 카리브해 주변의 제해권과 파나마운하를 독일이 장악하면 남북 아메리카 대륙이 분단되어 미국에 필요한 물자 수송이 지체되거나 태평양과 대서양을 잇는 최단 통로가 차단될 위험이 있기 때문이다. 스파이크먼은 만약 독일이 유럽 대륙을 지배하고

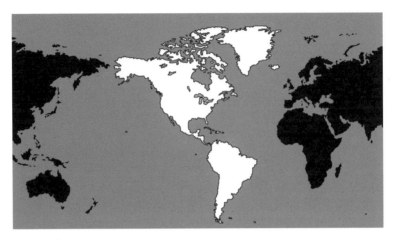

포위된 서반구.

영국을 제압한다면 전 유럽의 자원을 이용해 서반구와 미국에 쉽게 접근할 수 있다고 우려했다. 그래서 1942년의 상황에서 미국은 유럽의 파워 투쟁에 참여할 수밖에 없다고 보았다.

스파이크먼은 태평양 쪽 상황에 대해서도 분석을 계속한다. 태평양 지역에 대한 미국의 경제적·안보적 이해관계는 하와이를 병합하고 필리핀과 괌을 확보한 때부터 시작됐다. 미국이 태평양과 아시아 연안에 점령지를 보유하게 되고 중국에 대한 상업적 이해관계도 증가하면서 아시아에서의 세력균형도 미국의 안전에 영향을 미쳤다. 아시아 태평양에서 떠오른 강국은 섬나라 일본이었다. 스파이크먼은 제1차 세계대전 중 유럽 강국들과 미국이 독일의 위협에 대응하는 사이 일본이 세계에서 상대적인 파워를 증가시켰다고 지적한다. 일본은 1931년 괴뢰국 만주국을 만들어 동아시아와 태평양 패권을 장악하려는 첫걸음을 시작했다. 1937년 일본은 중국 북부를 침략했다. 또 1940년 프랑스가 독일에 항복한 후 일본은 인도차이나에 침공해 프랑스 식민지에 있던 해군·공군 기지를 연이어 차지했다. 그러고는 네덜란드의 동인도에 압력을 가했다. 스파이크먼은 이 모든 것이 아시아 태평양에서 미국의 안보상 이익에 중대한 위협이 된다고 설명했다. 일본이 제국의 꿈을 실현한다면 미국의 세계적 위상은 중대하게 위협을 받을 것이다. 이는 필리핀, 괌 그리고 사모아의 상실로까지 이어질 수도 있다. 중국에서의 '문호 개방'도 끝나고 미국이 그 지역에서 전략물자를 확보하려 해도 일본의 호의를 바랄 수밖에 없게 될 것이다. 일본의 대동아공영권은 태평양에서의 세력균형을 깰 것이다. 미국이 석유 금수라는 경제적 강제력을 행사한 것은 일본이 프랑스의 인도차이나 식민지를 점령한 후이다. 그러나 제국주의 야심을 버리고 경제제재에 순응하기는커녕 일본은 진주만을 기습했다. 태평양 지역의 지배권을 놓고 전면전이 벌어진 것이다.

스파이크먼은 《세계 정치에서 미국의 전략》에서 미국의 위치에 대한 지정학적 분석을 이어간다. 스파이크먼은 지구를 몇 개 구역으로 나눴다. 영국의 지리학자 제임스 페어그리브James Fairgrieve와 매킨더 그리고 마한의 이론을 참고했다. 유럽, 아시아, 중동은 유라시아의 큰 대륙을 형성했다. 유라시아의 내측 지대가 하트랜드인데 이곳은 자원과 맨파워가 풍부한 지역이다. 스파이크먼은 이 지역이 20세기에 큰 전쟁 능력을 가진 나라를 유지하기에 충분한 경제를 발전시킬 수 있다고 했다.

역사적으로 중앙아시아 북부 안쪽의 유목민들은 유럽, 중동, 서남아시아, 중국 등에 지속적으로 압력을 가했다. 러시아는 하트랜드에 자리 잡은 후 포위선을 돌파해 바다에 이르고자 했다. 19세기 하트랜드 러시아의 압력은 영국의 시파워에 의해 견제됐다. 그레이트 게임이라고 알려진 지정학적 투쟁이었다.

스파이크먼은 유라시아 둘레의 해상을 '해양 하이웨이maritime highway of the world'로 묘사했다. 여기에는 발트해, 북해, 서유럽의 연안해, 지중해, 홍해, 페르시아만, 인도양 그리고 동아시아와 인도차이나의 연안해들이 포함된다. 그는 하트랜드와 해양 하이웨이 사이의 육지를 '큰 동심 버퍼존great concentric buffer zone'이라고 불렀는데 여기에는 유럽, 페르시아, 중동, 서남아시아, 중국, 인도차이나 그리고 동시베리아가 포함된다. 스파이크먼은 중동-페르시아만-서남아시아 지역의 전략적 중요성을 지적했는데 여기에는 유라시아의 큰 유전이 있고 하트랜드로 통하는 육상 통로가 있기 때문이다. 세계에서 미국의 파워 위상은 제2차 세계대전으로 아주 위험해졌는데 독일과 일본이 유럽과 아시아에서 세력균형을 깨려고 하기 때문이다. 스파이크먼은 독일과 일본이 승전하면 미국은 막대한 전쟁 능력을 갖춘 두 거대 제국에 둘러싸이게 될 것이라고 경고한다.

스파이크먼은 이런 상황에서 미국은 서반구를 방어하기 위해 바다 뒤로 후퇴할 수 없다고 역설한다. 바다는 현대의 기술과 항행 및 통신 기술 발전으로 인해 더 이상 방어벽이 아니라 고속도로이기 때문이다. 그는 서반구만을 방어하는 것은 절대 방어가 아니라고 강조

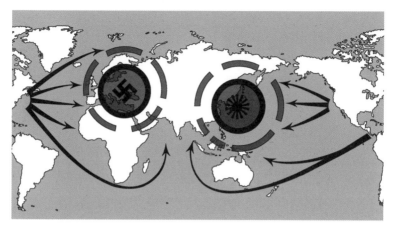

나치와 일제의 공격에 대한 방어.

한다. 구세계가 분열되어 있고 세력균형을 이루고 있다면 외부 군사력이 그 세력 관계에 결정적 역할을 할 수 있다. 그는 대서양과 태평양에서 세력균형을 이루는 것이 신세계의 독립과 미국의 파워를 유지하는 데 있어 절대적 조건이라고 강조한다. 반대로 구세계가 통일되어 있다면 신세계는 포위되고 신세계의 능력이 부족한 경우 구세계에 굴복해야 한다고 지적한다.

스파이크먼은 미국의 고립주의가 대서양과 태평양이라는 거대한 장애물, 풍부한 자원, 서반구의 범아메리카주의에 기인한다고 보았다. 그는 미국의 고립주의는 더 이상 대안이 아니라고 단언한다. 통합된 동반구의 공격에 남미는 방어할 능력이 없고 북미는 방어가 가능할지라도 경제적 고립을 피하기 어렵다고 진단했다.

스파이크먼은 유라시아의 구세계는 신세계의 면적보다 2.5배 넓고 7배의 인구를 보유한다고 지적한다. 두 세계의 잠재적 파워가 갖는 근원적 차이이다. 미국이 신세계에서 패권적 지위를 차지한 것은 유라시아 대륙의 국가들이 결합해 협력할 수 없었고 유라시아 내부의 세력균형으로 인해 미국에 대항할 만한 여력이 없었기 때문이다.

제2차 세계대전 발발 후 미국에서는 개입과 고립이라는 전통적 대립이 재현됐다. 개입주의자들은 유럽과 아시아에서의 세력균형 유지가 국방의 제1선이라고 주장한다. 고립주의자들은 대양의 거리를 강조하며 두 대양 건너편 파워 투쟁에는 관여하지 말고 서반구 방어에만 집중하자고 주장한다. 이는 독일-일본 동맹이 해외에서 승리하더라도 신세계가 생존할 수 있다는 믿음에 기반한 것이다. 그러나 스파이크먼은 서반구가 실제 방어된다고 해도 독일-일본 동맹의 승리로 포위가 실현되면 궁극적 패배가 될 것이라고 역설한다. 지리적 규모나 잠재적 역량의 차이로 인해 대서양, 태평양 지역에서 세력균형을 이루는 것은 미국의 위상 확보와 신세계 독립의 절대적 선행조건이며 서반구만 방어하는 것은 결코 방어가 아니라는 것이다.

제1차 세계대전에서 미국은 승전했지만 평화를 잃었다. 스파이크먼은 제2차 세계대전에서 미국이 유럽이나 아시아에서 패배할 수도 있다고 보았다. 그래서 미국이 유럽과 아시아에 개입해 패권적 파워에 대항하는 것은 미국의 이익에 부합한다고 보았다. 미국이 유럽과 아시아의 세력균형에 지속적으로 관여해야 한다는 것이다.

이 책의 결론 부분에서 스파이크먼은 전쟁의 종료는 파워 투쟁의 종말이 아니라고 말한다. 그는 독일과 일본의 잠재적 파워를 완전히 제거하는 것에 반대한다. 그는 우랄에서 북해까지 차지한 러시아는 북해부터 우랄산맥까지 차지한 독일과 같다고 예언적으로 경고한다. 즉 지리적으로 확장된 독일만큼 지리적으로 확장된 러시아도 위험하다는 것이다. 비록 당시 나치 독일이 적국이고 소련은 동맹국이었지만 지리적 현실은 종전 후 소련이 잠재적 적국이 될 수도 있음을 보여준다는 것이다. 따라서 독일이 패전해도 그 군사력을 완전히 제거하지 말고 유지해 장차 소련과 대항할 경우 독일의 군사력을 이용해야 한다는 주장한다.

마찬가지로 일본 역시 패배했다고 해서 군사력을 완전히 제거해서는 안 된다고 경고한다. 이는 서태평양을 중국이나 러시아에게 넘겨주는 것을 의미하기 때문이다. 영국이 일본을 보호했듯이 중국이나 러시아를 견제하기 위해 미국이 일본을 보호해야 한다는 것이다. 일본은 제1차 세계대전 후 유럽 강국들이 아시아에서 후퇴하자 그 기회를 이용해 동아시아 최강국이 됐다. 스파이크먼은 제1차 세계대전 승리로 기존의 영일동맹이 미국 안보에 위협이 됐다고 지적한다. 지리적으로 이 동맹은 미국을 포위하는 것이고 두 나라는 제1차 세계대전 종전 후 시파워가 대폭 강화되어 유럽, 아시아에서 견제받지 않는 상태였다. 그래서 1921년 워싱턴군축회담 시 미국은 전제 조건으로 두 나라 동맹 종식을 요구해 이를 관철한다. 당시에는 견제받지 않는 파워인 일본을 약화시키기 위해서였다. 그런데 제2차 세계대전 후 동아시아에서 상대적으로 파워가 증가할 것으로 예상되는 중국과 러시아의 견제를 위해 적국 일본의 전력을 유지하자는 스파이크먼의 주장은 극히 냉철한 전략적 계산의 결과이다.

1942년 당시로서는 미국이 북대서양과 태평양 일대에 해군·공군 기지를 확보하고 두 핵심 지역에서 동맹을 확보해 그 통일을 저지해야 했다. 러시아 자신이 그런 통일을 시도하지 않는다면 가장 효과적인 동맹 파트너이다. 그러나 러시아의 주변 지역에 대한 압력은 전후에도 계속될 것이라고 예측했다.

스파이크먼은 '아시아지중해Asiatic Mediterranean'라는 개념을 제시하고 그 전략적 의미를 강조하는데 이는 특히 주목할 만하다. 아시아지중해는 대만, 싱가포르 그리고 호주의 케이프요크를 이은 삼각형 안의 바다를 지칭한다. 아시아와 호주 사이 그리고 태평양과 인도양 사이에 있는 아시아지중해 안에는 중국이 태평양으로 접근하는 통로 그리고 인도양과 태평양을 연결하는 통행로가 위치한다. 그리고 핵심적 초크포인트chokepoints인 말라카해협도 위치한다. 스파이크먼은 아시아지중해는 전후 미국에게 가장 중요한 전략적 원자재를 확보할 곳이 될 것이라고 지적한다. 그런데 이곳이 단일 국가에 의해 지배되는 것은 미국에게 매우 불리하다고 역설했다.

그는 중국이 아시아지중해 연안 해안의 상당 부분을 지배하는 큰 랜드파워가 될 것이라고 예측했다. 파워의 잠재력은 중국이 일본보다 훨씬 크며 유라시아 대륙 앞바다의 작은 섬인 패전국 일본은 상당한 어려움을 겪게 될 것이다. 근대화와 군사화를 이룬 4억의 인구수를 가진 중국은 일본뿐 아니라 미국에게도 위협이 된다. 중국은 아시아지중해 연안에서 내해까지 광범위하게 지배하는 대륙 크기의 국가가 된다.

중국이 경제적으로 강해지면 정치적 영향력도 커진다. 그리고 이 해역이 영국, 미국, 일본의 시파워가 아니라 중국의 에어파워에 의해 지배되게 되는 날이 올 수 있다. 그래서 전후의 가장 어려운 문제는 일본이 아니라 오히려 중국이 될 것이라고 통찰했다.

또 스파이크먼은 전후 아시아 지역의 발전을 예측했다. 하지만 제2차 세계대전이 끝난 후 이 지역에서 독립국들이 난립하게 될 것인데 이들이 동등한 국력을 갖춘 국가가 되어 균형을 이루는 것은 유럽보다 어려울 것으로 우려했다.

그런 이유로 그는 앞으로 부상할 중국을 미국이 견제할 수 있도록 전후 미일동맹을 복원해 동아시아에서 세력균형을 유지하도록 권했던 것이다. 그가 이 글을 쓸 당시 미국과 일본은 태평양에서 서로를 향해 총구를 겨누고 있었다는 걸 기억해야 한다. 1942년의 시점에서 스파이크먼은 일본이 전쟁에서 지는 것뿐 아니라 미래에 경제 대국이 된 중국이 군사 대국화되고 미국에 위협이 되리라는 사실을 소름 끼칠 정도로 정확히 예견했던 것이다.

스파이크먼은 제2차 세계대전 후 국제 질서는 과거와 다르지 않을 것이라고 인식한다. 국제사회는 기본적으로 동일한 파워 패턴을 따라 계속 움직일 것이라고 보았다. 그러므로 전후 미국의 이익을 지키기 위해서는 유럽과 아시아에서의 세력균형이 계속 필요하다고 말한다. 스파이크먼은《세계 정치에서 미국의 전략》으로 학계뿐만 아니라 대중적으로도 큰 반향을 불러일으킨다. 일본의 진주만 기습 직후 출간된 이 책은 시기적으로도 매우 적절했다. 이 책은 1942년 올해의 책이라 해도 과언이 아니었다. 미국인들에게 국제정치를 교육하는 데 큰 효과가 있었음은 물론이다.[3] 하지만 폭풍 같은 비난도 받는다. 이상적 자유주의 진영으로부터 혐오를 불러일으키기도 했다. 많은 미국 학자들은 특권적 파워가 국제 질서를 가능케 하는 주요 요소라는 스파이크먼의 이론에 기겁을 했다. 자유주의자들은 비미국적인 잔학성을 내포하고 있다고 해석했다. 스파이크먼이 무도덕적 혹은 비도덕적이며 미국의 가치에는 관심이 없다면서 그를 비난했다. 프러시아 군국주의 사상과 다를 게 없다고도 했다. 래디스 크리스토프Ladis Kristof는 스파이크먼을 '미국의 하우스호퍼'라고 혹평했다.[4]

평화의 지리학

스파이크먼은《세계 정치에서 미국의 전략》을 발간한 후에도 예일 대학교에서 계속 강의하면서 새로운 책을 준비했다. 그는 강의를 녹음했고 강의에 필요한 지도를 만들었다. 하지만 안타깝게도 1943년 6월 26일 49세의 젊은 나이에 병으로 세상을 뜬다. 예일 대학교 국제연구소는 스파이크먼의 강의, 지도, 노트와 서신 등을 모아 책으로 출판하기로 한다. 스파이크먼의 연구 조교였던 헬렌 니콜Helen R. Nicholl

---

3 Colin S. Gray, 〈Nicholas John Spykman, the Balance of Power, and International Order〉,《The Journal of Strategic Studies》Vol. 38, 2015, p. 878.

4 Colin S. Gray, 같은 책, p. 882.

이 이를 정리해 편집했다. 1944년 출판된 그 결과물이《평화의 지리학 The Geography of the Peace》이다. 제목에서 알 수 있듯이 평화의 지리학은 제2차 세계대전 후 세계의 지정학적 구도에 집중했다. 마침 미국에서도 지정학이 날로 관심을 받던 시점이었다. 1942년 스트라우스 후페 등은 독일지정학에 관한 책을 썼고 알렉산더 세베르스키Alexander Seversky는《에어파워에 의한 승리Victory through Air Power》를 썼다. 같은 해 매킨더의 1919년 저작《민주적 이상과 현실》이 재발간됐다. 스파이크먼이 사망한 해인 1943년에는 매킨더의 논문〈둥근 세계와 평화의 확보〉가《포린어페어스》에 게재된다.

지정학적 분석이 인기를 끈 이유는 마한, 매킨더, 스파이크먼과 다른 지정학자들이 제시한 아이디어의 중요성을 제2차 세계대전에서 확인했기 때문이다. 정치인, 관료, 전략가뿐만 아니라 보통 시민들도 유라시아 지배를 위한 강대국들의 투쟁을 알게 됐다. 하트랜드를 놓고 소련과 독일이 벌인 투쟁에 관해 읽고 시파워와 에어파워의 중요성을 인식하게 됐다. 평범한 시민들이 이발소에서도 지정학에 대해 열띤 토론을 벌였다고 해서 이를 '이발소지정학'이라고 불렀다.

스파이크먼은 세계 평화를 구상하는 기초는 세계지도여야 한다고 말하면서 미국인은 지리적 현실을 무시해 손해를 봤다고 지적한다.

세계에서 미국의 상대적 파워 위상을 이해하기 위해 필요한 지도는 서반구에 중심을 둔 지도이다. 이 지도는 미국에 관해 가장 중요한 지정학적 사실을 드러낸다. 서반구 대륙은 구세계의 유럽과 아시아 파워 중심 사이에 위치하며 그들과는 바다를 사이에 두고 떨어져 있다. 미국의 지리적 위치에서 도출되는 중요한 결과는 유럽과 아시아에 모두 영향력을 행사할 수 있다는 사실이다. 유럽과 아시아의 강대국들은 오직 시파워와 에어파워로만 미국에 도달할 수 있다. 또 다른 결과는 미국은 유라시아 랜드파워에 잠재적으로 포위되어 있다는 점이다. 이것이 미국이 제2차 세계대전에서 독일, 일본과 싸워야 했던 이유라고 말한다. 1942년 미국이 직면한 가장 중대한 위협은 독일과 일본의 정치적 동맹이었다. 독일이 유럽에서, 일본이 동아시아에서 승리하면 미국은 대서양과 태평양 양쪽에 완전히 포위돼버릴 수 있었고 그 경우 전 유라시아 대륙의 통일된 세력에 맞서야 했다. 그렇게 되면 미국의 독립과 안전을 지키기 어려울 것이다. 이 때문에 평화 시 미국은 구세계의 두 지역인 유럽과 동아시아 어느 곳에서도 패권적인 국가가 출현하는 것을 저지해야 한다고 역설한다.

《평화의 지리학》에서 가장 중요한 부분은 매킨더의 지정학에 대한 분석과 비판이다. 스파이크먼은 매킨더가 랜드파워와 시파워의 관계를 연구한 최초의 학자라고 평가한다. 스파이크먼은 매킨더의 하트랜드 개념을 수용했다. 하지만 그는 매킨더가 하트랜드의 잠재적 파워를 과대평가했다고 생각했다. 세계 정치의 핵심 지역은 하트랜드가 아니라 하트랜드에 인접한 해안 지역, 즉 매킨더가 내측 초승달 지역이라고 불렀던 지역으로 스파이크먼은 이를 '림랜드rimland'라고 부른다. 가장자리 땅이라는 뜻이다. 스파이크먼 이론의 핵심은 이 림랜드 개념이다.

매킨더는 신세계가 구세계의 위성에 불과하다고 주장했지만 스파이크먼은 대양으로 분리되어 있다는 점을 들어 신세계를 독립된 세계로 인정한다. 그러나 유럽, 아시아, 아프리카는 하나의 거대한 대륙이며 랜드파워에 의해 통일이 가능하다고 본 점은 매킨더와 일치한다.

매킨더가 하트랜드를 중시한 것은 육상 교통수단이 해상 교통수단과 경쟁할 수 있는 수준으로 발전한 데다가 스텝 지대의 잠재적 경제력이 높아진다고 생각했기 때문이다. 그러나 러시아 전역에 농업력과 공업력이 있다고 착각해서는 안 된다. 만약 인도, 중국이 공업 발전으로 군사력을 강화하면 영국 시파워의 보호가 불필요해지고 러시아는 우랄산맥 서쪽에 남게 되어 동·남·서남쪽 연안부에 대해 압도적인 힘을 발휘하지 못하게 된다.

스파이크먼은 림랜드를 이렇게 묘사한다. 유라시아의 림랜드는 중간 지역인데 하트랜드와 연안해 사이에 위치한다. 이는 시파워와 랜드파워의 분쟁 시 방대한 완충지대로 기능한다. 바다와 육지 양방향으로 향하는 이 지대는 양쪽으로 진출할 수도 있고 동시에 양쪽을 방어해야 한다. 림랜드에는 러시아 서쪽, 유럽 대륙, 북아프리카, 중동, 남아시아, 서남아시아, 동아시아 지역이 포함되며 세계 인구 대다수가 거주한다. 또한 이 림랜드는 대부분의 위대한 문명, 종교, 제국의 발상지이기도 하다. 강대국들의 전략적 경쟁은 대부분 림랜드에서 발생했다.

스파이크먼은 림랜드가 지닌 방대한 잠재적 파워에 주목한다. 잠재적 파워는 인구와 생산력이 좌우한다. 림랜드에 중국, 인도, 유럽 대륙이 포함된 점을 고려하면 림랜드 전체가 연합하거나 하나의 제국이 출현할 경우 가장 가공할 만한 파워를 가질 것으로 보인다. 반면 림랜드에 미국, 영국, 일본, 러시아가 포함되지 않은 점을 고려하면 당시의 생산력에 비해 인구 비중이 높고 군사력도 상대적으로 열세이다. 하지만 이 나라들은 영국, 일본 등 연안 해안 섬나라들과 결합해 하트랜드보다 더 강한 경제력과 맨파워를 가지고 있고 랜드파워와 시파워를 동시에 갖추고 있다.

신세계 서반구는 지리적으로 태평양과 대서양에서 구세계에 의해 포위되어 있다. 이 점을 인식한 스파이크먼은 신세계와 구세계가 가진 잠재적 파워와 둘 사이의 세력균형에 영향을 미치는 요소에 주목했다. 그는 하트랜드가 림랜드를 지배할 경우 미국이 포위된다고 지적한다. 유라시아 림랜드는 인류 문명의 주된 발상지였다. 스파이크먼은 미국이 유라시아의 슈퍼 대륙에서 실질적 통일이 이루어지거나 힘이 집중되는 것을 저지하는 전략을 취해야 한다고 조언했다. 이는 역사에 기초한 전략적 통찰일 뿐 이념적 성향과는 무관한 것이었다.

림랜드는 흔히 시파워와 하트랜드에 적대적이다. 영국과 러시아는 나폴레옹 전쟁과 두 차례 세계대전 시 서로 연합해 림랜드 파워인 나폴레옹과 빌헬름 2세 그리고 히틀러에 대항했다. 이 세 전쟁은 스파이크먼에게 동일한 의미을 지닌다. 하지만 매킨더에게 나폴레옹 전쟁은 서유럽과 동유럽의 대결이고 두 차례의 세계대전은 독일이 하트랜드를 지배하려는 시도에 대한 대항으로 각각 의미가 다르다. 역사상 랜드파워와 시파워의 단순한 이항 대립은 존재하지 않는다. 영국이 어느 림랜드 파워와 연합해 또 다른 림랜드 파워와 연합한 러시아

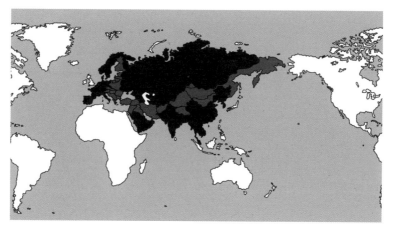

하트랜드 대 림랜드.

와 대립하든지 영국과 러시아가 연합해 지배적 림랜드 파워에 대항하는 구도였다. 때로 림랜드는 시파워와 하트랜드 사이에서 분열되거나 시파워와 하트랜드가 연합해 림랜드에 대항한다.

스파이크먼은 림랜드에서의 파워 분포가 지정학적인 지배 구조를 결정한다고 보았다. 림랜드는 늘 미국을 포위하려 한다. 따라서 통합된 림랜드는 미국에 위협이 된다. 미국에게 있어 균형적 파워는 림랜드가 분할된 파워이고 불균형적 파워는 림랜드 내의 통합된 파워이다. 독일과 일본의 연합이 그 예이다. 림랜드에 독일과 일본처럼 통합된 파워가 출현하면 미국이 포위될 수 있다. 통합 세력이 출현해 미국을 포위하게 되면 동시에 하트랜드도 포위된다. 양쪽에 모두 위협적이다. 스파이크먼은 이러한 림랜드 파워가 미치는 위협에 대응하기 위해 하트랜드 파워인 러시아와의 협력을 중시했다. 매킨더 이론은 이 부분은 파악하지 못한다.

미국에게 있어 유럽연합European Union, EU은 세력균형의 관점에서 부적절하다. 하지만 냉전과 초강대국 간의 경쟁으로 림랜드가 시파워와 하트랜드 사이에서 전례 없이 분열되면서 유럽에서 세력균형을 유지할 필요성이 사라졌다. 미국은 아시아에서 세력균형을 유지하기 위해 일본과 대항했다. 동아시아에서 러시아와 중국이 이루고 있는 세력균형을 신흥강자 일본이 깬 것이다. 일본은 시파워이지만 전혀 다른 성격의 전략적 문제였다. 1921~1922년 워싱턴군축회담에서 일본이 요구한 21개의 조건을 부분적으로 철회하도록 한 것은 아시아 림랜드를 전면적으로 지배하려는 일본을 저지한 것이다.

스파이크먼은 미국 안보에 가장 큰 위협은 하나의 강대국이 유라시아 림랜드 지역을 지배하는 것이라고 경고했다. 그래서 "림랜드를 지배하는 자가 유라시아를 지배하고, 유라시아를 지배하는 자가 세계를 지배한다"라고 역설했다.

스파이크먼은 제2차 세계대전의 전투 지역인 유럽, 중동, 아시아의 림랜드 지역이 전후 세계 정치에서 전략적으로 가장 중요한 지역이 될 것이라고 지적한다. 세계의 안보, 특히 서반구의 안보에 결정적 변수는 평화 시 이 지역의 파워 관계라고 말한다. 림랜드 국가들이 반미를 기치로 연합하는 것이 두려워 '림랜드 분열 전략'을 외치는 미국의 정치학자와 군사학자도 있는데 바로 스파이크먼의 주장을 따른 것이다.

스파이크먼은 이제 에어파워 없이는 시파워를 효율적으로 행사하

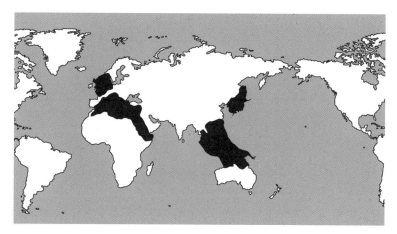

에어파워와 주변 해역.

기 어렵다고 인식한다. 그는 지상의 공군 기지가 항공모함보다 더 낫다고 여겼다. 따라서 구세계 맞은편에 공군 기지를 확보해야 한다. 스파이크먼은 구세계에서 북해, 유럽지중해, 아시아지중해 그리고 한반도가 포함된 동해가 이 범주에 해당한다고 보았다. 그 역시 한반도의 전략적 중요성을 놓치지 않았던 것이다.

스파이크먼의 평가

스파이크먼은 당시 지배적이던 미국의 고립주의에 반대했다. 그는 구세계에 지배적 세력이 출현하는 것을 저지해야 한다고 주장한다. 구세계가 신세계를 정복하는 걸 막기 위해서다. 스파이크먼은 유럽연방에도 반대한다. 미국의 이익에 잠재적 위협이 될 수 있기 때문이다. 이런 의미에서 그는 반패권주의anti-hegemonism를 지향했다. 하지만 미국 자신이 패권 국가가 됐다는 비판에 대해서는 아무런 답을 줄 수 없다.

스파이크먼은 대서양과 태평양에 기지를 확보하고 대서양과 태평양 인근 섬나라와 대륙국 중에서 동맹을 확보하고 새로운 체제하에서 패전국들의 군사력을 보존하여 림랜드 유럽과 동아시아에 적대적인 통일 국가나 세력이 출현하는 것을 저지해야 한다고 주장한다. 이는 봉쇄 정책을 연상하게 한다. 스파이크먼은 1947년 이래 미국이 견지한 소련 봉쇄 정책에 동의했을 것이다. 조지 케넌George F. Kennan이 '봉쇄 정책의 아버지'라고 불리지만 스파이크먼도 그 호칭에 어울린다.[5]

전투적인 데다 미국의 자유주의자들에게 환영받지 못한 스파이크먼의 메시지는 국제 관계와 전략 연구를 강의하는 학교 강의실에서 사라졌다. 비판자들은 미국이 유럽이나 아시아에 지나치게 관여해서는 안 된다고 주장했다. 스파이크먼의 이론을 따를 경우 미국은 제국주의와 군사주의의 길을 걸을 것이고 전체주의적 파워를 추구할 것인데 그 귀결은 항구적 전쟁이라는 것이다. 미국의 지식인들은 전후 세계정부 설립을 바랐다. 그러나 스파이크먼이 보기에 그런 희망은 비현실적이었다. 국제기구가 파워 정치를 대체할 수는 없다는 것이다. 제1차 세계대전 후 설립된 국제연맹이 실패했는데 제2차 세계대전 후의 국제기구가 성공할 것이라고 낙관할 근거가 없다는 것이다. 그는

---

5   David Wilkinson, 같은 책, p. 96.

형제애가 분쟁을 없애지 못한다고 말한다. 파워 투쟁은 지속될 것이고 폭력은 지구상에서 사라지지 않을 것이라고 냉철하게 진단했다. 스파이크먼은 국제기구나 세계 공동체의 발전은 유럽과 아시아에서의 현실적 세력균형에 기반해야 하고 이는 오직 미국에 의해서만 가능하다고 생각했다.

스파이크먼에게는 미국에 유리한 국제 질서를 구축하고 유지하기 위해 세력균형을 주장하는 것이야말로 도덕적이었다. 이상과 도덕이 아니라 세력균형을 기반으로 한 현실적 전략이 생존을 담보한다고 주장했다. 그에게는 생존이 도덕이다. 실용주의자인 그는 이를 위해 타협의 필요성도 인정했다. 또 한편으로는 균형을 저해하는 파워에 맞서기 위해서는 전쟁도 필요하다고 했다. 그를 '냉혈한의 파워 정치' 옹호자로 묘사한 1943년 1월 11일 자 《라이프》 기사에 대해 스파이크먼은 "오로지 세력균형에 근접했을 때만이 집단 안전보장이 작동한다. 멀리 떨어진 미국이 유럽과 아시아에서 국제 질서를 유지할 수 있고 대서양과 태평양 건너편 작은 국가들의 영토를 보존할 수 있다. 세력균형이 깨진 불균형 상태가 출현하는 것을 방지해야 민주주의가 안전하다"라고 답변했다.[6]

지정학적 논의는 미국에서 국제관계론으로 발전한다. 정치학자들이 국제정치에 지리학을 도입했기 때문이다. 케네스 톰슨Kenneth W.

---

6   Edgar S. Furniss, Jr., 〈The Contribution of Nicholas John Spykman to the Study of International Politics〉, 《World Politics》 Vol. 4, No. 3, 1952, pp. 394~395.

Thompson은 스파이크먼이 라인홀드 니버Reinhold Niebuhr, E. H. 카E. H. Carr, 한스 모겐소와 함께 국제관계학 발전에 결정적 역할을 했다고 평가한다.[7] 야쿱 그리기엘Jakub J. Grygiel은 스파이크먼의《세계 정치에서 미국의 전략》과 한스 모겐소의《국가 간의 정치》를 가장 중요한 기초적 저술로 꼽는다.[8] 글로벌한 지정학적 구도를 바탕으로 미국의 전략을 제안했던 스파이크먼은 봉쇄 정책의 아버지로 평가될 수 있다. 스파이크먼의 예측력은 지정학적 리얼리즘에 기반한 것이었다. 해럴드와 마가렛 스프라우트는 스파이크먼의《세계 정치에서 미국의 전략》이 아마 제2차 세계대전 중 국제정치학 분야에서 어느 책보다 더 많이 읽혔을 것이라고 말한다. 이 책은 미국의 대외 전략에 대한 사고방식을 바꾼 중요한 터닝포인트가 됐고 그 영향력은 지금도 여전하다고 평하기도 했다.[9] 또한 여론을 고립주의적인 입장에서 개입주의적 입장으로 바꾸게 했고 이상주의적 입장이 압도적인 상황에서 리얼리즘이 반영된 균형 잡힌 정치 담론을 가능하게 했다고 보았다. 에드가 퍼니스Edgar Furniss는 스파이크먼이 구상했던 국제정치학의 구조와 분석틀이 전후 미국의 국제정치학에서 중요한 역할을 했다고 평가한다. 사울 코헨Saul B. Cohen은 스파이크먼의 구상을 이어서 발전시키면서 림랜드 개념을 비판적으로 수용했다.

---

7   Kenneth W. Thompson,《Political Realism and the Crisis of World Politics: An American Approach to Foreign Policy》, Princeton University Press, 1960, p. 22.

8   Colin S. Gray, 같은 책, p. 883.

9   David Wilkinson, 같은 책, p. 113.

스파이크먼 이후 지정학은 오히려 후퇴했다. 지정학을 하우스호 퍼나 히틀러와 동일시한 것이 그 원인 중 하나이다. 존 허츠John H. Herz 같은 사람은 핵무기 시대에 지정학은 더 이상 의미가 없다고 말한다. 그러나 콜린 그레이는 스파이크먼은 매킨더가 영국에서 성취한 것을 미국에서 성취했다고 평가한다.[10] 매킨더가 영국을 위한 대외 전략을 고심한 것처럼 스파이크먼은 미국을 위한 대외 전략을 고심해 성과를 냈다는 것이다. 흔히 스파이크먼은 매킨더 지정학에 대한 선도적 비판자로 알려져 있는데 콜린 그레이가 지적했듯이 그들의 세계관은 미국에게 공통된 지정학적 전망을 제공한다. 두 이론가들은 유라시아의 지역별 잠재적 파워에 대해서는 의견이 상이했지만 두 사람 모두 유라시아에서의 세력 불균형은 영국과 미국의 안보를 위협한다고 인식했다. 미국이 전시에든 평화 시에든 유럽과 아시아에서의 파워 분포에 항상 관심을 기울여야 한다는 점에서는 의견이 일치한 것이다.

제2차 세계대전 후 소련이 세계 패권의 도전자로 등장한 것은 세계의 전후 파워 구조가 스파이크먼의 림랜드 이론보다는 매킨더의 하트랜드 이론에 더 가깝다는 것을 확인시켜주었다. 미국은 소련의 하트랜드 파워를 이기기 위해 림랜드의 주요 강국 그리고 연안해 섬나라인 영국, 일본과 동맹을 구축했다. 이후 하트랜드 파워 소련이 몰락하자 미국의 지정학적 패권에 도전자가 없었는데 최근 림랜드 파워

---

10   Colin S. Gray, 같은 책, p. 884.

중국이 미국의 패권에 새롭게 도전하고 있다. 그와 함께 스파이크먼의 림랜드 이론도 다시 조명을 받게 됐다. 스파이크먼이 권고했듯이 미국은 여전히 유럽과 중동 아시아-태평양 지역의 세력균형에 적극적으로 관여하고 있다. 림랜드에서 지정학적 다원성을 유지하는 것은 여전히 미국의 이익에 있어 핵심적 관건이다.

5

키신저
지정학의 부활

SEA POWER
LAND POWER

미국 역사상 전무후무하게 네 번 당선된 대통령, 재임 일수 4,422일로 미국 역사상 가장 장기간 재직한 대통령, 대공황 시 뉴딜정책을 실시하고 제2차 세계대전에 참여해 연합국 승리를 이끈 대통령, 하반신이 마비되어 휠체어에 의존해야 했던 대통령, 미국 역사상 가장 인기 있는 대통령 중 한 명, 바로 프랭클린 루스벨트Franklin D. Roosevel 대통령이다. 그런 그가 제2차 세계대전이 완전히 끝나기 전인 1945년 4월 12일 돌연 사망한다. 그의 사망은 제2차 세계대전 후 세계 정치의 행로를 바꾼다.

루스벨트 대통령은 종전 이후에도 전시의 연합 체제를 유지하려 했다. 소련 역시 새로운 세계 질서에 통합되어야 한다고 판단했다. 특히 소련이 동유럽에 미치는 영향력을 인정하고 세계의 '네 경찰관' 중 하나로 소련을 인정했다. 그러나 국무부는 이런 루스벨트의 구상에 반대했다. 1943년부터 1946년까지 소련 주재 미국 대사였던 애버렐 해리먼Averell Harriman은 미국이 선의를 베풀기만 하면 그 대가를 치러야 할 것이라고 경고했다. 루스벨트 대통령이 사망하자 부통령이던 해리 트루먼Harry S. Truman이 대통령직을 승계한다. 소련이 세계은행

조지 케넌.

과 IMF 창설에 참여하지 않자 미 외교 당국은 소련에 대한 불만이 깊어진다. 전후 정치 권력 공백기에 공산주의가 확산될 조짐이 보였고 소련이 유럽을 지배할 것이라 우려했기 때문이다. 미국은 제2차 세계대전 동맹국이었지만 전후 관계가 모호해진 소련을 심층적으로 이해해야 했다.

　미 국무부는 소련 주재 미 대사관 임시대리대사인 조지 케넌에게 소련에 대한 분석을 요청했다. 케넌은 미국이 전후 소련 지도부의 개성이나 의도, 소련의 정치 상황에 대해 오해하고 있다고 생각했다. 그러던 차에 마침 국무부가 소련에 대한 분석을 요청하자 케넌은 이 기회를 이용해 소련의 진상을 알리고 싶었다. 1946일 2월 22일 케넌은 분석 결과를 전보로 보낸다. 이 전보는 무려 5,363자(8천 자로도 알려져 있다)로 이례적으로 긴 전보였다. 이 전보가 제2차 세계대전 후 냉전

개시에 중요한 역할을 한 '장문전보Long Telegram'이다. 러시아와 소련에 관한 전문가이자 현장에서 직접 많은 것을 보고 겪은 케넌의 분석은 이후 큰 영향을 미친다.

케넌의 분석

케넌은 스탈린이 공산주의를 독재의 정당화에 사용할 뿐이고 팽창주의는 과거 러시아 제정시대부터 있어온 안전보장에 대한 심한 불안감의 반작용이며 제2차 세계대전에서 막대한 손해를 입은 소련은 미국과 전쟁할 의사도 능력도 없고 소련 체제는 내부로부터 붕괴할 것이라고 분석했다. 그러므로 요란한 위압이 아니라 장기간 인내하며 정치적·경제적으로 봉쇄하면 된다는 것이다. 소련의 공포와 불안은 비합리적이고 신경증적이므로 미국이 소련의 이익을 고려할 필요도 없고 타협의 여지도 없다고 보았다. 소련은 종이호랑이에 불과하므로 소련의 파워에 당황할 필요도 없다고 했다.

장문전보는 워싱턴 주요 인사들에게 회람됐다. 1947년 3월 12일 국정 연설에서 발표된 '트루먼 독트린'은 장문전보의 영향을 짙게 반영한 것이었다. 미국은 자유 진영을 수호하고 모든 전체주의에 반대하며 소련을 주된 위협으로 인식한다는 내용이다. 그해 5월 5일 국무장관 조지 마셜George Marshall은 국무부에 정책기획실Policy Planning Staff, PPS를 설립해 캐넌을 실장으로 임명했다. 캐넌은 무명의 외로운 외교관에서 일약 스타가 되어 명성과 권위를 얻었다.

1년 후 1947년 케넌은 《포린어페어스》 7월호에 〈소비에트 행동의 원천The Sources of Soviet Conduct〉이라는 글을 기고한다. 발표 때 저자명이 'X'로 되어 있어서 'X 논문'으로 통칭된다. 현직 고위 관료인 신분을 고려해 필명을 X라고 했지만 필자가 케넌인 것은 일찍부터 알려져 있었다.

이 글에서 케넌은 러시아인들은 물리적으로나 정신적으로나 지쳐 있다고 강조했다. 공산주의 이념은 절망적이고 가난한 사람들을 끌어모을 수 있지만 러시아인들은 그 시스템의 허약함을 알고 있다는 것이다. 케넌은 경제문제가 해결되지 않는 한 소련 체제는 취약할 것이라고 보았다. 당이 분열되면 소련 사회는 혼란에 빠질 것이고 소련은 하루아침에 강대국에서 약소국으로 전락할 수 있다고 분석했다. 케넌은 미국이 변화를 가져올 수 있다고 믿었다. 미국이 최대한 압박을 가하면 소련은 붕괴하거나 점진적으로 약화될 것이다. 봉쇄 전략으로 소련의 파워를 약화시키고 소련의 대외 정책을 바꿀 수 있다고 본 것이다. 미국의 대소 정책은 소련의 팽창에 대해 장기적으로 주의 깊게 봉쇄하는 것이어야 한다고 강조한다.

케넌은 정책기획실장에 취임한 후 봉쇄 전략을 구체화한다. 장문 전보나 X 논문에서 빠졌거나 부족한 내용을 채웠다. 그는 미국의 안보는 적대적 세력이 유라시아 파워 중심을 지배하지 못하게 하는 데 달려 있다고 주장한다.[1] 매킨더나 스파이크먼의 사고가 그대로 반영된 것이다. 미국 안보 전략의 핵심은 소련이 유라시아 대륙의 다른 강국을 유혹하거나 이용하지 못하도록 저지하는 것이다. 케넌에게는 독일의 기술력과 소련의 자원이 결합하는 게 가장 위험한 시나리오였다. 이는 매킨더가 1919년 책에서 주장한 것과 상통한다. 1948년 국방대학 연설에서 케넌은 이에 대해 좀 더 부연한다. 그는 소련과 유럽 강국이 몇 년만 협력해도 어마어마한 경제적·군사적 능력을 활용해 미국에 위협이 될 가능성이 크다고 보았다. 하지만 케넌은 그렇다고 소련이 독일과 서유럽이 가진 자원과 맨파워를 지배하기 위해 무력을 행사하지는 않을 것이라고 예측했다. 스탈린은 독일을 유인해 소련의 위성국으로 만들 수 있고 프랑스와 이탈리아에서는 공산당 세력을 활용할 수 있다고 믿고 있다고 분석했다.

케넌은 미국이 직면한 문제는 정치적인 것이지 군사적인 것이 아니라고 단언했다. 그리고 정치적 문제는 경제정책으로 다루어야 한다고 주장했다. 그는 자신의 주장에 따라 경제 지원에 적극 찬성하고 마샬플랜을 입안하는 데 핵심적 역할을 한다. 여기서 중요한 것은 공산주의를 위협하는 것이 아니라 유럽 사회의 건강과 활력을 다시 회복하는 것이다. 독일과 오스트리아에 대한 점령 정책도 그들의 자원이 유럽 전체의 경제 회복에 기여하도록 구상되어야 한다고 판단했다. 케넌은 미국이 전 세계에 관여하고 개입하는 것에는 반대했다. 자원, 산업 인프라, 숙련된 맨파워가 있는 소수의 지역과 나라에만 집중해야 한다고 주장했다. 서독과 일본이 대표적이다.[2] 그 나라들의 잠재적

---

1   Melvyn P. Leffler, 《Remembering George Kennan: Lessons for Today?》, U. S. Institute of Peace, 2006, p. 5.

능력이 소련에 이용된다면 큰 위협이 될 것이기 때문이다. 일본이 공산화되지 않고 미국이 필리핀, 오키나와 같은 연안에 군사기지를 확보하면 동아시아에서의 안보 목표가 달성된다고 판단했다.

케넌은 소련이 전쟁을 원하지는 않지만 미국은 외교를 뒷받침하기 위해 군사력이 필요하다고 보았다. 미국은 군사 분쟁 시 신속히 군사력을 동원할 능력과 의지가 있음을 우방과 적국에게 보여주어야 한다고 믿었다.

미국이 서유럽에서 강력한 위상을 확보하자 케넌은 동유럽을 소련에서 해방시키고 소련을 제2차 세계대전 이전의 국경으로 다시 후퇴시킬 구상을 한다. 그 방법으로 미군과 소련군이 동시 철수해 유럽 연합을 결성하자는 아이디어를 제시했다. 경제가 회복된 유럽을 통합시켜 소련에 대항하게 하려는 것이다. 케넌은 소련의 파워를 억제하고 축소하는 것도 중요하지만 미국이 과도하게 해외에 얽매이는 함정에 빠지지 않길 원했다.

서유럽 재건과 서독 통합은 마셜플랜과 베를린 봉쇄 저지로 원활히 진행될 것으로 보였지만 사태는 새로운 국면을 맞이한다. 1949년 중국에서 공산당이 집권하고 인도네시아와 동남아에서 혁명적 민족주의 열기가 고조된다. 소련은 원자폭탄 실험에 성공한다. 새로운 국무장관 딘 애치슨Dean Acheson과 케넌은 이 새로운 상황 앞에 고심한다. 특히 독일의 침체가 그동안의 노력을 물거품으로 만들까 봐 걱정한다.

---

2   Melvyn P. Leffler, 같은 논문, p. 6.

영국의 경제난, 독일 부활에 대한 프랑스의 두려움이 미국의 계획을 어렵게 했다. 소련은 전체 구상의 일부에 불과했다.

케넌이 관심을 기울인 것은 독일과 일본에서의 점령 정책이었다. 유라시아 대륙에서의 세력균형이 가장 중요했다. 독일과 일본에 파워 공백이 있는 한 이를 실현하기 어렵다. 케넌이 보기에 독일과 일본은 아직도 적국과 한편이 될 가능성이 있었다. 그는 유럽연합이 필요하다는 결론에 이른다. 이는 프랑스가 주도하되 프랑스-독일의 협력이 필수적이다. 동유럽이 서방으로 경사할 가능성도 늘리고 기회도 제공해야 한다. 케넌은 미국의 수소폭탄 개발에 반대했다. 크렘린과의 투쟁은 기본적으로 정치적인 것이라는 이유에서였다. 선결 과제는 서유럽과 미국의 활력을 되찾고 민주제도가 제대로 정착하게 하는 것이라는 게 그의 믿음이었다. 하지만 1949년 애치슨과 의견 대립이 심해지면서 케넌의 입지는 축소된다. 1950년 초 그는 정책기획실장직에서 물러난다.

시카고 대학교 강의에서 그는 미국의 무능과 위험은 도덕주의적·법률주의적 태도 때문이라고 진단한다.[3] 미국-스페인 전쟁부터 제2차 세계대전까지 미국의 외교사를 보면 미국은 국제법과 도덕의 노예가 됐고 다른 강대국의 전략과 미국 자신의 이해관계에 대해서는 무관심했다고 지적한다. 미국이 비현실적 이상주의에 기댔다는 케넌의 비판은 매서웠다. 어느 사회에나 고유한 문화적 특성이 있고 어느

---

3 Melvyn P. Leffler, 같은 논문, p. 9.

국가에나 특유한 항구적 이해관계가 있다. 대중들의 선거나 민주적 제도가 이런 조건들을 무시하거나 초월할 수 없다고 지적했다.

이후 그는 소련 대사(1952)와 유고슬라비아 대사(1961~1963)로 짧은 공직을 마치고 저술 활동에 몰두한다. 이제 그는 자신이 기여해 탄생시켰던 봉쇄 전략의 비판자가 되어 베트남에 대한 미국 정책을 매섭게 혹평했다. 핵무기 경쟁에 대해서도 경종을 울렸다. 훗날 케넌은 장문전보나 X 논문이 위협을 너무 단순화시켜 군사적 봉쇄나 제로섬 관점에서 생각하도록 유도한 점에 대해 안타까워했다. 외교는 신중하고 냉철해야지 고상한 이상이나 거창한 수사에 빠져서는 안 된다고 했다.

애치슨은 케넌의 후임 정책기획실장으로 폴 니츠Paul Nitze를 발탁했다. 니츠는 애치슨의 입장에 적극 동조했다. 니츠는 히로시마와 나가사키 원폭 피해 조사를 했는데 이때 잠재의식에 깊이 각인된 핵무기에 대한 공포가 냉전 시대의 전략가로서 활동하는 데 중요한 기초가 된다.

NSC-68, 애치슨, 니츠

1950년 초까지 미국의 국가안전보장정책에 영향을 미칠 몇 가지 중요한 변화가 발생했다. 북대서양조약기구 나토NATO가 설치되어 유럽 군사원조가 시작됐다. 소련은 원폭 실험에 성공하고 중국에서는 공산당이 집권했다. 트루먼은 1950년 1월 31일 국무장관과 국방장관

폴 니츠.

에게 안보 전략 재검토를 지시한다. 그에 따라 국무부-국방부 합동 정책리뷰팀이 결성되고 팀장은 폴 니츠가 맡는다. 그 결과물이 통상 국가안전보장회의 보고 제68호, NSC-68로 알려진 문서이다. 니츠의 첫 번째 목표는 트루먼 등 최고 지도자들에게 위기의식을 심어 국방 예산을 대폭 증액하는 것이었다. NSC-68은 그 수단이었다.

이 보고서는 당시 미국의 국가안전보장전략NSS을 재검토함과 동시에 미소의 잠재력을 군사적·경제적·정치적·심리적 견지에서 분석했다. 이 보고서에 의하면 미국의 적국인 소련은 영향력을 확대하려고 전력을 다하고 있으며 이는 중차대한 문제이다. 이러한 소련의 팽창 때문에 군사적 충돌이 예상되므로 군비 확장이 필요하다. 크렘린은 미국을 기습할 만한 충분한 핵능력이 갖춰졌다고 판단하면 신속하고 은밀하게 공격을 감행할 가능성이 높다. 빠르면 1954년까지 그런

능력을 갖출 것이기에 그해가 가장 위험한 해이다. 따라서 미국이 육군, 해군, 공군, 핵무기 그리고 민간 방위력을 즉각적으로 대폭 강화해야 한다고 결론짓는다.

캐넌의 봉쇄 정책은 소련의 위협에 대응해 다면적인 외교정책을 전개하라는 주장이지만 NSC-68은 외교보다 군사행동을 강조하는 정책을 권고했다. NSC-68은 평시의 대규모 군사비 지출을 요구했다. 또 미군은 서반구 및 주요 연합국과 연합하여 해당 지역의 전쟁 수행 능력을 제고하고 소련의 전쟁 수행 능력을 약화해야 한다고 말한다. NSC-68은 1950년 국방 예산을 당초 예정된 130억 달러에서 400억 내지 500억 달러 수준으로 증액하도록 요구한다. 국방비 증액이 오히려 경제성장에도 도움이 될 것이라고 덧붙인다.

그러나 대통령에게 정식으로 이 보고서를 제출하기에 앞서 고위 관료들이 내부 검토를 하는 과정에서 냉전이 불필요하게 확대되고 있다는 강한 비판이 제기됐다. 예산국의 윌리엄 샤우브William Schaub는 군사비 지출 확대에 격렬히 반대했다.[4] 캐넌 또한 이 보고서, 특히 대규모 군비 확장 결론에 동의하지 않았다.

당초 트루먼 대통령은 1950년 4월 7일에 1차 제출된 NSC-68을 승인하지 않았다. 소련이 핵보유국이 된 후에도 트루먼 대통령은 군사비 지출을 억제하려 했다. 그 후 두 달 동안 보고서는 거의 진전되

---

4 Benjamin Fordham, 《Building the Cold War Consensus》, University of Michigan Press, 1998, p. 53.

지 않았다. 그런데 1950년 6월 25일 갑자기 한국전쟁이 발발했다. 그 영향으로 NSC-68의 중요성이 새롭게 부각됐다. 한국전쟁 발발 시 국방장관 루이스 존슨Louis Johnson의 첫 질문은 주로 소련의 역할이 무엇인가에 관한 것이었다. 당시 미 대사관은 북한의 한국 침공이 동남아시아의 전반적 공산화 작전과 연관된 것으로 보인다고 보고했다. 트루먼은 만약 한국을 상실하면 소련은 계속 다른 나라를 침략해 차지할 것이라고 말했다.[5]

백악관과 국무부는 한국전쟁을 이용해 NSC-68 승인을 위한 우호적 여론 조성에 나섰다. 한편으로는 고립주의자를 설득하고 다른 한편으로는 선제적 공격을 불사해야 한다는 강경 반공주의자를 달래야 했다. 1950년 9월 30일 국가안전보장회의는 NSC-68을 최종 승인했다. 이는 미국 대외 전략의 중대한 분수령이었다. NSC-68은 미국의 외교정책이 소련을 포함한 모든 공산권 국가들에 대한 포괄적 봉쇄 전략으로 전환되는 데 중요한 역할을 했으며 그 전략은 이후로도 지속됐다. 1950년 1월 수소폭탄 개발 결정에 더해 6월에 발발한 한국전쟁은 미국의 군비 확장을 급속히 촉진하는 결정적 계기가 된다.

국방 예산은 대폭 증가했다. 단지 한국전쟁에서 승리하기 위해서뿐만 아니라 전 세계에서 공산주의를 배격하기 위해서다. 그 국방 예산은 이후 수십 년 동안 다시는 축소되지 않았다. 그때부터 줄곧 미

---

5   Melvyn P. Leffler, 《A Preponderance of Power: National Security, the Truman Administration, and the Cold War》, Stanford University Press, 1992, p. 366.

국 외교정책은 니츠가 규정한 대로 흑백논리적 태도를 취했다. NSC-68은 미국의 재래식 무기 및 핵무기 능력이 대폭 증가하는 계기가 됐다. 결과적으로 국가 재정 부담도 커졌다. 트루먼 정권은 1950년부터 1953년에 이르는 동안 GDP 대비 국방비 비율을 5퍼센트에서 14.2퍼센트까지 증가시켰다.[6] 한국전쟁은 냉전의 전면적 군사화, 전 세계적 확산에 결정적 계기가 됐고 한반도에는 아직도 유일하게 그 냉전의 잔재가 남아 있다.

냉전과 지정학

존 개디스John Gaddis는 제2차 세계대전 후에 유럽의 하트랜드가 적대적인 단일 세력의 지배하에 놓이게 되면 세계의 림랜드가 안전하지 않게 된다는 논리가 대두됐다고 말한다. 이런 논리는 매킨더의 지정학을 떠올리게 한다. 개디스는 이를 반영하는 NSC 보고서가 이미 1948년에 작성됐다고 지적한다.[7] 개디스는 봉쇄 전략의 역사를 다루면서 1950년대 초 NSC-68 채택 이후 유라시아 '주위 방어' 시기에는 스파이크먼의 림랜드 개념이 영향을 미쳤고 전체적인 봉쇄 정책은 매

6　NSC-68, 1950-US Department of State Archive(https://2001-2009.state.gov/r/pa/ho/time/cwr/82209.htm).

7　John Lewis Gaddis, 《Strategies of Containment: A Critical Appraisal of Postwar American National Security Policy》, Oxford University Press, 2005, p. 56.

킨더의 아이디어와 관련이 있다고 지적했다.[8] 멜빈 레플러Melvyn Leffler
는 1948년 이후 미국의 국가 전략에 유라시아 자원 및 시장에 대한 접
근을 확보하고 잠재적 적국이 유라시아 자원에 접근하는 것을 저지하
는 내용이 포함됐다고 지적했다.[9] G. R. 슬론G. R. Sloan은 냉전 초기에
지정학이 미국의 외교정책에 큰 영향을 줬다고 주장한다.[10] 스파이크
먼의 이론은 냉전 초기의 미국 정책과 유사하다. 그래서 제프리 파커
Geoffery Parker는 이를 '스파이크먼–케넌의 봉쇄이론Spykman-Kennan
thesis of containment'이라고 부른다.[11] 스탈린 치하 소련은 역사상 가장
강력한 하트랜드 파워가 됐다. 이런 소련이 세계의 맨파워와 생산적
자원을 지배하지 못하도록 저지해야 했다. 마이클 제라스Michael Gerace
는 봉쇄 정책은 매킨더의 아이디어에서 영향을 받은 것이라고 해석
한다.[12]

---

8   Leslie W. Hepple, 〈The Revival of Geopolitics〉, 《Political Geography Quarterly》
Vol. 5, No. 4, 1986, S24.

9   Melvyn Leffler, 《Origins of the Cold War: An International History》, Routledge,
2005, p. 31.

10   G. R. Sloan, 《Geopolitics in United States Strategic Policy, 1890~1987》, Palgrave
Macmillan, 1988, pp. 130~143.

11   Geoffrey Parker, 《Western Geopolitical Thought》, Routledge, 1985, pp. 121~
123.

12   Michael P. Gerace, 〈Between Mackinder and Spykman: Geopolitics, contain-
ment, and after〉, 《Comparative Strategy》 Vol. 10, 1991, p. 356.

키신저와 지정학의 부활

비록 냉전 초기부터 지정학적 사고는 서방측 전략가들에게 익숙했고 실제로도 영향을 미쳤지만 제2차 세계대전 종전 후 40년간 지정학이라는 용어는 거의 무시됐다. 1950년대와 1960년대에 지정학은 정치지리학이나 정치학 분야에서 과거의 유물이 되어버렸고 지정학이라는 단어 자체가 거의 사용되지 않았다. 나치와의 연관성 때문에 지정학이라는 용어의 사용 자체를 기피했다. 지정학적 분석은 전략 연구 혹은 정치지리학이라는 새로운 이름으로 이루어졌다. 그래도 군사, 안보 전략을 연구하는 대학 등에서는 계속 지정학을 가르쳤다.

핵무기가 등장하고 나서 항공기나 미사일 등으로 장거리 운반이 가능해지자 핵무기가 미국의 억제 전략에서 핵심이 됐고 지정학과 지리는 더 이상 의미가 없어 보였다. 림랜드의 중요 위치라든지 하트랜드의 장점 등을 논하는 건 중요하지 않았다. 핵능력의 균형이 중요했다. 안보 전략은 핵억지력이나 군비 통제 전략에 집중됐다. 그러다가 1977년 콜린 그레이의 《핵시대의 지정학: 하트랜드, 림랜드 그리고 기술혁명The Geopolitics of the Nuclear Era: Heartland, Rimlands, and the Technological Revolution》이 출간됐다. 1940년대 이후 영어 책 제목에 지정학이라는 단어가 들어간 최초의 책이다. 그레이는 핵이론 때문에 지정학을 놓쳤다고 주장한다. 그는 소련은 팽창주의적이며 미소 관계는 랜드파워와 시파워의 대결이라는 관점에서 보아야 한다고 지적한다. 소련이 유라시아 대륙에서 미국을 몰아내고 그 파워를 유라시아

너머까지 행사하면 미국이 설 자리가 없다는 것이다.

하지만 세계의 변화로 미소 간 양극체제와 봉쇄 정책은 갈수록 흔들렸다. 탈식민화, 제3세계 민족주의 부상, 쿠바혁명 등 중국과 소련이 분열하고 혁명이 확산되는 일련의 변화로 인해 1950년대 후반 특히 1960년대 국제정치는 다극적으로 바뀌고 복잡해졌다. 지역 분쟁을 처리할 때 핵무기를 활용할 수 없다는 게 명백해지고 미국의 핵능력 우위도 1970년대 들어와 사라지면서 핵 위협도 통하지 않게 됐다. 이렇게 국제 상황이 변하면서 지정학이 부활할 토양이 마련됐다. 나치에 대한 기억 또한 희미해졌다. 결정적으로 방아쇠를 당긴 건 헨리 키신저가 지정학이라는 용어를 빈번히 사용하면서부터이다. 키신저는 1968년 11월 닉슨 대통령의 국가안보좌관이 됐다. 키신저와 닉슨이 연설과 저술에서 지정학이라는 단어를 사용하자 신문과 《타임Time》《뉴스위크》《포춘Fortune》《뉴리퍼블릭The New Republic》 등의 잡지에도 이 단어가 자주 등장하게 됐다. 특히 키신저의 1979년 저서 《백악관 시절The White House Years》에서 이 단어가 빈번하게 등장한다. 이 책에서 그는 지정학적 중요성, 지정학적 이해관계, 지정학적 현실, 지정학적 도전, 지정학적 야심, 지정학적 결과 등 '지정학' 혹은 '지정학적'이라는 단어를 60여 차례 사용했다.

키신저가 15살 때인 1938년 유태인인 키신저 가족은 나치의 박해를 피해 독일을 떠나 미국으로 이주한다. 키신저가 태어나 자란 곳은 나치의 본거지이자 하우스호퍼가 주로 활동하던 바이에른주에 있는 소도시 퓌르트이다. 뮌헨에서 불과 170킬로미터 떨어져 있다. 독일지

베트남 상황에 대해 논의 중인 닉슨 대통령과 키신저.

정학의 검은 역사를 알고 있었을 키신저는 왜 지하에 묻혀 있던 이 단어를 꺼내 다시 사용했을까?

키신저는 "나의 접근은 전략적이고 지정학적이었다. 나는 사건들을 서로 연관시켜 세계의 어느 곳에 인센티브를 제공하거나 압력을 가해 다른 곳에 영향을 미치려고 했다"라고 말한다.[13] 키신저의 지정학적 사고가 가장 극적으로 빛을 발한 것은 미중 관계 정상화이다. 1969년 3월 중국과 소련이 우수리강에서 군사적 충돌을 했다. 이후 중소 관계

---

13 Henry Kissinger, 《The White House Years》, Simon & Schuster: Reprint edition amazon ebook, 2011, p. 870.

는 얼어붙었다. 소련은 영토 야심이 있는데 반해 미국은 그렇지 않다고 중국은 확신했다. 미국 역시 중국과 관계를 개선하면 소련의 야심도 견제하고 소련의 영향력도 제어할 수 있다고 판단했다. 미국의 입장에서는 소련과 중국이 경쟁적으로 미국과 우호적 관계를 맺고 싶어 하도록 유도할 수 있는 상황을 만드는 게 전략적으로 유리했다. 키신저는 "지정학적으로 소련이 중국을 지배하거나 혹은 중국이 소련 쪽으로 기우는 것은 미국의 이익에 반한다"라고 말한다.[14]

한편 미국이 겨냥한 또 다른 외교적 목표는 베트남이었다. 장기간 지속되어 피로감이 심해진 베트남전쟁에서 빠져나올 기회를 포착하려는 미국에게 베트남의 후원국이던 소련과 중국에 대한 외교적 지렛대를 확보하는 일은 대단히 중요했다. 미국이 중국과 소련 중 어느 한 나라와 진전된 관계를 맺으면 베트남은 소외감을 느낄 것이고 미국으로서는 베트남 종전 협상을 유리하게 전개할 수 있었다. 더구나 중국과 관계 개선을 통해 중국이 소련을 견제한다면 미국은 비교적 명예롭게 베트남을 떠날 수 있다고 판단했다. 소련의 팽창을 저지하기 위해 베트남전쟁에 참전한 미국으로서는 제한적으로라도 중국이 소련을 견제해줄 수 있다면 베트남전쟁에서 발을 뺄 수 있었던 것이다.

미중 관계 개선은 닉슨과 마오쩌둥 모두에게 어마어마한 정치적 리스크가 있었다. 하지만 키신저의 전략적 통찰과 닉슨의 결단은 새로운 역사를 가능케 했다. 키신저는 "미중 양국 지도자들은 처음으로

---

14 Henry Kissinger, 같은 책, p. 17015.

마오쩌둥과 닉슨의 회동.

이념적 시각이 아니라 지정학적 시각으로 서로를 보게 됐다"라고 증
언한다.[15] 중미 관계 개선은 냉전 시대에 가장 큰 지정학적 충격이었
다. 미국과 중국이 연대해 소련을 견제하는 구도가 성립된 것이다. 소
련으로서는 크나큰 전략적 손실이었고 미국으로서는 엄청난 수확이
었다. 미국의 핵무기 감축 협상 제안에 대해 줄곧 부정적이던 소련은
닉슨이 중국 방문을 선언하자 그제야 그 제안에 응한다.

키신저는 미국에는 전후 세 가지 전략적 전통이 있다고 지적한다.

---

15 Henry Kissinger, 같은 책, p. 13951.

첫째는 외교를 선악의 대결로 보는 이상주의적 전통이고, 둘째는 문제가 생길 때마다 그때그때 해결하는 실용적 전통이고, 셋째는 국제적 이슈를 법률적 사건으로 취급하는 법률주의적 전통이다.[16] 여기에 지정학적 전통은 부재했다. 그는 이 점을 비판하며 마한의 지정학이 미국에 기여한 바를 언급하면서 미국에도 지정학적 전통이 존재한다고 지적했다. 지정학적 전통을 살리려는 의도였다. 그는 소련의 팽창주의를 저지하는 데 관심을 기울였지만 미국의 봉쇄 정책이 지나치게 군사적이고 과도하게 이념적이라고 인식했다. 그보다는 오히려 정치적 세력균형을 이루는 게 바람직했다. 키신저의 사고는 마한, 매킨더, 스파이크먼의 사고와 상통한다. 키신저는 날로 다극화되는 세계에서 세력균형을 확보하는 것이 전략적 목표가 되어야 한다고 판단했다. 키신저는 지정학을 미국의 자유주의적 이상주의 정치에 대항하기 위한 분석 방법이자 이념적인 반공주의의 대안으로서 제시한 것이다.[17] 키신저의 영향으로 미국은 지정학적 관점에서 글로벌 전략을 검토하게 됐고 지정학이라는 단어 자체가 대중화됐다.

　이런 지정학적 전통은 미국의 안보 전략 수립에 있어 냉전이 끝날 때까지 여전히 강하게 작용했다. 레이건 정부가 1988년 발표한 국가안전보장전략은 월터 리프먼Walter Lippmann의 "지리적 사실은 변하지

16　Leslie W. Hepple, 〈The Revival of Geopolitics〉, 《Political Geography Quarterly》 Vol. 5, No. 4, 1986, S26.

17　Gerry Kearns, 《Geopolitics and Empire: The Legacy of Halford Mackinder》, Oxford University Press, 2009, p. 23.

않는다"라는 말을 인용하면서 지리적 요소를 강조한다. 이어 적대적 국가나 국가연합이 흔히 세계의 하트랜드라고 통칭되는 유라시아 대륙을 지배한다면 미국의 가장 근본적인 안전보장상의 이해관계가 위험해진다고 선언한다. 여기서 하트랜드라는 매킨더의 용어가 직접 사용될 뿐만 아니라 그 주장 내용 자체가 매킨더의 주장과 일치한다.

조지 부시George H. W. Bush 미국 제41대 대통령이 1990년 발표한 국가안전보장전략에서도 미국은 어떤 적대적 국가나 국가연합이 유라시아 대륙을 지배하지 못하도록 하는 것이 가장 중요한 이익이라고 명백히 밝힌다. 냉전 기간 중에도 매킨더나 스파이크먼의 지정학은 미국 안보 전략의 가장 근저에 있던 지층이었던 것이다.

6

브레진스키

일극에서 다극으로

SEA POWER
LAND POWER

1989년 11월 9일 저녁 10시 45분 동독 측 베를린장벽의 검문소 통행을 전면 허가한다는 명령이 하달됐다. 다음 날 0시 2분경 동독 측 경찰이 모든 검문소를 개방한다고 발표했다. 베를린장벽이 더 이상 동서독인의 통행을 가로막지 못하게 된 것이다. 냉전의 상징물이던 장벽이 걷혔다. 동서독인이 하나가 되어 춤을 췄다. 새벽이 되자 시민들이 공구를 가지고 와서 장벽을 부수기 시작했다. 베를린장벽이 세워진 지 28년 만이다. 장벽 붕괴 후 하루 약 2천 명의 동독인이 서독으로 이동했고 동독 마르크화의 가치는 10분의 1로 폭락해 동독 경제는 붕괴됐다. 동독 사회주의 체제가 종말을 맞이한 것이다. 베를린장벽 붕괴 후 만 1년도 되지 않은 1990년 10월 3일 동서독 통일이 이루어진다.

1990년 7월 20일 미국 일간지 《워싱턴포스트The Washington Post》에 찰스 크라우트해머Charles Krauthammer의 칼럼 "일극의 시대The Unipolar Moment"가 실렸다. 그는 사회주의권의 몰락으로 미소가 대립하던 양극체제가 마침내 붕괴되고 초강대국은 미국 홀로 남았다고 진단했다.

베를린장벽이 해체되기 며칠 전 장벽 위에 서 있는 독일인들.

그랜드 체스판

1928년 폴란드 바르샤바에서 태어난 브레진스키는 외교관인 아버지의 임지를 따라다니며 어린 시절 나치의 독일, 스탈린의 소련을 눈으로 본다. 이후 하버드 대학교에 진학해 소련을 연구한다. 훗날 그는 지미 카터 행정부의 국가안보보좌관으로 일하면서 당시 미국의 외교 방향을 세운 미국의 대표적 전략가 중 한 명이 된다. 클라우스 도즈 Klaus Dodds는 브레진스키가 점증하는 글로벌 긴장 상황에서 지정학 이론을 이용했다고 지적한다.[1] 따라서 고전지정학에 충실한 브레진스키의 저작물을 통해 지정학 이론이 실제 전략적으로 어떻게 구체화되는지 살펴보는 것은 의미가 있다. 브레진스키의 첫 번째 저서《그랜드

즈비그뉴 브레진스키.

체스판》은 1997년 발간된다. 냉전이 종식되고 미국이 국제 질서의 일극이 된 시점에서 브레진스키는 글로벌 상황을 이렇게 분석한다.

1980년대를 지나며 역사상 처음으로 비유라시아 국가인 미국이 유라시아 세력 관계를 결정하는 핵심적 위치를 차지했다. 소련 해체는 서반구의 강대국인 미국이 최초로 진정한 글로벌 강대국이 되는 마지막 과정이었다. 유라시아의 지정학적 중요성은 여전하다. 서쪽 유럽에는 정치·경제 강대국들이 자리하고 동쪽 아시아는 경제가 성장하면서 정치적 영향력이 커지는 새로운 중심이다. 미국이 유라시아에 어떻게 대응하느냐는 매우 중요한데 특히 미국에 적대적인 유라시

---

1   Klaus Dodds, 《Geopolitics: A Very Short Introduction》, Oxford University Press, 2007, p. 36.

아 대국의 출현을 저지하는 것은 미국이 글로벌 패권을 유지하는 데 있어 관건이다. 유라시아는 글로벌 패권을 놓고 게임이 진행되는 체스판이다. 제1차 세계대전에서 어느 유럽 국가도 결정적으로 승리하지 못하고 비유럽 국가인 미국의 참여로 전쟁이 마무리됐다. 이후 유럽은 글로벌 파워 정치의 주체가 아닌 객체로 전락했다. 하지만 제1차 세계대전 후 미국은 고립주의와 이상주의에 경도되어 국제 문제로부터 거리를 둔다.

유럽에 이어 글로벌 패권을 추구해왔던 비유럽국 미국과 소련은 제2차 세계대전에서 나치와 일제를 물리친다. 그리고 대서양과 태평양을 지배하는 시파워 미국과 유라시아 하트랜드를 지배하는 랜드파워 소련의 대결이 벌어진다. 그 과정에서 과거 몽고제국을 연상시키는 소련-중국 블록이 형성된다. 북미 대 유라시아의 대결인 셈이다. 역사상 지정학적 대립은 주로 유라시아 주변부에서 발생했다. 소련-중국 블록은 유라시아 대부분을 차지했지만 그 주변은 제어하지 못했다. 미국은 방대한 유라시아 대륙의 서쪽 끝과 동쪽 끝 연안 지역에 진출하는 데 성공했다. 미국은 유라시아 대륙에 교두보를 확보하기 위해 서쪽 유럽에서는 소련의 베를린 봉쇄를 저지하고 동쪽 아시아에서는 한국전쟁에 참여해 한국을 방어함으로써 냉전의 첫 번째 전략적 관문을 통과한다. 이후 미소 간 대결은 비군사적 경쟁에서 결정됐다. 정치적 활력, 이념적 유연성, 경제적 역동성, 문화적 매력 등이 중요한 변수였다. 경제적·기술적으로 더 역동적인 미국에 비해 소련은 점진적으로 정체되었고 결국 경제성장과 군사기술에서 미국과 경쟁할 수 없게 됐다. 경제적 쇠락은 이념적 약화로 이어졌다. 미국은 군사, 경제, 기술, 문화 네 영역에서 초강대국이 됐다.

유라시아 체스판

미국의 패권은 얼마나 오랫동안 얼마나 효과적으로 유라시아에 대한 지배력을 유지하느냐에 달려 있다. 유라시아는 지구에서 가장 큰 대륙으로 지정학적 핵심이다. 유라시아를 지배하면 자동으로 아프리카도 지배하게 된다. 서반구와 오세아니아는 지정학적으로 세계 중심 대륙의 주변부에 불과하다. 세계 인구의 약 75퍼센트가 유라시아에 살고 재산과 자산 등 세계 대부분의 물리적 부가 이곳에 있다. 유라시아는 세계 GNP의 60퍼센트 그리고 세계 에너지 자원의 4분의 3을 차지한다. 전체적으로 유라시아의 파워는 미국을 압도한다. 하지만 미국에게는 다행히도 유라시아는 너무 커서 정치적으로 하나가 되기 어렵다. 앞으로 지구상 가장 중요한 경기장인 유라시아에서 미국의 라이벌이 등장할 것이다. 전략적으로 적극적인 플레이어는 러시아, 중국, 인도, 프랑스, 독일이다. 영국, 일본, 인도네시아는 아니다. 우크라이나, 아제르바이잔, 한국, 터키, 이란은 중요한 지정학적 축이다.

직접적 무력 사용은 이전보다 제약이 있다. 핵무기로 인해 도구나 위협으로써 전쟁을 사용할 필요가 줄어들었다. 경제적 상호의존성 때문에 경제적 위협을 정치적으로 이용하는 것도 그다지 설득력이 없다. 그래서 미국은 교묘한 공작, 외교, 동맹 결성, 회유, 정치적 자산의

2010년 나토 국방·외무장관 회의.

치밀한 배치 등을 이용해 유라시아 체스판에서 전략적으로 파워를 행사해야 한다.

미국에게 유럽은 유라시아 대륙의 지정학적 교두보이다. 서유럽과 중부유럽은 크게 보아 미국의 보호국이다. 현재 서유럽은 문제투성이다. 편안하지만 사회적으로 불안하고 산만한 사회여서 큰 비전이 없다. 유럽의 미래에 대한 프랑스의 구상은 한편으로는 독일을 묶어 두면서 동시에 점진적으로 유럽에서 미국의 영향력을 축소시키는 것이다.

미군 주둔으로 안전을 확보한 독일은 자유로워진 중부유럽 국가들을 유럽에 동화시킬 수 있다. 최종적으로는 중부유럽을 유럽연합과 나토에 포함시키려 할 것이다. 영국은 확대된 유럽을 선호하는데 그래야만 유럽 통합을 저지할 수단을 찾을 수 있기 때문이다. 프랑스는 유럽연합의 확대로 독일의 역할이 증대되는 것이 두렵기 때문에 더 작은 통합을 선호한다. 이제 강력하고 정치적으로 단합된 유럽은 출현하기 어렵다. 유럽 여러 나라에는 국민국가를 원하는 깊고 깊은 역사적 뿌리가 있다. 나토 없이는 유럽은 취약하고 즉시 정치적으로 분열될 것이다. 유럽연합과 나토의 틀 안에서 프랑스–독일–폴란드 간의 협력이 강화되어야 하고 이는 확대된 유럽의 안전보장에 핵심 사안이 될 것이다. 궁극적으로 유럽은 러시아와 우크라이나를 포용할 것이다.

블랙홀 러시아

소련 해체 후 러시아의 국제적 지위는 매우 저하되어 이제는 제3세계의 지역 강국으로밖에 보이지 않는다. 우크라이나를 상실한 것은 러시아에게 치명적이다. 중앙아시아 국가들은 더 민족주의적이고 더 이슬람화되어 러시아로부터 독립할 것이다. 대신 터키, 이란, 파키스탄, 사우디아라비아의 영향력이 증가할 것이다. 동아시아와 중앙아시아에서 중국의 부상은 러시아에 위협이 된다. 시베리아가 중국화될 가능성도 있는데 이는 우크라이나 상실보다 더 큰 위협이 될 수도 있다.

소련 해체 후 러시아의 초대 외무장관 안드레이 코지레프Andrey Kozyrev는 "우리는 메시아니즘을 버리고 실용주의를 택했다. 지정학이 이념을 대체한다"라고 말했다. 신 러시아 지도자들은 러시아가 미국과 동등한 대접을 받아야 하고 글로벌 문제는 러시아의 참여와 동의하에 처리되어야 한다고 생각한다. 하지만 미국은 러시아와 글로벌 파워를 공유할 생각이 없고 그렇게 할 수도 없다. 러시아는 미국과 동등한 지위에 있다는 착각 때문에 과거 소련 지역뿐 아니라 과거 중부유럽 위성국들에게도 지정학적 특권이 있다는 생각을 버리지 못한다. 러시아는 미국이 유라시아에서 어느 하나의 지도적인 강대국이 출현하지 않게 하려 한다고 본다. 대신 중간 규모의 안정된 여러 국가들을 용인하되 반드시 개별적으로든 집합적으로든 미국보다 열등하기를 원한다고 본다.

러시아 군부는 나토의 확장을 러시아에 대한 적대적 포위로 본다. 또 중부유럽이 나토에 가입하지 않은 채로 있으면 언젠가 다시 러시아 영향권에 속할 것이라고 본다. 러시아는 과거 소련에서 독립한 신생국들이 러시아와 계속 유대 관계를 맺게 하려고 했다. 반면 신생 독립국은 러시아가 지배욕만 있을 뿐 자신들이 글로벌 경제에 참여하거나 외국 투자를 받는 데 있어 장애물이라고 여긴다. 이후 러시아는 미국의 헤게모니에 반대하는 노선을 취한다. 러시아, 중국, 이란, 이 세 나라의 반미동맹은 러시아의 국력이 약해 의미가 없다. 그리고 이 구도는 미국이 중국과 이란을 동시에 적대시하는 근시안적 태도를 취할 때만 가능하다. 장기적으로 러시아-중국, 러시아-이란의 전략적 동맹은 확률이 낮지만 미국의 대중국 대이란 정책은 러시아의 지정학적 구도에 미칠 영향을 고려해 구상되어야 한다.

중국-러시아 동맹의 리더는 국력이 앞서는 중국이 될 것이고 러시아는 하급 파트너가 될 것이다. 러시아는 팽창하는 유럽과 부상하는 중국 사이의 완충지대가 될 것이다. 러시아와 인도는 협력해서 중국을 견제할 이유가 있다. 러시아는 유럽 통합이 원활하지 않고 불협화음이 발생하면 러시아-독일 혹은 러시아-프랑스 간 화해도 가능하고 이를 통해 유럽과 미국의 연대를 약화시킬 기회가 올 것이라 기대한다. 장기적으로 러시아를 대서양 유럽에 통합시키는 것이 최선이다.

유라시아 발칸

유라시아에서는 중앙아시아를 통제하고 지배하는 국가가 지정학적·경제적 이익을 얻을 것이다. 중앙아시아에서는 전반적으로 중국의 지정학적 이해관계가 러시아의 지배욕과 충돌할 가능성이 높고 터키와 이란과는 보완적이다. 중앙아시아 국가들은 중국이 자신들의 독립을 원하며 러시아와 중국 사이에서 완충 국가 역할을 하기를 원한다고 본다. 인도는 파키스탄과 중국을 견제하기 위해 이란이 아프가니스탄에 대한 영향력을 키우고 러시아가 중앙아시아 등 구소련 지역에 영향력을 확대하기를 원할 것이다.

러시아는 터키와 이란을 견제하면서 구소련 지역 신생 독립국들이 새로운 경쟁자들에게 기울거나 독자적인 중앙아시아 협력체를 구성하지 않게 해야 할 것이다. 이 신생 독립국들에 대한 미국의 입김도 최소화하려 할 것이다. 중앙아시아는 러시아, 중국, 터키, 이란의 이해관계가 교차하면서 미국이 관여하는 정도에 따라 미래가 결정될 것이다. 중앙아시아의 균형과 통합을 이루는 일은 유라시아에서 달성해야 하는 미국의 중요한 목표이다. 코카서스 남부 그리고 중앙아시아의 안정과 독립을 위해 미국은 터키를 소외시키지 말아야 하고 이란과의 관계 개선도 시도해야 한다.

동아시아

4반세기 이내에 아시아는 북미와 유럽을 GNP 면에서 추월할 것이다. 유라시아의 동쪽 동아시아에서는 중국의 부상을 어느 정도까지 용인할 것인지, 미국의 보호국으로서 갖는 종속적 지위를 일본이 어느 정도까지 용인할 것인지가 핵심 문제이다. 해양국 일본과의 긴밀한 관계는 미국이 글로벌 전략을 전개하는 데 있어 근본적으로 중요하다. 미국의 군사적 우산 아래 있기 때문에 일본의 행동에는 제약이 있다. 일본은 미국이 디자인한 헌법과 미일안보조약에 구속되어 있다. 경제 대국인 일본이 단지 미국의 대외 정책 연장선에 머무를 수는 없다고 생각하는 일본 엘리트도 있다. 일본은 세계 대국으로 인정받고 싶어 하지만 안전보장 면에서 미국에 의존하는 한 그런 인정을 받기에는 한계가 있다. 중국의 부상은 일본의 미국 의존을 더 심화시킨다.

중국과 일본 사이에는 독일과 프랑스 같은 관계가 형성되기 힘들다. 양국 간 불신이 깊고 상대의 리더십을 인정하지 않기 때문이다. 한국 역시 일본에 대한 역사적 반감으로 양국 간에 진정한 화해가 어렵다. 중국과 한반도의 관계 진전은 일본의 지역 내 역할을 축소할 것이다. 일본은 독일과 달리 러시아와의 관계도 좋지 않다. 일본은 아시아에서 정치적으로 고립된 상태이다. 미일안보조약이 폐기되거나 무력화되면 일본은 지역 혹은 글로벌 분쟁에 말려들 위험이 있다. 일본으로서는 중국을 지역 패권국으로 수용하든지 아니면 군사적 재무장을 추진해야 한다.

미국에게는 일본과의 동맹이 동아시아 강대국으로 성장하는 중국에 대응할 기반이 된다. 일본과의 긴밀한 동맹을 통해 중국의 야망을 조절하고 자의적 행동을 제어할 수 있다. 그렇다고 미국은 일본이 아시아태평양 지역에서 더 큰 안보 책임을 부담하게 해서도 안 된다. 중일 간의 안정적 관계를 저해하고 일본이 지역 내에서 더 고립될 것이기 때문이다. 일본이 재무장하거나 중국과 독자적으로 화해하게 되면 아시아태평양에서 미국의 역할은 종료된다. 이는 지역 내의 안정적 삼각관계, 즉 미중일 관계의 종료를 뜻한다.

20년 내 중국은 미국과 유럽에 버금가는 강대국이 될 것이다. 중국은 경제성장으로 인해 위협적인 군사력을 보유할 것이다. 현재 미국의 중국 공포증은 과거 1980년대 일본에 대한 공포증을 연상시킨다. 중국은 미국이 유라시아에서 미국의 헤게모니에 위협이 될 만한 대국이 출현하는 것을 용납하지 않을 것이라고 본다. 미국은 일본 지배를 기반으로 중국을 견제하려 한다는 것이 중국의 시각이다. 따라서 중국은 미일 관계에 영향을 미치려 할 것이다. 중국의 전략은 미국의 지역 내 파워를 축소시켜 중국을 지역 동맹으로서 필요하게 만들고 궁극적으로 미국이 자신들을 글로벌 파트너로 수용하게 하는 것이다. 이를 위해 단기적으로는 미일 관계 강화를 저지하고 일본이 동아시아에서 아시아태평양으로 역할을 확대하는 것을 막으려 할 것이다. 중국은 일본이 반중국 선봉에 서고 군사 강국으로 부상하는 걸 원하지 않는다.

중국을 견제하는 데 일본이 미국을 따를지는 불확실하다. 일본의 지역 내 역할에 대한 전면적 변화도 가능하다. 이로 인해 미국의 동아시아 내 위상도 추락할 수 있다. 미국은 일본과 협력해 중국이 한반도에 지배적 영향력을 확보하는 걸 저지하려 할 것이다. 중국의 대만 무력 흡수에도 마찬가지 대응을 할 것이다. 중국이 러시아와 장기적으로 깊은 관계를 맺어 미국에 대항할 가능성은 낮다. 중국은 인도와의 직접 충돌도 회피할 것이다.

중국은 미국이 자신의 민족적·지역적 야망을 방해한다고 느끼면 결국 반미 진영에 가담할 것이다. 가장 위험한 시나리오는 중국, 러시아, 이란의 동맹이다. 이는 공산주의 시절 소련-중국 블록을 연상시키는데 이번에는 중국이 리더가 되고 러시아가 주니어 파트너가 될 것이다.

지리적으로 제한적이지만 더 중요한 도전은 중일동맹이다. 동아시아에서 미국이 쇠퇴함에 따라 일본의 세계관이 바뀌어 그런 동맹이 실현될지도 모른다. 이는 일종의 '아시아주의'를 형성해 반미 독트린으로 통합될 것이다. 미국은 이를 저지해야 한다. 유라시아 동쪽의 중국이 유라시아 서쪽의 유럽에 대응해 유라시아의 세력균형을 이루는 것이 바람직하다. 미국으로서는 중국과의 협력 관계도 유라시아 전략에 필수적이다.

한국은 동아시아의 지정학적 축으로 미국과 중국이 분쟁하는 원인이 될 수도 있다. 한국의 미래는 미일 관계에 중대한 영향을 미친다. 미군의 일방적 철수는 새로운 전쟁을 초래할 수 있고 주일 미군 철수로 이어질 것이다. 일본은 미군에 더 이상 의존하지 않고 신속히 재무장할 것이고 이는 지역 내 큰 불안 요소가 될 것이다. 통일 한국에 미군이 계속 주둔한다면 중국은 자신을 겨누는 것으로 인식할 것이다. 중국은 미군이 주둔하지 않는 통일 한국에게 중국과 일본 사이의 비동맹 완충국이 되어야 한다고 요구할 것이다. 하지만 일본에 대한 적대감으로 한국은 중국에게 기울 것이다. 당분간은 분단된 한국이 중국의 이익에 부합한다. 미국과 일본도 한반도의 현상 유지를 선호한다.

주한 미군과 주일 미군이 현 수준에서 감소되는 건 바람직하지 않다. 미국은 한국과 긴밀한 유대로 일본을 보호하고 그럼으로써 일본이 독자적인 군사 대국이 되는 걸 저지할 수 있다. 미군의 한국 주둔은 매우 중요하다. 주한 미군이 없다면 현재와 같은 미일 군사 관계가 계속 유지될 수 없다. 한국의 통일은 미군이 한국에 계속 주둔해야 하는 근거를 흔들 것이다. 통일 한국은 미군의 보호가 필요 없을 수 있기 때문이다. 주한 미군의 철수를 노리고서 중국이 주도적으로 한국 통일을 촉진할 수도 있다. 한국이 통일되거나 혹은 중국 쪽에 경사되면 동아시아에서 미국의 역할에 중대한 변화가 초래되고 일본의 역할도 변하게 될 것이다. 중미 관계 여하에 따라 한미일 3국의 안보 관계도 중대한 영향을 받을 것이다.

미국은 현재 유라시아에서 지배적 위치에 있다. 어느 나라도 군사, 경제, 기술, 문화 측면에서 미국의 지위에 도전하지 못한다. 미국 패권이 종식되는 것은 미국이 유라시아에서 철수하거나 성공적 라이벌이 갑자기 등장할 때이다. 하지만 이는 국제적인 혼란을 조성할 것이다. 미국의 글로벌 리더십이 무너지면 세계는 무정부 상태에 빠질 것이다. 역사상 최초로 한 국가가 글로벌 파워가 되고 비유라시아 국가가 글로벌 패권국이 됐다. 하지만 미국은 미국의 파워에 한계가 있으며 점차 파워가 미치는 범위도 축소될 것이라는 인식을 해야 한다. 미국이 글로벌 파워를 건설적으로 이용할 수 있는 시간은 짧을 것이다. 민주주의 체제는 제국주의와 맞지 않는다. 미국의 글로벌 패권을 위협할 지역 대국이 출현하지 않도록 관리하는 게 최우선 과제이다.

브레진스키는《그랜드 체스판》에서 미국의 일극 패권 체제가 들어선 이후의 글로벌 정세를 분석하고 미국의 패권을 유지하기 위한 전략적 지침을 제공했다. 유라시아에 미국의 패권에 도전할 만한 국가나 세력이 출현하지 못하도록 관리하는 게 미국의 목표라는 주장이다. 이는 매킨더와 스파이크먼의 지정학과 궤를 같이한다. 브레진스키 역시 한국을 동아시아에서 미국 패권 유지에 핵심적 역할을 하는 지정학적 축으로 인식했다. 브레진스키의 인식은 현재 미국의 외교 안보 전략가들의 인식과 크게 다르지 않다. 현재 미국은 브레진스키가 이 책에서 말한 미국의 전략적 지침을 따르지 않고 있다. 대표적으로 그가 가장 우려했던 중국-러시아-이란의 협력 구도가 실현된 것이 그 방증이다.

전략적 비전

2012년 1월 브레진스키는 새 책《전략적 비전Strategic Vision》을 출간한다. 그는 이 책에서《그랜드 체스판》을 출간한 후 15년 사이에 변화한 국제 정세를 음미하고 향후 세계 질서에 대해 심층적 진단을 한다. 그는 이렇게 말한다.

2003년 일방적으로 이라크와 전쟁을 시작한 미국 외교는 국제적으로 정당성을 상실했다. 2008년 금융위기는 미국의 경제적 리더십에 대한 의문을 불러일으켰다. 월가의 탐욕과 투기는 미국 자본주의가 사회적으로 책임감 있고 생산적이라는 믿음을 흔들었다. 미국 내부의 여러 문제들도 표면으로 떠올라 미국이 가진 이상적 이미지는 사라지고 미국 사회에 대한 비판이 뒤따랐다.

미국의 주요 문제로는 여러 가지가 거론된다. 국가 부채의 과도한 증가로 중국 등 주요 채권국의 책략에 말려들 수 있고 기축통화로서 달러의 지위가 흔들리게 된다. 미국 경제 모델의 우월성도 손상을 입고 국제기구에서의 리더십도 약화된다. 재정 건전성이 악화되면 영국이나 로마 같은 과거 제국들과 같은 길을 걸을지도 모른다. 소득 불평등이 확대되고 사회적 이동성이 약화된 상황은 사회적 합의와 민주적 안정성을 해친다. 더 이상 기회의 나라가 아닌 것이다. 약해진 인프라스트럭처 수준도 미국 국력의 쇠퇴를 보여준다. 세계에 대한 미국 시민의 무관심과 무지도 심각하다. 이로 인해 미국이 대외 정책을 형성할 때 잘못된 여론이 작용할 수 있다. 극단적 이원론이 지배하는 당파

이라크 바그다드에 진군한 미군.

적 정치 시스템도 문제이다. 정치는 마비되고 무능해진다. 일부에선 금권정치도 작동한다. 이런 여러 상황 때문에 미국은 힘을 잃어가고 있다. 국내 문제를 해결하지 못하면 국제 무대에서의 위상도 점차 추락할 것이다. 그 결과 미국의 글로벌 위상이 위험에 처하게 되면 미국의 쇠락은 불가피하다.

미국의 대다수 동맹국은 2003년 이라크전쟁을 9·11 테러에 대한 과잉 대응이라고 생각했다. 이로 인해 미국의 신뢰도가 점진적으로 하락했다. 아프가니스탄전쟁과 이라크전쟁에서 미국은 그 나라들의 문화적 배경, 종족 간 경쟁, 영토 분쟁 등을 이해하지 못해 효율적으로 대응하지 못하고 반미 감정만 유발했다. 핵무장 국가인 파키스탄에서는 이슬람 근본주의가 발흥하고 미국과 이란의 분쟁 가능성이 높아졌다. 이스라엘-팔레스타인 분쟁을 공정하게 해결하는 데도 실패해 중동에서 미국에 대한 적대감이 증가했다. 미국의 지위가 약화되면서 러시아, 중국, 인도의 지정학적 위상은 높아졌다. 미국은 자만에 빠져 중국이 장기간 미국의 경쟁자가 되지 못하리라고 착각했다. 중국이 현재 상태로 계속 발전하고 경제적·사회적 혼란을 피한다면 정치적 영향력에서 미국의 주요 경쟁자가 될 것이다. 아마 2025년쯤 미국이 한때 오만하게 주장했던 21세기의 주인공 시대는 종말을 고할 것이다.

미국 이후의 세계: 2025년까지

2025년경 미국이 패권적 지위를 상실한 세계는 중국이 패권 국가로 부상하기보다는 혼란스러운 상태에 빠질 것이다. 민주주의 대신 권위주의와 민족주의 그리고 종교 등에 기반해 안보 전략을 택하는 국가가 늘어날 것이다.

독일과 이탈리아는 경제적 이익 때문에 러시아에 더 가까이 접근할 수 있고 프랑스와 불안한 중부유럽은 더 긴밀한 유럽연합을 선호할 것이다. 영국은 유럽 대륙 내에 세력균형을 유지하기 위해 움직일 것이다. 터키는 과거 오토만제국 지역에서, 브라질은 남미에서 파워를 증대하려 할 것이다. 중국은 국가 주도의 시장주의를 추진하는 민족주의적 권위주의 체제이다. 중국은 역사적 자신감을 갖고 더 공세적인 민족주의를 지향한다. 과감한 투자로 남미와 아프리카에서도 세력을 넓혔다.

러시아, 인도, 일본 어느 나라도 중국이 미국의 자리를 대체하는 걸 용인하기 어려울 것이다. 러시아는 중국의 급속한 발전을 두려워한다. 러시아, 인도, 일본 사이의 비공식적 반중국 연합은 중국에 심각한 지정학적 위협이 될 것이다. 미국과 달리 중국은 전략적 포위를 당할 위험에 처한다. 아시아에서는 중국의 팽창주의에 대해 경계하는 목소리가 커질 것이다. 중국에 대항하는 국가들은 미국에 도움을 청할 것이다. 중국은 남중국해, 동중국해에서 미국의 접근을 저지하는 능력을 키울 것이다. 다오위다오(센카쿠열도), 남사군도, 서사군도 등에서 충돌이 일어날 가능성도 있다. 중국이 글로벌 패권국으로 부상하는 데에는 많은 장애물이 있다. 중국은 아직 향후 수십 년간 세계에서 미국의 역할을 승계할 준비가 되어 있지 않다. 미국의 급속한 쇠락은 글로벌 위기를 유발할 것이고 이는 중국에게도 불리하다. 중국의 부상은 다른 지역 라이벌들과의 경쟁 속에서 기존 국제경제 질서의 안정에 기반해 이루어질 수밖에 없다.

일본, 인도, 러시아, 유럽 국가들은 이미 미국의 쇠락이 가져올 잠재적 영향을 계산하고 있다. 일본은 중국을 두려워해 아마 유럽과 가까이하려 할 것이다. 인도와 일본의 협력도 예상된다. 군사적으로 미국에 의존해오던 일본은 중국이 주도하는 질서를 수용하든지 아니면 인도와 협력해 대항해야 한다. 러시아는 과거 소련 구성 국가들에 눈독을 들일 것이다.

인도는 강대국이 되고자 하는 야망을 갖고 중국과 경쟁한다. 남아시아는 인도와 중국의 주된 경쟁 무대이다. 인도는 이란에서 태국까지 이르는 지역에서 지배적 위상을 차지하려 한다. 인도는 인도양을 지배하기 위해 해군과 공군을 강화하고 방글라데시와 미얀마를 우군으로 끌어들이려 한다. 두 나라에 항구를 개설해 인도양 항로를 통제하려는 것이다. 이에 대해 중국은 파키스탄의 과다르항, 미얀마의 차우크퓨Kyaukpyu에 항구를 개설하려 한다. 인도와 적대적인 파키스탄과 중국의 관계가 심화되고 인도양에서 인도와 중국의 경쟁이 격화된다. 군사 경쟁으로 이어질 위험도 있다. 쇠퇴하는 미국은 인도양과 태평양에서의 분쟁에 개입할 수 없거나 꺼릴 것이다. 핵무장 국가인 중국과 인도 간 충돌 혹은 핵보유국인 파키스탄을 둘러싸고 양국 간 충돌이 발생한다면 대단히 위험하다. 러시아는 중국을 견제해야 하기 때문에 중국의 대항마인 인도에 우호적이다. 만약 인도와 중국 간에 전쟁이 발발한다면 러시아는 중국을 약화시키기 위해 인도를 지원할지도 모른다.

중국은 경제적 무기를 앞세워 혼란스러운 상황에 있는 중동에 안전보장을 제공하겠다고 나설 수 있다. 이는 지정학적 구도를 크게 변화시킬 것이다. 미국은 과거 중동에서 이란, 사우디아라비아, 이집트, 터키와 우호적 관계를 형성했다. 현재는 이 나라들에 대한 미국의 영향력이 크게 감소했다. 2001년 이후 미국은 테러와의 전쟁과 이라크전쟁, 아프가니스탄전쟁에 집착해 전략적으로 손해를 입었다. 이로 인해 더 광범위한 종교적 분쟁이 발생할 것이다.

지정학적 위험 국가 중 하나가 바로 한국이다. 미국의 쇠퇴는 한국에게 중국 주도의 질서를 수용하든지 역사적으로 인기가 없는 일본과 제휴하든지 둘 중 하나를 선택하도록 강요할지 모른다.

쇠락하는 미국은 더 민족주의적이고 더 방어적으로 변할 것이고 국토 안전에 우선적으로 집중할 것이다. 다른 나라를 위해 자원을 쓰려고 하지 않고 더 보호주의적으로 바뀔 것이다. 멕시코 이민에 대한 강압적 정책은 미국에 대한 원한을 키울 것이다. 중국이 아프리카와 남미에 대규모 투자를 하는 것에 더해 미국의 패권적 지위가 약화되면서 반미 정권들이 증가하면 그로 인해 중국이 반사이익을 얻을 것이다.

이란이 핵무기 개발을 추진하는 등 핵 확산 우려도 커질 것이다. 독일이나 일본이 핵무장을 할 수도 있다. 한국, 대만, 터키 등은 미국의 쇠퇴로 스스로 핵무장을 하거나 중국, 러시아, 인도 등 다른 핵강국으로부터 핵억지력을 확보하려 할지도 모른다. 테러 단체에 핵물질이 유출될 위험도 있다.

수자원의 희소성, 북극해의 개방, 글로벌 온난화 등은 환경과 자원 관리에 있어 협력을 어렵게 한다. 미국의 쇠퇴는 러시아로 하여금 북극에 대한 지배력 그리고 에너지 정치를 이용해 유럽에 대한 영향력을 강화하도록 부추길 것이다. 우주 분야에서 활동이 격화되고 우주 무기나 우주 파편 등이 이슈로 등장할 것이다. 미국에 대한 불만으로 인터넷 통제가 어려워질 수도 있다.

2025년 이후: 새로운 지정학적 균형

2025년 이후 세계는 지정학적 균형을 이룰 수 있을까? 변화하는 환경에서 미국은 장기적 전략 수립에 실패했다. 유라시아에 새 질서를 구축하는 데 20년을 허송해버렸다. 이제 글로벌 파워의 중심이 서양에서 동양으로, 유럽에서 아시아로, 아마도 미국에서 중국으로 이전하면서 글로벌 안보에 대한 여러 가지 도전이 발생할 것이다. 유럽은 정치적 통합을 이루지 못했고 터키와 러시아는 서방의 경계선에 불확실하게 머물고 있다. 중국은 정치적·경제적·군사적으로 성장해 라이벌들에게 불안감을 조성하고 있다.

유럽연합의 발전 또한 가로막혔다. 2007년 경제 위기, 특히 남유럽에서의 위기는 유럽의 역량에 대한 환상을 깼다. 미국 중심의 서방 통합도 어렵다. 유럽연합 구성국들은 정치적 정체성을 공유하지 못한다. 공통된 글로벌 역할도 없다. 유럽연합은 향후 지정학적 분열에 직면할 것이다. 몇 나라는 러시아와 경제적 관계를 심화할 것이다. 독일은 갈수록 러시아와 특별한 관계를 구축하는 데 흥미를 보인다. 비스마르크의 오래된 아이디어다. 모든 유럽 국가들은 나토를 기반으로 한 집단 안전보장에 진지한 자세를 보이지 않는다.

유라시아 대륙에서 지정학적 위협이 발생할 지역은 이집트의 수에즈운하, 중국 서부 신장, 구소련 변경인 러시아 남부 코카서스 지역, 중앙아시아 독립국이 될 것이다. 아프가니스탄 문제, 이란 문제, 이스라엘-팔레스타인 문제의 해결도 긴요하다. 이스라엘과만 협력해

문제를 해결하는 건 위험하다.

터키는 유럽이 카스피해와 중앙아시아의 오일과 가스에 접근하는 걸 도울 수 있다. 민주주의적 터키가 서양에 더 뿌리를 내린다면 불안한 중동으로부터 유럽을 보호하는 보호막이 될 것이다. 하지만 실현 가능성은 불확실하다. 유럽연합에서 배제되면서 원한을 품고 있는 터키는 더 공격적인 이슬람주의 혹은 비민주적 군사 체제로 갈 가능성이 있다. 미국과 유럽은 각별한 노력을 기울여 터키와 러시아를 더 큰 협력의 틀 안에 수용해야 한다.

소련 해체 후 20년이 지났지만 러시아의 정체성은 모호하다. 여전히 과거를 그리워하며 지정학적 야망을 실현하려고 한다. 러시아의 다수 엘리트는 중부유럽이 유럽연합에 통합되는 걸 싫어하고 나토에 가입하는 걸 혐오한다. 한편으로는 중국이 러시아 극동에서 힘을 키워가는 것에 대해 우려한다. 러시아의 정치 엘리트들은 미국으로부터 벗어난 유럽에서 지배적 파워가 되길 원하고 미국과 동등한 세계 대국이 되길 원한다. 유라시아주의, 슬라브연합Slavic Union, 심지어 중국과의 반서방연합을 구상한다. 러시아-중국 연합을 구성해 미국에 대항할 수는 있다. 하지만 러시아가 하급 파트너가 될 것이다. 이는 러시아에게도 불리하다. 중국의 부상, 미국의 여전한 파워, 인구 감소, 국내 이슬람 인구의 문화적·종교적 소외, 경제적 낙후 등이 방대한 영토와 자원에도 불구하고 러시아의 야망 실현에 제약이 된다.

중앙아시아는 러시아 혹은 중국의 압도적 지배를 받기 원하지 않는다. 세계도에서도 중앙에 위치한 중앙아시아를 지배하려는 칭기즈

칸, 히틀러, 스탈린의 시도는 모두 오래가지 못하거나 실패했다.

아시아는 세계 GNP의 24.7퍼센트, 세계 인구의 54퍼센트를 차지한다. 아시아는 통일되지 않고 정치, 종교, 문화, 인종이 매우 다양하다. 현재 아시아는 세계의 상호 의존적인 통상으로 번영을 이루어냈고 분쟁 가능성도 낮아졌다. 하지만 동양의 많은 나라들은 상호 적대적이다. 대중들의 에너지가 분출하는 강렬한 민족주의는 20세기 유럽을 연상시킨다.

중국의 성장은 미국의 현재 위상에 중대한 도전이 될 것이다. 현 단계에서 중국의 전략적 목표는 우선 중국이 포위될 위험을 줄이는 것이다. 미국, 일본, 한국, 필리핀으로 이어진 포위망을 약화시켜야 한다. 중국이 말라카해협을 지나 인도양을 거쳐 중동 아프리카, 유럽 등으로 가는 통로를 확보하는 것은 매우 중요하다. 이 통로가 막히면 경제에 치명적이다. 러시아나 중앙아시아 육로를 통해 유럽과 교역하는 통로는 아직 활용 가능성이 거의 없다. 중국, 일본, 한국 간 자유무역지대 창설 등 동아시아 공동체를 설립하고 아세안에서 우호적 위상을 확보해야 한다. 동시에 미국을 아시아에서 전면적으로 배제하지는 못해도 미국을 견제하는 수단을 확보하는 것도 목표 중 하나이다.

또 파키스탄을 인도의 대항마로 육성하고 이를 통해 아라비아해와 페르시아만으로의 안전하고 가까운 통행로를 확보하려고 한다. 중앙아시아와 몽고에서 러시아보다 우월한 경제적 영향력을 확보하고 용이하게 자원 확보를 하는 것도 또 다른 목표이다. 중동, 아프리카, 남미에서 광물자원, 농산물, 에너지를 확보한 다음 중국 상품의 시장

점유율을 확대하고 중국에 우호적인 정치적 기반을 형성하는 것 역시 중요한 전략 중 하나이다.

'조화로운 세계harmonious world'라는 슬로건을 내걸고 중국이 다시 세계의 슈퍼 파워가 되고 심지어 미국을 대체하려는 욕망을 드러내고 있다. 조화와 상생은 중국이 세계에 발신하고 있는 메시지이다. 소련식 계급투쟁 대신 유교와 불교 전통을 내세운 것이다. 하지만 중국에도 극심한 빈부격차, 도시의 불안정, 부패, 실업, 사회적 신뢰 상실 같은 위협 요소가 있다. 중국이 인내심을 잃고 공격적으로 승리만을 추구하며 민족주의에 빠진다면 위험에 빠질 수도 있고 고립될 수도 있다.

한편 미국은 한국, 일본, 필리핀, 싱가포르, 인도네시아, 베트남 등과 긴밀하게 유대하여 동아시아에서 상당한 지정학적 존재감을 유지해야 한다. 이를 통해 미국은 아시아의 경제와 금융에 계속 관여하고 중국의 그림자에 가려질 동아시아 국가들의 자신감을 고취하는 데 도움을 줄 수 있다.

20세기에 세계의 중심이었던 유럽과 달리, 아시아는 아직 세계의 중심은 아니다. 어느 국가도 아직은 아시아의 지배적 강대국으로 등장하지 못했다. 과거 유럽과 현재 아시아는 닮은 데가 있다. 부상하는 중국이 과거의 독일, 이를 불안해하는 프랑스가 현재의 인도, 영향력 있지만 역외에 있던 영국이 현재의 일본이다. 아시아 국가들 간에 전쟁이 발발하면 영향력 있는 외부 강대국의 개입은 피할 수 없다.

미국의 선택

미국이 인프라를 개선하고 기술혁신을 이루어내고 정치적 마비 상태를 극복한다면 부상하는 중국에 대응할 자신감을 회복할 수 있다. 인도를 지원하며 한국, 일본과 강한 연대를 유지하고 중국과 쌍무적 협력을 확대하는 것이 새롭게 부상하는 동아시아에 대한 영향력을 확보하는 길이다.

러시아는 서방의 분열을 가속화하려 한다. 우크라이나를 흡수해 제국주의적 야망을 다시 점화하려 하는데 이는 국제적 혼란을 초래할 것이다. 경제적 이익 때문에 독일과 이탈리아가 러시아와 접근하고 영국과 미국, 영국과 프랑스가 더 가까워질 수 있다. 폴란드와 발트 3국은 미국에 더 의존할 것이다. 비전은 사라지고 점차 분열하는 유럽이 될 가능성이 있다. 서방이 이렇게 분열하면 글로벌 패권을 놓고 중국과 자신 있게 경쟁하기 어렵다.

아시아의 안정을 이루려는 미국의 노력은 실패할 수 있다. 미국을 값비싼 전쟁으로 몰아넣을 수도 있다. 20세기 유럽에서 발생했던 역사가 반복될 가능성도 있다. 미국이 인도와 반중국 연합을 결성하거나 반중국 목적으로 일본의 군사대국화를 조장한다면 이는 미중 간에 위험한 원한을 낳을 것이다. 미국은 한국, 일본을 제외하고는 아시아에서 일어나는 강국들 간의 분쟁에 개입해선 안 된다. 아시아에서 새로운 강자들이 부상하면서 글로벌 파워는 분산되고 있다. 현재 세계는 하나의 대국이 지배하기가 힘든 상황이다. 미국이 다시 혁신하여 새롭게 재충전된 서방의 리더로 자리 잡고 동방에서는 균형자이자 조정자로 위치하는 것이 안정적 글로벌 질서를 구축하는 길이다.

브레진스키는 《전략적 비전》에서 미국의 일극 체제가 무너지고 세계가 한층 더 다극화되는 과정을 치밀하게 살피고 미국이 새 시대에 맞는 역할을 수행하기 위한 구체적 조언을 하고 있다. 그의 냉철한 분석은 여전히 유효하다.

글로벌 재조정을 향하여

이어 2016년 4월 17일 브레진스키는 〈글로벌 재조정을 향하여To- ward a Global Realignment〉라는 논문을 발표한다. 그는 새로운 국제 질서에 대해 진단한다.

미국은 더 이상 글로벌 제국이 아니고 어느 나라도 더 이상 지배적 대국이 아니다. 유럽은 현재도 미래도 글로벌 파워가 아닐 것이다. 중국은 미국과 동등한 위치 혹은 경쟁자로 꾸준히 부상했다. 중국은 과거 러시아와의 불행했던 문제를 시정하려 할 것이다. 러시아는 더 이상 제국이 아니라 일개 국민국가가 됐다. 우크라이나, 벨라루스, 조지아, 발트 국가들, 남서부 이슬람 지역 주민들과도 거리가 멀어졌다. 러시아는 유럽에 통합되어야 주요 국가로 영향력을 확보할 수 있다. 그렇지 않으면 중국으로부터 영토, 인구 측면에서 압력을 받을 것이다.

이슬람권은 식민지 시대에 억압받은 역사에 대해 정치적으로 자각함으로 새로운 세력이 됐다. 이슬람권뿐만 아니라 비서방 지역의 대중들도 새롭게 각성했다. 중국은 중앙아시아의 독립국, 동남아시아의 이슬람 국가, 특히 파키스탄이나 이란과의 관계를 강화해 지역 위상을 높이려 할 것이다. 분열되고 불안한 유럽의 여러 나라는 서로 경쟁하며 다른 후원자를 찾게 될 것이다. 최강 3대국인 미국, 중국, 러시아와 개별적인 협상을 할 것이다. 미국은 고립주의로 빠질 위험이 있다. 러시아는 중국 주도의 질서에 편입될 가능성이 있다. 중국은 미국, 일본, 인도 등과 전쟁을 할 위험이 있다.

미국이 초강대국인 시대는 끝났다. 새로운 군사기술의 발전으로 다른 국가들도 미국에 대항할 수 있게 됐다. 미국의 군사력이 상대적으로 약해지면서 글로벌 리더로서의 역할은 끝나고 그 결과 세계적 혼란이 뒤따를 것이다. 따라서 두 잠재적 경쟁자 중 적어도 하나와 연합해 지역적으로나 세계적으로 안정을 추구해야 하고 가장 위험한 국가에 대항해야 한다. 현재 가장 위험한 국가는 러시아이지만 장기적으로는 중국이다. 향후 20년이 지나면 새로운 질서가 출현할 것이다.

이 논문은 브레진스키가 미국의 입장에서 국제 질서에 관해 전략적 관점을 담은 마지막 주요 글이다. 경쟁국인 중국이나 러시아 중 하나와 연합해서 안정을 구축해야 한다는 그의 조언은 지정학적 사고의 핵심이다. 그러나 현재 미국의 정책은 브레진스키의 조언과는 거리가 멀다.

브레진스키의 체스 게임은 여기서 멈춘다. 1997년 브레진스키는 유라시아 대륙을 거대한 체스판으로 보고 미국이 드디어 이 체스판을 지배하게 됐다고 선언했으나 그로부터 20년이 지난 후 그는 유라시

시리아에서 퍼레이드 중인 이슬람 무장세력.

아는 더 이상 어느 한 대국이 지배할 수 있는 체스판이 아니라고 선언
한다. 일극unipolar 시대에서 다극multipolar 시대로 이전한 것이다. 유
라시아는 체스보다 훨씬 더 많은 경우의 수를 고려하며 전략적 사고
를 해야 하는 바둑판이 됐다. 거대한 바둑판인 유라시아를 뒤로 하고
2017년 5월 26일 브레진스키는 89세의 나이로 세상을 뜬다.

7

러시아

제국의 추억

SEA POWER
LAND POWER

1917년 11월 7일 러시아혁명 후 내전을 거쳐 1922년 12월 30일 성립한 소비에트 사회주의 공화국 연방이 69년 후인 1991년 12월 26일 붕괴됐다. 최초이자 최대의 사회주의 국가이며 공산주의 진영의 맹주였던 소련이 해체됨에 따라 독립한 15개 신생 공화국이 새로이 국제사회에 등장했다. 소련에 비해 규모가 작은 러시아 연방이 소련의 지위를 승계했다. 소련의 붕괴로 인해 냉전은 완벽하게 종료됐다.

러시아 대통령 옐친은 사유화와 경제자유화를 강력하게 추진했다. 그러나 1998년 러시아 정부는 재정 부족으로 모라토리움을 선언하기에 이르렀다. 실업과 국민 생활수준 저하가 심각해진 가운데 1999년 분리 독립을 요구하는 체첸 반군의 활동이 거세졌다. 이러한 위기 상황에서 푸틴은 옐친의 천거로 총리가 됐다. 1999년 12월 31일 옐친이 대통령직을 사임하고 푸틴을 대통령권한대행에 임명함으로써 푸틴 시대가 시작됐다.

2014년 3월 31일 미국의 《포린어페어스》에 안톤 바르바신Anton Barbashin과 한나 소번Hannah Thoburn이 〈푸틴의 브레인Putin's Brain〉이라는 제목의 글을 발표한다. 푸틴의 브레인으로 지목된 사람은 알렉산

1991년 8월 19일 러시아 의회 앞 탱크 위에 서 있는 보리스 옐친.

더 두긴이다.

소련의 몰락을 20세기 최대의 지정학적 재앙이라고 믿는 러시아 인들이 있었다. 그중 한 명이 알렉산더 두긴이다. 1991년 무렵 두긴은 소련 강경파의 이론가가 됐다. 그해 8월 소련 공산당 보수파에 의한 쿠데타가 실패해 두긴은 무직 상태로 지낸다. 1993년부터 1998년 사이 두긴은 러시아 민족주의 진영의 거목인 에두아르드 리모노프Eduard Limonov와 협력해 새로운 내셔널 볼셰비키 운동(이후 내셔널볼셰비키당, NBP)을 시작하고 사회주의와 극우 이데올로기를 종합한 이론을 주장했다. 강경파와의 관계나 유력한 군 지도자들과의 인맥 덕분에 두긴은 러시아 연방군 군사 아카데미 강사로서의 일자리를 얻었다. 1990년대 후반 그는 러시아 전체 극우 운동의 사상적 리더가 됐다.

알렉산더 두긴.

두긴은 1997년 저서 《지정학의 기초: 러시아의 지정학적 미래The Foundations of Geopolitics: The Geopolitical Future of Russia》를 출간하고 이는 즉시 베스트셀러가 된다. 특히 군인들 사이에서 큰 주목을 받았다. 이 책은 두긴이 군사 아카데미에서 강의한 자료를 기초로 쓴 것이다. 여기에 장군들의 견해를 반영하고 파리와 밀라노에서 온 초청 연사들의 강의 내용을 참고해 정리한 것이다. 러시아 국방장관을 지낸 이고르 로지노프Igor Rodionov 장군의 지원도 컸다. 그는 매파 중의 매파로 알려진 강경파 군인이었다. 두긴은 러시아군과의 인연을 숨기려 하지 않았다. 군과의 관계는 두긴의 저작에 일종의 공적인 권위를 부여했다.

지정학의 기초

두긴에 의하면 지정학은 사회와 역사를 해석하는 이론이다. 마르크스주의나 자유주의 같은 하나의 세계관이다. 매킨더의 이론을 그대로 수용한 두긴의 지정학은 시파워와 랜드파워의 이원론을 바탕으로 한다. 도시국가인 카르타고로 상징되는 시파워는 민주주의, 개인주의, 해양 무역, 유동성, 혁신을 특징으로 하는 문명이다. 현재는 시장경제, 자본주의, 리버럴리즘의 국가인 미국이 승계했다.

로마제국으로 상징되는 랜드파워는 권위주의, 집단주의, 내륙 무역, 부동성, 보수성을 특징으로 한다. 계획경제, 사회주의, 마르크스주의의 국가인 소련이 그 승계자이다. 인류 역사는 이 시파워와 랜드파워의 투쟁이고 신카르타고 미국과 신로마 소련의 패권 투쟁으로 현대에 이어졌다.

두긴에 따르면 현대 지정학은 서방과 동방이 가진 대극적 가치관의 대립이다. 물질적·기술적 발전, 자유민주주의적 조류, 개인주의, 인도주의적 세계관, 진보, 진화, 인권, 자유 시장, 자유주의경제 같은 서방의 가치는 동방에서 부정된다. 동방에서는 전체주의, 사회주의, 권위주의, 비개인주의가 더 지배적이다. 사회, 국민, 민족, 이념, 세계관, 종교, 지도자 숭배 등이 우위에 있다. 돈의 법에 묶인 서방에 비해 동방은 이념의 법 위에 서 있다. 서방과 동방의 대립은 바다와 육지의 대립이다. 두긴은 바다와 서방을 대표하는 조류를 대서양주의 Atlanticism라고 부르고 육지와 동방을 대표하는 조류를 유라시아주의

Eurasianism라고 부른다. 이제 시파워와 랜드파워의 대결은 대서양주의와 유라시아주의의 대결로 치환된다. 이 둘의 대립은 근원적이다.

대서양주의의 지정학적 발전은 1990년대에 이르러 정점에 달해 소련 해체에 이른다. 소련의 붕괴는 이데올로기나 경제 시스템의 파탄 때문이 아니라 지구 차원의 지정학적 투쟁에서 패배한 것이다. 승리한 대서양주의는 소련 붕괴 후에도 '문명의 충돌'로서 대립이 지속된다는 새뮤얼 헌팅턴Samuel Huntington의 비관론과 서양 문명의 승리로 세계가 일체화해 '역사가 끝났다'고 선언한 프랜시스 후쿠야마 Francis Fukuyama의 낙관론으로 나뉜다.

러시아인은 역사적으로 제국인이고 민족국가나 지역적인 소국에는 어울리지 않는다. 모스크바는 제3의 로마이다. 기독교를 승계한 중심은 로마로부터 콘스탄티노플 그리고 모스크바로 옮겨 갔다는 16세기 교설에 따른다. 타타르의 속박으로부터 해방된 러시아가 동방의 요소를 체내에 흡수해 칭기즈 칸의 후예로서 강력한 중앙집권 국가를 만들었다는 역사 인식은 1920년대 유라시아주의와 통한다. 정통 기독교를 승계한 러시아만이 인류를 구제할 수 있다는 메시아주의는 소비에트 시대를 포함해 러시아에 연면한다. 서양 문명의 지배로부터 세계를 해방시키겠다는 두긴은 러시아 메시아주의를 충실히 답습한다.

냉전에 패해 대국의 자존심에 상처를 입은 러시아 엘리트의 전형적 반미 감정은 두긴에 의해 그 정점에 이른다. 나토의 동진 및 미국의 일극 지배에 대한 반감을 넘어 세계를 지배하는 문명으로서의 미국에 대한 위기감과 두려움이 깔려 있다. 랜드파워와 시파워의 대결은 이데올로기와 무관하다. 미국은 지정학적 분석에 기해 민주적 러시아를 잠재적 적으로 간주하고 그에 상응하는 군사 독트린을 정착시켰다. 반면 러시아는 지정학에 반하여 표면적 이념에 포획당해 미국과 나토 제국을 잠재적 적으로 보지 못했다. 소련이 바르샤바조약기구를 해산하고 동독이나 아프가니스탄으로부터 철수해도 결코 서방진영 일원으로는 보이지 않는다. 나토의 동방 확대나 미국의 일극 지배가 강화되는 상황은 러시아가 지정학적 세계관을 결여한 결과라고 두긴은 지적한다.

두긴은 랜드파워를 대표하는 소련은 패배했지만 계승자 러시아가 새로운 유라시아 블록을 만들어 시파워 미국 및 나토의 일극 지배에 대항하고 과거 미소 대립과 같은 새로운 양극 구도를 형성하는 것이 신유라시아주의의 목표라고 여긴다. 시파워 미국은 러시아가 위치하는 하트랜드를 제압하기 위해 림랜드를 확보하려고 한다. 러시아는 이를 허용해서는 안 되며 림랜드에 해당하는 유라시아 대륙의 연해지대에 위치하는 국가들과 연대해야 한다. 미국에 대항하는 유라시아제국을 만들어야 한다는 것이다.

두긴은 유럽이 미국 지배에서 벗어나도록 유럽통합을 지원해야하고 러시아-독일을 축으로 중부유럽과의 연대를 강화해야 한다고 주장한다. 또한 러시아-독일 연대에 참여하는 독일에게 그 대가로 칼리닌그라드주를 반환하자고 제안한다. 러시아와 독일은 모든 쟁점을 협력해서 결정해야 한다. 프랑스-독일 블록 형성도 매우 중요하다. 다만 영국은 제외된다. 그 밖에도 중부유럽과 동유럽에 위치한 프로

테스탄트 및 가톨릭 국가 대부분에 대한 독일의 지배권을 인정한다. 핀란드는 러시아에 병합한다. 발트 3국 중 에스토니아만 독일 영향권에 남기고 라트비아, 리투아니아는 유라시아-러시아에 귀속시킨다. 폴란드에겐 특별 지위를 부여한다. 동방정교회의 영향권에 속하는 집단주의적 동유럽 국가들은 제3의 로마인 러시아와 결합해야 한다. 루마니아, 마케도니아, 세르비아, 그리스가 이에 포함된다. 소련에 속했던 벨라루스와 몰도바 역시 러시아 남부에 귀속한다. 우크라이나는 주로 가톨릭교도가 많은 서부의 3개 지역을 제외하고 유라시아-러시아에 통합되어야 한다. 그러나 독일이 주도하는 유라시아 서쪽 블록에 대한 조치들은 모두 잠정적이다. 그는 궁극적으로는 전 유럽이 핀란드화Finlandization 되어야 한다고 주장한다.

동아시아의 핵심은 모스크바-도쿄로 연결되는 축이다. 거기에는 미국이 공통의 적이라는 사실이 전제되어 있다. 두긴은 러시아가 이 구상에 동참하는 대가로 일본에게 쿠릴열도를 반환하자고 제안한다. 1930년대 일본이 추진했던 새로운 질서를 태평양에 창출하도록 일본을 고무하자는 것이다. 또 다른 동맹은 인도이다. 중국을 견제하고 분할하기 위해 인도가 러시아와 협력할 수 있다고 보았다. 남북한과 베트남도 이에 동참하도록 유도해야 한다고 말한다. 다만 몽고는 러시아의 전략적 동맹으로 유라시아-러시아에 흡수되어야 한다고 보았다.

중국은 유라시아-러시아에 엄청난 위협이다. 서방과 타협해 경제성장을 하고 있는 중국은 두긴이 보기에 대서양주의의 허드레꾼으로 변하고 있었다. 두긴은 미래에 중국이 카자흐스탄이나 시베리아 등의 북쪽으로 진출할지 모른다고 두려워한다. 중국은 러시아 남부에 있는 가장 위험한 지정학적 이웃이라는 것이다. 중국의 위협 때문에 두긴은 중국이 분할되어야 한다고 주장한다. 러시아에게는 티베트, 신장, 몽고, 만주가 안전보장 벨트이다. 러시아는 전력을 다해 이지역을 중국으로부터 분할해야 한다. 신장과 티베트가 없으면 중국이 카자흐스탄과 시베리아로 진출할 수 없기 때문이다. 따라서 북쪽 지역을 상실한 대가로 중국이 남쪽으로 진출하게끔 유도해야 한다. 베트남을 제외한 인도차이나, 필리핀, 인도네시아, 호주 등의 지배권을 중국에게 인정하자는 것이다. 그러나 2001년 인터뷰에서 그는 한발 물러나 중국에 대해 좀 더 우호적인 입장을 취한다. 중국에 대한 푸틴의 정책을 배려한 듯하다. 하지만 근본적으로는 여전히 일본, 이란, 인도와의 관계가 중국보다 더 중요하다고 계속 주장한다.

두긴의 구상 중 가장 야심적인 부분은 유라시아 남부이다. 핵심은 모스크바-테헤란 축이다. 대륙적인 러시아와 이슬람의 연대는 반대서양주의 전략의 기초라고 강조한다. 이슬람 전통에서 미국과 종교는 정신적으로 양립 불가능하다고 보고 대서양주의 역시 이슬람 세계를 잠재적 적으로 인식한다. 이란과의 동맹이 필요한 이유는 세속적 터키와 위험한 와하비즘을 신봉하는 사우디아라비아와의 투쟁에 이슬람동맹이 필요하기 때문이다. 이 동맹으로 러시아는 인도양에 자신들의 숙원인 부동항을 얻을 수도 있다. 그렇게 되면 코카서스 전부, 카스피해 동북부(카자흐스탄, 투르크메니스탄 영토), 중앙아시아(카자흐스탄, 우즈베키스탄, 키르기스스탄, 타지키스탄)뿐 아니라 몽고까지 모두 러시아권에 귀속된다. 러시아 이남은 이란 그리고 아르메니아와 나눈다. 아르메니아는 터키가 동북쪽으로 침공하는 걸 저지하는 전략 기지이다. 따라서 모스크바-예레반-테헤란 축을 만들어야 한다. 아제르바이잔은 친터키 성향 때문에 분할해 이란, 러시아, 아르메니아에 분배하거나 이란에 묶어두어야 한다. 터키는 내부에 지정학적 쇼크를 조성해 미국, 중국처럼 처리해야 한다. 터키는 분할되어 러시아, 이란, 아르메니아에 분배될 수도 있다. 당분간 터키는 남쪽으로만 진출해 바그다드, 다마스쿠스, 리야드 등 아랍 세계로 진출하게끔 해야 한다.

두긴은 비군사적 수단으로 유라시아에서 러시아의 지배권을 확립해야 한다고 주장한다. 체제 전복, 불안 조성, 허위정보전 등의 방법이 사용될 수 있다. 러시아의 가스, 오일, 기타 광물자원 등을 무기로 다른 국가들이 러시아를 따르도록 압력을 가하는 방법도 강구할 수 있다. 전쟁은 가능한 한 피하는 것이 바람직하다. 미국 내에서는 온갖 혼란과 분리주의를 촉진해야 한다. 동시에 미국 정치에서 고립주의 성향을 강화하는 것도 필요하다. 불안이 지속되어 미국과 영국이 유라시아와 아프리카에서 떠나도록 해야 한다. 유라시아로부터 쫓겨난 미국은 미주에만 영향력을 미치게 해야 한다는 것이다.

두긴의 목적은 단순하다. 먼저 러시아를 부활시키고 치밀한 외교를 통해 독일, 일본, 이란과 파트너십을 구축해 미국이 주도하는 러시아 봉쇄를 저지하겠다는 것이다. 두긴은 러시아 주도의 유라시아를 구축하기 위해 러시아가 민족주의에 갇혀서는 안 된다고 강조한다. 러시아는 '러시아 제국'이 아니라 '유라시아 제국'을 만들어야 한다는 것이다.

《지정학의 기초》는 출간된 1997년 당시에는 완전히 공상으로 가득 차 있는 책으로 여겨졌다. 당시 러시아의 GDP는 네덜란드보다 낮았고 러시아군도 제1차 러시아-체첸 전쟁 시 체첸 반군과의 전투에서 이기지 못하고 협상으로 강화를 맺어야 할 정도로 허약했다. 당시 러시아를 독일의 바이마르 시대와 비교하는 듯한 분석이 많았다. 두긴의 책은 바로 전간기의 독일을 과격하게 내몰아 무너뜨린 어두운 에너지가 러시아에도 대두했다는 증거가 됐다. 그럼에도 두긴의 《지정학의 기초》는 4판까지 모두 팔리고 군사아카데미 등에서 교과서로 채택됐다. 두긴의 책은 모스크바의 주요 서점 계산대 옆에 진열되는 특별 대우를 받았다. 후버 연구소의 러시아 전문가인 존 던롭John Dunlop은 냉전 이후 러시아에서 출판된 책들 중에서 군, 경찰 그리고 외교엘리트들 사이에서 이처럼 영향력을 가진 책은 없을 것이라고 평가했다.[1] 러시아 서점들에는 지정학 코너가 만들어졌고 러시아 연방의회는 지정학위원회를 만들었다. 거기에 극우의 블라디미르 지리노프스키Vladimir Zhirinovsky가 이끄는 자유민주당 의원들이 대거 참여했다. 영향력이 큰 올리가르히oligarch로서 킹 메이커라고 소문난 보리스 베레조프스키Boris Berezovsky는 1998년 "오늘의 영웅"이라는 방송 프로그램에 출연해서 '러시아의 운명은 지정학에 있다'고 했다.

---

1   John B. Dunlop, 〈Aleksandr Dugin's Foundations of Geopolitics〉, 《Demokrati-zatsiya》 Vol. 12, Issue 1, George Washington University, 2004.

1999년 두긴은 정치 주류와 연결됐다. 러시아에서 가장 보수적인 정치인 중 한 명으로 두 번이나 러시아 국회의장을 역임한 겐나디 셀레즈네프Gennadii Seleznev의 조언자가 된다. 그해 러시아 자유민주당의 리더인 블라디미르 지리노프스키의 천거로 두긴은 의회에 설치된 국가안보자문위원회Duma's Advisory Council on National Security의 지정학분과위원장이 된다. 2000년 초반 이후에는 두긴의 아이디어가 확산된다. 그 무렵 푸틴은 민주주의자에서 권위주의자로 태도를 전환한다. 푸틴의 보수화는 두긴에게 기회였다. 때때로 경제적 자유주의나 서방과의 협력을 이유로 푸틴을 비판하기도 했지만 두긴은 푸틴의 확고한 우군이었다. 2002년 그는 유라시아당을 만들었다. 두긴의 당은 국수주의적이고 민족주의적 성향의 유권자들에게 출구가 됐다. 2004년 우크라이나의 오렌지혁명 쇼크 이후 두긴은 유라시아주의청년동맹Eurasianist Youth Union을 결성해 애국적이고 반서방적인 교육을 추진한다.

두긴은 2005년 《세계도의 마지막 전쟁: 현대 러시아의 지정학Last War of the World-Island: The Geopolitics of Contemporary Russia》을 출간한다. 이 책에서 그는 고르바초프의 개혁, 소련의 붕괴, 옐친 집권 시대를 거치며 러시아의 지정학적 위상이 거의 재앙적 수준으로 후퇴했다고 한탄한다. 러시아의 역사적 방향이 정상화된 건 푸틴 집권 후라고 평가한다. 붕괴 과정의 진행이나 러시아의 궁극적 소멸이 중단되거나 최소한 연기됐다는 것이다. 그러면서도 푸틴 시대의 개혁이 긍정적이지만 가장 중요한 단점은 가역적이라고 우려한다. 언제든지 소비에트 시대 말기, 1990년대의 파괴적 절차를 다시 밟을 수 있다는 것이다.

그는 다극적 세계 구축을 위해 러시아가 주도적 역할을 해야 한다고 역설한다. 미국의 헤게모니를 약화시키기 위해서이다. 다면적인 글로벌동맹 시스템도 구축해야 한다고 조언한다. 러시아는 새로운 다극적 체제에서 다원적 문명, 가치, 경제구조 등을 제시해야 한다고 강조한다. 러시아의 주권을 현재 수준으로 유지하기 위해서라도 러시아가 좀 더 확장되고 강해져야 한다고 지적한다. 러시아는 새롭게 상승하지 않으면 쇠퇴할 것이고 지도상에서 소멸할 수도 있다고 경고한다. 결국 유라시아에서의 패권 전쟁은 거대한 전쟁이고 패배의 대가는 소멸이라는 것이다. 따라서 러시아에 유리한 유라시아 체제 구축을 위해 분발해야 한다고 강조한다.

2007년 푸틴은 뮌헨안보회의 연설에서 미국의 일극 지배를 비판하고 나토가 1990년 약속한 바와 달리 러시아 국경 부근까지 확장하고 있다고 강하게 비판했다. 일부에서는 푸틴이 냉전을 다시 시작했다고 우려했다. 하지만 두긴이 보기에 이것은 '유라시아 대륙의 대전쟁은 아직 끝나지 않았고 단지 다음 단계에 와 있다'는 푸틴의 자각을 보여준 것이었다. 두긴은 이를 적극 지지했다. 2008년 두긴은 모스크바 국립대학교의 교수가 됐고 러시아의 주요 텔레비전 프로그램에 출연해 국내외 이슈들에 대해 해설을 했다. 2011년 푸틴이 유라시아연합 Eurasian Union을 추진하기로 한 무렵부터 그의 위상은 더 높아졌다. 그의 지정학적 구도가 실현되어가고 있는 것처럼 보였다.

두긴은 2008년 러시아의 조지아 침공을 적극 지지했다. 조지아의 완전 점령을 갈망했던 그였다. 두긴은 2014년 크림반도 병합도 열광

2008년 모스크바에서 열린 독립국가연합CIS 정상회담.

2014년 3월 18일 크리미아 지도자들과 함께 크리미아병합협정에 서명 중인 푸틴 대통령.

적으로 지지했다. 푸틴에게 우크라이나 동남부를 침공하도록 촉구하기도 했다. 그에게 우크라이나 독립은 전체 유라시아에 엄청난 위협이었다. 두긴은 러시아의 점령에 반대하는 우크라이나인을 살해해도 좋다는 뜻으로 해석되는 발언을 했고 이로 인해 2014년 모스크바 국립대학교 교수직을 잃는다. 2015년 우크라이나 사태에 개입한 혐의로 미 재무부의 제재 대상 리스트에도 포함된다. 두긴의 이데올로기는 한 세대에 걸쳐 보수적이고 급진적인 행동가들과 정치인들에게 영향을 미쳤다. 그의 주장은 러시아가 서방의 이념과 거리를 두면서 신유라시아주의를 새로운 기반으로 삼을 가능성을 제시했다.

북극해 항로의 지정학

현실적 지리 공간에서 러시아의 잠재적 가능성이 부각되고 있다. 북극해 항로 개척으로 일어날 세계적 규모의 지각변동이 바로 그것이다. 콜럼버스가 연 대항해시대는 인류 역사에서 최대의 지정학적 변화를 일으킨 마지막 사건이었다. 교통 노선이 변화한 크기가 사상 최대였기 때문이다. 시파워의 관점에서 보면 북극해는 접근할 수 없는 곳이었다. 이 전제가 무너진 것은 냉전 직후 시작된 북극권 쟁탈전이다. 알렉산더 세베르스키는 에어파워의 관점에서 지정학적 논의를 시작한 인물이다. 러시아 출신의 미국인으로 전 조종사이자 기업인이다. 그는 미국과 소련의 냉전이 시작되자 이 양국 간 최단 거리를 잇는 북극해 상공을 '결정적인 영역The Area of Decision'이라고 명명하고 그 중요성

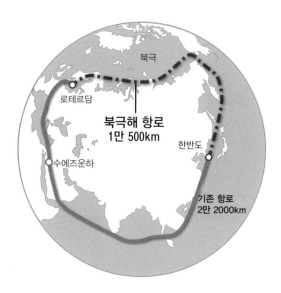

북극해 항로와 기존 항로의 비교.

을 알렸다. 이것이 계기가 되어 미국 디즈니가 만화영화를 제작했다. 그러나 북극권은 기본적으로 인간이 살 수 없는 불모지였다. 북극권은 대륙 간 탄도 미사일과 잠수함의 통로라는 군사적 역할밖에 하지 못했다.

그런데 이 북극해가 최근 큰 주목을 끌게 됐다. 두 가지 현상의 출현 때문이다. 하나는 해저유전 굴착 기술의 발전으로 자원을 채취할 가능성이 높아졌다는 것이다. 러시아는 북극해에 있는 석유와 천연가스 등 해저 자원에 큰 관심을 갖고 있다. 세계의 미발굴 가스 중 약 30퍼센트가 매장된 것으로 추정된다. 또 하나는 지구온난화로 북극해 얼음이 녹으면서 새로운 무역 루트가 출현했다는 것이다. 아직은 얼음이 녹는 여름 동안만이긴 하지만 본격화될 가능성이 높다. 이 새로운 교역로의 출현은 지정학적으로 큰 가능성을 내포한다. 북극해 항로는 3개의 루트가 있다. 러시아 쪽 동북 항로, 캐나다 쪽 서북 항로 그리고 북극점 근처를 가장 빨리 통과하는 항로이다. 제3의 루트는 중국이 개척을 노리고 있다고 한다. 현재 가장 많이 활용되고 있는 동북 항로를 사용하면 한국에서 유럽까지 거리가 중동의 수에즈운하 주변 경로와 비교해서 30~40퍼센트 정도 줄어든다고 한다. 연료는 20퍼센트 정도 감소한다. 실제로 여러 나라에서 시험 운행을 시작하고 있다. 북극해 루트를 통해 오일이나 가스를 운송할 경우 고비용의 파이프라인을 건설할 필요도 줄어든다. 이 경로의 또 한 가지 장점은 해적이 출현하고 치안이 나쁜 중동-동남아 항로를 사용하지 않는다는 것이다. 낮은 기온과 나쁜 기후만 극복하면 짧은 거리, 양호한 치안이라는 장점이 두드러진다. 북극해 항로가 활성화되면 말라카해협의 비중은 낮아진다. 말라카해협에 대한 통제권을 장악한 미국 시파워의 중요성도 감소함은 물론이다.

2030년 무렵이면 북극해는 여름에 많은 부분의 얼음이 녹는다. 2025년 무렵 교통량은 10배 증가해 8천만 톤에 이를 것으로 전망된다. 2018년 푸틴은 북극해를 진정으로 글로벌하고 경쟁적인 교통 동맥으로 만들겠다고 선언했다. 중국은 러시아와 그 밖의 국가 사이에 들어서서 이권을 얻을 수 있는지 살피고 있다. 하트랜드 점유자이자 최대의 랜드파워 러시아에게 북극해 항로와 북극해 자원이 더해지면 미래에 새로운 지정학적 변화를 가져올 것이다.

8

일본
접신의 지정학

SEA POWER
LAND POWER

일본은 중국 대륙 침략을 위해 1931년 9월 18일 만주전쟁을 일으켜 괴뢰국 '만주국'을 세웠다. 이후 중국 내륙으로 공격할 빌미를 찾고 있던 일본은 1937년 7월 7일 베이징 교외의 작은 돌다리인 노구교蘆溝橋에서 일본군과 중국군 사이에 일어난 작은 사건을 빌미로 일방적인 공격을 개시했다. 선전포고도 없었다. 중일전쟁이 본격적으로 시작된 것이다. 일본은 1937년 12월 중화민국의 수도 난징을 점령한 후 대학살을 자행했다. 중국 측의 국민당과 공산당은 내전을 중단했다. 일본의 공격을 먼저 막아내기 위해 국공합작國共合作을 이루고 항일抗日 전쟁을 시작했다. 일본은 중국의 항전 의지를 꺾지 못했고 전쟁은 교착상태에 빠졌다.

1933년 2월 24일 국제연맹이 일본군의 만주 철수를 요구하자 일본은 국제연맹 탈퇴를 선언하고 국제적으로 고립됐다. 중국을 무력으로 단기간에 제압하려고 했지만 여의치 않자 일본은 새로운 접근을 했다. 1938년 11월 3일 일본의 고노에 후미마로近衛文麿 수상은 중국 정부에 항일을 포기하고 신질서에 참가하도록 호소하는 '동아신질서東亞新秩序' 성명을 발표했다. 일종의 회유였다. 장제스는 12월 28일 '동

1937년 상하이에서 방독면을 쓰고 전투 중인 일본군.

1937년 7월 10일 항일전쟁을 선언하는 장제스.

아신질서'는 중국의 노예화와 세계의 분할 지배를 의도하는 것이라고 비판하고 이를 거부했다.

고노에 수상의 자문기구였던 쇼와연구회昭和研究会는 '동아신질서' 선언의 이론적 근거를 제공했다. 미키 기요시三木清, 오자키 호츠미尾崎秀実, 로야마 마사미치蠟山政道, 카다 테츠지加田哲二 등이 주요 멤버였다. 로야마 마사미치가 1938년 9월《개조改造》에 발표한 논문〈동아협동체의 이론東亜協同体の理論〉이 대표적이다.

로야마 마사미치는 서양에 대하여 동양이 동양으로서 각성해야 한다고 주장한다. 그는 동양이 서양 중심적인 사고에서 벗어나야 한다고 말한다. 중국과 일본 간에 대립이 발생한 것도 동양의 분할을 기도하는 서양 열강의 개입 때문이라는 것이다. 동양의 통일을 위해서는 민족주의를 초월해야 하는데 동양의 방위나 개발을 위한 지역주의를 통해 가능하다고 주장한다. 일정 지역의 민족들이 지역적 운명 공동체가 되는 것이다. 그런데 그는 이 동양의 연합과 통합에서 일본이 주도적 역할을 해야 한다고 주장한다. 동아협동체의 이론은 중일전쟁을 가져온 민족주의를 극복하고 서구적 보편주의의 소산인 국제연맹이나 9개국 조약 대신 일본이 중심이 되어 동아시아에 새로운 질서를 구축하려는 것이다. 그의 동아협동체론은 지역과 협동이라는 두 개념이 핵심인데 레벤스라움, 즉 민족생활권이라는 독일지정학의 핵심 개념을 수용했다.[1]

일본에 지정학이 처음 소개된 것은 1920년대이다. 일본이 국제연맹에서 탈퇴한 후 서방세계와의 관계가 악화된 1938년에 이르러 지정학이 일본 학계의 주목을 받고 인기를 얻기 시작했다.[2] 로야마가 독일지정학에 관심을 집중한 것은 1934년 고노에 수상을 동행해 미국을 방문한 직후이다. 일본이 국제연맹에서 탈퇴한 시점이다.[3] 로야마 마사미치는 지정학을 이용해 동양과 서양의 역사적 차이를 설명할 수 있다고 믿었다. 로야마 마사미치에게 중일전쟁은 성전이 된다. 영토적 야심이 아니라 동양을 통합해 항구적 평화를 구축하기 위한 도덕적 목적을 구현하려고 한 것이기 때문이다.

독일지정학의 하우스호퍼는 일본인들에게 새로운 세계 질서를 구축하라고 고무했다. 1920년대 초부터 하우스호퍼의 글이 일본 신문에 게재됐다. 1920년대 중반 무렵에는 지정학에 관한 서평과 해설이 일본에 출현했다. 1930년대 후반에서 1940년대에는 본격적으로 하우스호퍼 붐이 일어났다. 이 시기에 그의 일본 및 동아시아 관련 저서 대부분이 번역됐다. 특히 그의 대륙블록론이나 태평양지정학에 대한 해설서가 출간되고서 하우스호퍼의 이론이 일본에 확산됐다. 하우스호퍼는 이미 1931년부터 범지역주의를 주장하고 범아시아 지역의 주도적 지위를 일본에게 부여했다. 로야마는 이 독일지정학의 아이디어를

1   楡井洋介, 〈蠟山政道の '東亜共同体論' にみる戦時下自由主義知識人の思想〉, 《国際学論集 第32号》, 上智大学国際関係研究所, 1994.

2   Atsuko Watanabe, 〈Greater East Asia Geopolitics and Its Geopolitical Imagination of a Borderless World: A Neglected Tradition?〉, 《Political Geography》 67, 2018.

3   Atsuko Watanabe, 《Japanese Geopolitics and the Western Imagination》, Palgrave Macmillan, 2019, p. 190.

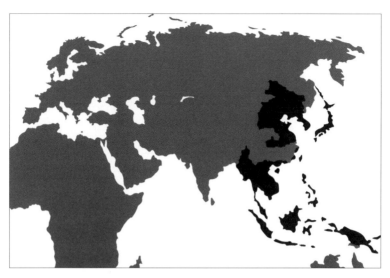

가장 확장된 대동아공영권.

그대로 반영했다.[4] 일본의 전체주의와 군국주의에 영감을 얻어 독일 지정학을 정립한 하우스호퍼의 이론이 역으로 일본의 팽창주의를 강화시키는 데 쓰인 것이다.

　로야마 마사미치의 지정학은 국가들 사이에 공동 번영하는 평화를 주장하는 이상적 이론이다. 그러나 로야마가 주장하는 아시아는 그의 상상 속에 있는 것일 뿐 당사자인 아시아인들의 동의를 얻은 적이 없다. 아시아인을 억압에서 구원하는 게 일본의 운명이라고 주장하지만 다른 아시아인들은 일본을 투쟁의 대상으로 인식했다. 동아협

4　　Atsuko Watanabe, 같은 책, p. 196.

동체론은 현실적 기초가 없는 공허한 것이었다.

1940년 7월 제2차 고노에 내각이 성립하면서 무력남진론과 함께 동아협동체의 슬로건은 대동아공영권大東亞榮圈으로 바뀌었다. 대동아공영권은 일본을 맹주로 하는 동아시아의 광역 블록화이다. 일본, 중국, 만주를 중축으로 하여 프랑스령 인도차이나, 태국, 말레이시아, 보르네오, 네덜란드령 동인도, 미얀마, 호주, 뉴질랜드, 인도를 포함하는 광대한 지역의 정치적·경제적인 블록화였다. 일본, 만주, 중국을 하나의 경제 공동체로 만들고 동남아시아를 자원 공급지로 하고 남태평양을 군사적 방어선으로 삼으려 한 것이다. 실제로 대동아공영권에서 일본이 한 일은 피점령국의 주요 자원과 노동력을 수탈하는 것이었다.

진주만 공습 직후인 1941년 12월 10일에는 이 전쟁을 대동아전쟁으로 부르기로 하고 같은 달 12일에는 전쟁 목적이 '대동아 신질서 건설'에 있다고 내세웠다. 대동아공영권 건설은 일본의 전쟁 도발을 정당화하기 위한 슬로건이 됐다. 이 슬로건의 정당성을 제공하기 위해 본격적으로 지정학이 이용된다. 이렇게 특유의 일본지정학이 등장한다.

일본지정학

일본 육군 참모본부의 다카시마 타츠히코高嶋辰彦 대령은 전사와 전법을 담당하는 과장 대리였다. 그는 근대 자유주의의 사슬을 끊어 내고 일본을 중심으로 하는 신세계 창조 이념을 확립해야 한다고 인식했다. 이를 위해 군사, 정치, 외교, 경제, 사상, 학술, 과학 등 분야를 망라한 전 세계에 대한 유기적 총력전을 수행해야 한다고 믿었다. 황도皇道의 이름 아래 '세계 신질서의 건설', 즉 '팔굉일우八紘一宇의 실현'을 해야 한다는 것이다. 다카시마는 1938년 3월에 참모본부의 외곽단체로 총력전연구실을 설립하고 다음 해 이름을 국방연구실로 바꾼다. 그리고 국방연구실의 외곽단체로 종합지리연구회를 만든다.[5] 일명 '요시다 모임吉田の会'이다.

종합지리연구회는 동양 대륙 및 태평양, 인도양 연안 지리를 연구했다. 아시아 여러 지역을 일제가 점령한 후 이 지역들에 대한 지배 전략을 수립하기 위해 아시아의 지지地誌가 필요한 시기였다. 지정학적 지지는 전 일본인을 대상으로 세계에 대한 시야를 넓히고 전쟁의 의미를 깨닫게 해주는 역할을 하는 하나의 사상전이기도 했다.

이 종합지리연구회의 핵심적 인물인 코마키 사네시게小牧実繁가 일본지정학을 정립했다. 그는 1898년 시가현 오츠시에서 태어나 1919년 교토 제국대학교에 입학해 지리학을 전공하고 1922년에 졸업한다. 이후 1937년 문학박사 학위를 취득하고서 1938년 3월 교수로 취임했다. 그의 학문적 관심은 해안 연구, 고고학, 민속학, 민족학, 선사·역사 지리학으로 확대된다. 그가 교토 제국대학교 지리학 교실의 관계자와 함께 구성했던 요시다 모임은 1938년부터 1945년까지 일본지정학이

5   柴田陽一, 〈アジア・太平洋戦争期の戦略研究における地理学者の役割〉, 《歷史地理学 第49巻 5号》, 京都大学, 2007, p. 5.

라는 이름 아래 다면적인 활동을 전개했다. 1940년《일본지정학선언
日本地政学宣言》을 간행한 후 코마키는 제2차 세계대전 개전과 함께 일본
지정학을 본격적으로 전개한다.《일본지정학선언》으로 인해 그는 지
정학의 제1인자로 불렸다.[6] 개전 후 코마키의 지정학 관련 글 발표 수
는 비약적으로 증가했고 이와 함께 그는 프로파간다적 활동을 벌였다.

1933년 국제연맹 탈퇴 후 국제적으로 고립된 일본 내에서는 감정
적·낭만주의적 아시아 회귀론이 제창됐다. 서양 근대 문명의 한계를
지적하면서 서구에 대한 안티테제로 동양이 대비됐다. 또 황국 일본
의 가치, 황국 일본 신민으로서의 자각이 강조됐다. 1937년 7월 중일
전쟁이 시작되고 같은 해 9월에는 전쟁 협력 강화 운동인 국민정신총
동원운동이 시작된다. 코마키는 자신의 지정학으로 일제에 도움이 되
고자 했다.

그는 중국을 오늘과 같은 정세에 빠뜨린 배후 세력을 타도하는 것
외에는 중일전쟁을 근본적으로 해결할 수 있는 방법이 없다고 생각했
다. 배후 세력은 영국을 수괴로 한 미국, 프랑스 등의 기득권 세력과
소련이다. 그는 만주 침공을 '현상유지적 세력에 대한 일본의 통렬한
반격'이라고 인식했다. 즉 제1차 세계대전 후 베르사이유 체제, 워싱
턴군축회담, 영일동맹 파기와 각종 경제 공세에 시달려온 일본이 처
음 반격의 서막을 연 것이라는 것이다.

---

6   柴田陽一,〈思想戦と"日本地政学": 小牧実繁のプロパガンダ活動の展開とその社会的影
響〉,《人文学報》第105号, 京都大学人文科学研究所, 2014, p. 80.

전간기 일본지정학에는 두 개의 대립하는 흐름이 있었다. 도쿄학파와 교토학파이다. 도쿄 측에서는 1941년 진주만 기습 얼마 전 이이모토 노부유키飯本信之 교수와 우에다 요시타케上田良武 해군 중장이 중심이 되어 일본지정학협회를 설립한다. 150여 명 내외의 학자, 민족주의자, 군인, 정치인 등이 참여했다. 일본지정학협회 내부에서는 하우스호퍼의 독일지정학과 접촉하는 것을 꺼념치 않았다. 도쿄학파로서는 교토학파의 신화적·국가주의적 국가관(소위 '국체'관)보다는 하우스호퍼의 이론이 합리적이라고 보았기 때문이다.

지리학이 실천성을 회복하기를 바라던 코마키도 독일지정학에 주목했다. 코마키는 1924년에 이미 독일지정학을 접했다. 이때는 후지츠 치카오藤津親雄나 이이모토 노부유키가 일본에 서양의 지정학을 소개한 시기이다. 1930년대 중반 무렵 요네쿠라 지로米倉二郎, 마츠이 타케토시松井武敏 등이 지정학에 흥미를 갖기 시작하고서 코마키에게 영향을 미친 것으로 보인다. 그는 독일지정학을 '주관적 정책 학문'이라고 표현했다. 또 라첼의 이론을 이어받아 지정학적 체계를 수립한 셀렌에 대해서는 '행위하는 주체'로서 국가를 확립시켰다고 평가했다. 그러나 그는 독일지정학이 유럽적 강권주의強權主義의 발현이고 그것은 게르만 민족의 레벤스라움 확대를 위한 유럽의 패도주의라고 비판한다.[7] 힘, 민족, 모략을 지도 원리로 삼고 있다는 것이다.

---

7   柴田陽一, 〈小牧実繁の"日本地政学"とその思想的確立: 個人史的側面に注目して〉, 《人文地理》第58卷第1号, 京都大学, 2006, p. 12.

코마키는 일본지정학협회 구성원인 이이모토 노부유키와 에자와 죠우지江沢讓爾의 지정학이 '속성 지정학' 혹은 '직역 지정학'이며 전혀 주체성이 없다고 비판했다. 또 이러한 지정학을 소개하는 학자들을 '역사를 모르는 버터 냄새 나는 번역 지정학자들'이라고 불렀다. 이렇게 그는 독일지정학의 번역이 아니라 황도를 내세우는 지정학, 일본 주체를 중시한 일본 독자의 지정학이 일본지정학이라고 규정한다.[8]

한편 그는 일본지정학은 '팔굉일우'와 '황도'를 지도 이념으로 한다고 했다. 이는 독일지정학과 대조적으로 각 지역의 주민과 문화를 존중하고 세계 공존을 도모하는 다문화주의적 사상인 것처럼 보인다. 그런데 그는 그것은 오로지 일본 천황 아래에서만 가능하다고 주장했다. 코마키는 이를 독일지정학의 '강권주의' '패도주의'에 대치시키며 일본지정학 고유의 특징이라고 주장했다. 코마키에게는 천황 등 신에 대한 신앙으로 얻어지는 직관이 일본지정학의 기초가 된다. 일본지정학은 신이나 '황도' 같은 종교적·추상적 개념에 의존하고 이 때문에 과학이 아니라 '접신接神, 神がかり'의 영역이 되어버린 것이다.[9]

그는 아시아의 지정학을 주장하며 아메리카 대륙을 동아시아 대륙, 호주를 남아시아 대륙, 아프리카를 서남아시아 대륙, 유럽을 아시아 대륙의 서쪽 반도, 나아가 세계의 바다를 아시아의 바다라고 불렀다. 세계는 아시아이며 이것이 세계 본연의 모습이라고 주장한다.

---

8 柴田陽一, 같은 논문, p. 12.

9 柴田陽一, 같은 논문, p. 13.

'아시아는 하나, 세계도 하나'라는 생각을 바탕으로 그는 대지역주의나 블록론, 광역경제론 등을 비판한다. 대동아는 유럽이나 아메리카에 대치되는 저차원 개념이 아니라 포용적인 문화 개념이며 아시아가 세계사 전개의 근본 축이라는 것이다.[10] 이는 팔굉일우 이념에 기초해 아시아라는 개념을 관념적으로 확대한 것이다. 이 세계 건설의 기초는 태평양이다. 따라서 그는 태평양에 접하고 지정학적으로 유리한 위치를 차지한 일본이 현대 세계의 신질서를 건설해야 한다고 주장한다. 일본의 활로는 남방 전개에 있다고 말하며 태평양과 인도양을 일체로 만들어야 한다고도 했다. 이처럼 코마키의 주장은 일원적이고 실증성을 결여했으며 문화적 고유성을 부정했다. 그저 일본의 우월감에 기초해 일본을 절대시한 독선적 이론이었다. 모두가 '황도'로 정당화됐고 다른 지역의 문화에는 관심이 없었다. 그의 일본지정학은 민속학의 영향도 받아서 당시 상대적으로 합리적인 도쿄학파 지정학과는 달리 인간의 의지나 정신과 감정에 의지한다. 그의 지정학은 신이라든지 '황도' 같은 종교적인 요소가 중심이다.

　그러면 일본지정학의 사명은 무엇인가? 그의 말에 의하면 근대유럽인들에 의한 식민지화의 역사를 밝히고 세계의 모순과 왜곡을 찾아내 그 시정 방향을 제시하는 것이다. 코마키는 서양에 의한 침략 이전의 모습인 '본연의 모습'으로 돌아가자고 주장했다. 그가 말하는 본

10　柴田陽一, 〈思想戦と"日本地政学": 小牧実繁のプロパガンダ活動の展開とその社会的影響〉, 《人文学報》第105号, 京都大学人文科学研究所, 2014, p. 93.

연의 모습은 백인 침략 이전의 세계, 자연과 인간, 풍토와 문화, 즉 지리와 역사와 특수성에 따른 그대로의 세계를 의미했고 그는 서양 열강의 식민지를 본연의 모습으로 되돌려야 한다고 주장했다.[11] 아시아는 일종의 아시아적 농업 사회를 바탕으로 하는 운명 공동체로 회귀해야 한다는 주장도 했다. 이러한 주장은 서구 열강이 동아시아 시장을 독점 지배함으로 일본이 겪은 경제적인 곤경과 국제사회에서 일본인이 당하는 인종적 차별에 반감을 갖고 있던 당시 일본인들에게 호응을 얻는다.

그가 내세운 대동아 건설 방책 가운데 첫 번째는 농업 중시다. 아시아 전역에 유사한 가족제도와 농업을 기초로 하는 종교가 존재한다는 점에 주목했다.[12] 또 산업화에 저항한다는 점에서 근대 유럽과 자본주의에 비판적이라는 공통점도 있다. 하지만 서양 열강의 식민지를 서양인들 대신 일본이 통치하고 거기에 아시아적 농업 사회를 실현하자는 주장은 식민지화 자체를 부정하는 것이 아니라 일본의 식민지화를 정당화하는 것이다. 일본의 절대성을 확신하는 코마키에게는 일본의 행위를 상대화하는 객관적 시점이 결여되어 있었다. 두 번째는 '황국' 일본의 올바른 진로를 제시하고 '접신의 황도'에 맞는 정책을 강구하는 것이다. 그는 처음부터 일본 국책에 반대할 의도가 없었다.

---

11 佐藤健, 〈日本における地政学思想の展開: 戦前地政学に見る萌芽と危険性〉, 《北大法学研究科ジュニア·リサーチ·ジャーナル》, 2005, p. 115.

12 柴田陽一, 〈思想戦と"日本地政学": 小牧実繁のプロパガンダ活動の展開とその社会的影響〉, 《人文学報》第105号, 京都大学人文科学研究所, 2014, p. 99.

오히려 국책을 정당화하는 이론을 제시하겠다며 '본연의 모습'을 주장한다. 이처럼 일본지정학은 목적을 먼저 정하고 그것에 맞추어 논리를 세우는 근본적인 결함을 갖고 있다.

그가 일본 정신을 강조하며 내세운 배외주의는 서구적인 모든 것을 배격한다는 신경증적 수준에까지 이른다. 그러나 천황 아래에서만, 일본인의 통치하에서만 실현된다는 '본연의 모습'을 주장하는 일본지정학은 일본의 식민지 정책을 정당화하는 선전 활동일 뿐이었다. 현인신現人神 천황을 정점으로 하는 일본 종교에 쓰기 위한 축문祝文, 즉 청사靑詞에 불과했다. 일본지정학은 서구 열강의 식민주의를 비판했지만 근본적으로 받아들이기 어려운 억지 주장이 되고 말았다. 코마키의 일본지정학은 일본의 침략 전쟁을 정당화하기 위한 사상전의 도구로 쓰였다는 점에서 근원적 한계가 있다.

종전 후 종합지리연구회는 민가에 보관 중이던 책, 자료, 보고서 등을 모두 폐기한다. 1945년 10월 연합군총사령부GHQ가 코마키를 방문해 전략도를 다시 작성하도록 했을 때 그는 자료가 없다는 구실로 거절한다. 그 후 요시다 모임 멤버 중 코마키를 비롯한 여러 명이 공직과 교직에서 추방된다. 그러다 1951년 샌프란시스코강화회의 후 추방이 해제되어 이후 코마키는 여러 대학에서 역사지리학과 민속학 등을 가르친다. 독일지정학의 중심이던 하우스호퍼는 자살을 선택했지만 일본제국주의의 침탈과 팽창을 지지했던 코마키는 1980년대에 이르러서도 변함없이 일본지정학이 옳다는 신념을 표명했다.[13] 독일지정학은 강권주의의 발현이고 패도주의라고 비판하면서도 일본지정학에 대해서는 아무런 반성도 없었다. 독일에서는 하우스호퍼의 독일지정학이 청산됐지만 일본에서 코마키의 일본지정학은 아직도 청산되지 않고 있다.

종전의 지정학

코시로 유키코小代有希子 일본대학교日本大学 교수는 2004년 4월《미국역사리뷰The American Historical Review》에 논문 〈유라시아의 쇠퇴: 일본의 제2차 세계대전 종반게임Eurasian Eclipse: Japan's Endgame in World War II〉을 발표한다. 그리고 2013년 책《제국의 쇠퇴: 1945년 이전 대륙 아시아에 관한 일본의 전략적 사고Imperial Eclipse: Japan's Strategic Thinking about Continental Asia before August 1945》를 출간한다. 일본이 제2차 세계대전을 일본에 유리하게 마치려고 했던 시도를 추적한 것이다. 일본의 종전 지정학이라고 할 만하다. 바로 여기에 한반도의 운명이 깊이 관련되어 있다.

일본 정부와 군부는 1944년 후반에 이미 패전이 불가피하다고 예측했다. 1944년 일본 외무상 시게미츠 마모루重光葵는 소련이 영미에 대항해 동아시아를 억압에서 해방시켜주는 것이 일본의 범아시아주의에 부합한다고 발언한다. 일본인을 배척하는 이민정책으로 인해 미

---

13 柴田陽一,〈アジア·太平洋戦争期の戦略研究における地理学者の役割〉,《歴史地理学 第49巻 5号》,京都大学, 2007, p. 16.

국에 대한 이미지가 안 좋았던 데 반해 러시아인은 당시 일본에서 친근한 이미지였다. 전쟁 전 일본에게 제정 러시아 및 소련은 아시아의 일원이었고 소련 없이는 동아시아의 질서를 생각할 수 없었다.

일본은 스탈린이 영토 확장에 대한 야심이 있는 알렉산더 3세나 니콜라스 2세 같은 차르에 가깝다고 봤다. 소련은 만주와 한반도에 근거를 확보해 태평양으로 진출하려 할 것이고 그렇게 되면 조만간 미국과 충돌할 것이라 예상했다. 일본은 이런 국제정치의 맥락에서 일본의 패전 후 운명을 구상했다.

일본은 당시 국제 정세를 분석해 미소 관계에 균열이 생기고 있음을 읽고 거기에서 전후 일본이 소생할 기회를 봤다. 그러기 위해서는 소련이 동아시아에 진입하여 미국의 단독 승리로 확정되지 않는 시점을 노려 일본이 전쟁을 끝내야 한다고 판단했다. 1945년 5월 나치 항복 이후 동아시아에서 소련군이 증강되는 상황을 보고 소련의 대일전쟁 참전 시기도 예측할 수 있었다.

중세 일본에는 사무라이 전략 문화가 있었다. 라이벌 어느 한쪽에만 줄 서지 말고 양쪽에 모두 줄을 대라는 것이다. 일본의 항복 전략은 사무라이 전략 문화를 이용해 동아시아에서 미소가 서로 경쟁하도록 하는 것이었다. 그러기 위해서 소련이 진군하기 이전에는 결코 항복하지 않아야 했다.

종전 전략 수립을 담당한 해군 소장 다카기 소키치高木惣吉는 1945년 3월 종전 전략에 관한 중간보고서 초안을 작성한다. 이 보고서는 미국, 영국, 소련의 계산이 서로 다 다른 점에 착안해 각기 다른 접근을 제안한다. 미소 간의 잠재적 대립을 이용해 소련을 개입시켜 미국의 야심을 견제한다는 것이다. 미국의 아시아 단독 지배에 반대하는 소련을 미국 혼자서 대응할 수 없다고 판단될 때만이 일본의 역할을 미국이 인정할 것이고 이 길만이 일본이 미국의 지원을 받아 다시 아시아에서 지위를 확보할 수 있는 길이라고 다카기는 분석했다. 다카기 소키치는 중간보고서 초안에서 미국이 승전하면 중국 북부, 만주, 한반도를 지배하려 할 것이고 소련은 그 시도를 저지하려 할 것이라고 예측했다. 참모본부 전쟁지도반장으로 대소 종전공작을 담당한 타네무라 사코種村佐孝 대령도 일본은 미군의 본토 공격과 관계없이 소련이 만주와 한반도에 공격을 개시한 후 항복해야 한다고 판단했다. 소련이 동아시아에 참전한 후 최대한 영향력을 확보해야 일본에 유리하다는 것이다.

소련이 공격을 위해 극동 지역에 군비를 증강한다는 징후를 일본 당국이 포착한 것은 1945년 2월이다. 일본의 지휘부인 대본영은 1945년 5월께 이미 해외 공관 등 다양한 첩보 경로를 통해 소련이 곧 참전해 만주는 물론 한반도까지 진격할 것이라고 확신하고 있었다. 대본영은 또 거의 같은 시기에 미국도 1945년 가을까지는 일본 본토 공격을 위한 예비적 군사행동으로 한반도 남부에 진격할 것이라고 예측했다. 미국은 얄타회담 이후 스탈린이 한반도에 야심을 품고 있음을 인지했다. 일본의 전략은 소련이 한반도에 진입하는 것을 용이하게 하고 미국의 한반도 진입은 저지하는 것이었다. 사실상 소련에게 한반도 진입 기회를 제공하고 결과적으로 미소가 한반도를 분할 점령하도록 유도하는 것이었다. 한반도 분단 아이디어는 원래 일본과 관계가 깊다. 청일전쟁 시 영국 관료가 일본이 한반도 남부를, 중국이 북부를 점령하고 서울은 중립지대로 하자고 제안했었다. 1896년과 1903년 러시아와 일본은 군사 대립을 피하기 위해 38선을 경계로 한반도 분할을 논의하기도 했었다.

1945년 2월 일본 관동군은 이미 만주 경계 부근의 전략 기지를 포기한 후 남쪽으로 후퇴한다는 계획을 세운다. 또 일본은 1945년 초 한반도 방어 체제를 변경했다. 그해 2월 기존의 조선군사령부를 해체하고 제17지역군을 신설해 한반도 방어 임무를 맡겼다. 일본군은 한반도 병력 배치를 조정해 한반도 남쪽을 미국으로부터 방어하는 데 집중했다. 1945년 8월 18일 당시 북한에 배치된 병력이 11만 7천 명인데 반해 남한에는 총 23만 명을 배치하고 제주도에만 6만 명 이상을 배치했다. 미군이 우선 제주도를 점령할 것이라 예상했기 때문에 이를 저지하기 위해서였다. 그 상황에서 일본군은 중국에 있던 1백만 명 규모의 병력을 소련 침공에 대항하기 위해 만주로 이동시키지 않았다. 소련은 일본의 이런 행태에 도리어 의아해했다.

결국 소련군은 일본군으로부터 이렇다 할 저항도 받지 않고 신속하게 한반도와 사할린 쿠릴열도로 진군한다. 제17지역군 병력이 부족해 소련군에 대항하는 것 자체가 불가능했다. 당시 일본군은 소련군이 1리 전진하면 일본군은 2리 퇴각하라고 명령했다. 1945년 8월 8일 참전을 선언한 소련은 이미 8월 9일 러시아 블라디보스토크에서 군대를 움직여 총 한 방 쏘지 않고 함경북도 웅기에 상륙했으며 8월 13일

1945년 8월 9일 만주로 진격하는 소련군.

에는 벌써 청진으로 진격했다. 반면 미국은 한반도에 진주하지 못했다. 원래 미군은 한반도에 조기 진군 계획이 없었다. 미군은 9월 8일에야 진군한다.

8월 10일과 11일 사이 미국은 부랴부랴 한반도의 38선 분할안을 작성한다. 소련 단독으로 한반도 전체를 점령할 수도 있는 절박한 상황이었다. 8월 13일 트루먼이 이를 승인하고 다음 날 스탈린도 이에 동의해 한반도는 분할된다. 일본이 복선을 깔고 소련과 미국이 지정학적으로 타협한 결과이다.

그 이전 1945년 7월 27일 일본은 포츠담선언을 묵살했다. 당시 포츠담선언에서 소련은 당사자가 아니었다. 스탈린의 서명도 없었다. 일본은 미국이 일방적으로 주도해 소련을 배제하고 미국이 원하는 방

1945년 9월 2일 항복문서에 서명하는 일본 외무상 시게미츠 마모루.

식으로 전후 일본을 처리하려 한다고 판단했다. 이를 그대로 수용하는 것은 소련을 끌어들여 미소 간 경쟁 구도를 형성하겠다는 일본의 전략에 어긋났다. 그리고 8월 6일 히로시마에 원폭이 투하된다. 하지만 알려진 바와 달리 원폭 투하는 항복 선언에 큰 영향을 미치지 못한다. 그 증거로 대본영의 '기밀 전쟁일지'에는 원폭 투하가 많이 언급되지 않는다. 8월 9일 새벽 소련군의 침공이 시작된 지 30시간 만에 일본은 포츠담선언을 수락하고 항복한다. 귀족원 의장과 수상을 역임한 고노에 후미마로近衛文麿는 소련 참전은 신이 준 선물로 이제 전쟁을 마칠 수 있다고 말한다. 히로히토 천황은 항복 이유로 두 가지를 들었다. 1945년 8월 14일에는 원자폭탄 투하를, 8월 17일에는 소련군 참전을 그 이유로 든다. 소련의 공을 인정해주는 발언인 것이다.

일본이 항복을 지연해서 비록 원자폭탄이 투하됐지만 소련이 동아시아에 개입하게 되어 미국의 단독 지배를 벗어난 지정학적 구도가 형성됐다. 일본의 전략가들이 바라던 대로 동아시아에서 전후 소련이 미국을 견제함으로 미국의 전면적 지배를 저지할 수 있는 발판이 마련된 것이다. 미국이 패전국 일본을 가혹하게 지배할 수 없는 지정학적 환경이 만들어졌다. 일본은 미소의 세력 다툼을 교묘하게 이용해 미국으로부터 전폭적인 지원을 얻는다. 미소 간의 분할 점령으로 분단된 한반도에서 발생한 한국전쟁으로 경제 회복에도 큰 덕을 봤다. 요시다 시게루吉田茂 수상은 제1차 세계대전 승자였던 일본보다 제2차 세계대전 패자였던 일본이 더 낫다고 말한다. 전시 전략가들의 구상대로 생존하고 재건된 것이다. 일본은 제2차 세계대전 패배를 '종전'으로 표현한다. '패전'이 아니다. 패배를 인정하지 않고 단지 전쟁이 종료됐다고 표현하고 싶은 것이리라. 일본은 비록 원폭이 투하되고 전투에서 졌지만 그들이 원하는 전후 동아시아 대립 구도를 만드는 데 성공했으므로 패배했다고 생각하지 않는 것인지도 모른다.

중국의 부상, 미국의 후퇴, 일본의 불안

　　미국에게 일본의 지정학적 중요성은 대단히 크다. 스파이크먼은 제2차 세계대전 후 통일을 이룬 중국이 동아시아의 패권국이 되고 그런 상황에서는 미군이 일본에 기지를 두고 중국에 대항해야 한다고 주장했었다. 냉전 시대 일본 열도는 랜드파워 소련의 해군이 해양으로 진출하려는 시도를 봉쇄하기 위한 방패가 됐다. 유라시아 림랜드 근처에 위치한 일본 열도의 지리적 중요성은 여전하지만 미국은 냉전 시대 때와는 다르다. 미국은 내향적 국가가 되고 고립주의적으로 변하고 있다. 바로 이때 중국이 강력히 부상하고 있다. 아베가 2018년 10월 7년 만에 공식적으로 중국을 방문했지만 중국은 기존 질서의 변화를 추구하고 일본은 현상 유지를 선호한다.

리츠메이칸 대학교立命館大学 카미쿠보 마사토上久保誠人 교수는 전후 처음으로 일본의 완전 독립을 용인하는 미국 대통령이 출현했다고 지적하고, 일본의 최대 우려는 중국의 군사력 강화와 트럼프 대통령의 고립주의로 인해 미일안보체제가 불안정화된 것이라고 염려한다. 군사력도 자원도 충분하지 않는 일본은 동아시아의 일개 소국으로 전락할 위험도 높다. 미국의 압도적 군사력 이외에 중국을 억제할 방법은 없다. 따라서 일본은 미국을 중심으로 한 상호의존형 국제경제 속에서 살아가야 한다고 강조한다.[14]

한편, 한때 아베 수상의 브레인이라고 알려졌던 나카니시 테루마사中西輝政 교토 대학교 교수는 저서 《아메리카제국 쇠망론·서설ァメリヵ帝国衰亡論·序説》에서 트럼프 시대에 일본은 이제 미국으로부터 독립해야 한다고 주장한다. 그는 시파워보다는 랜드파워 시대가 도래했다고 말하면서 미국의 쇠락은 피할 수 없고 경쟁적인 다극화 시대가 도

---

14 上久保誠人, 〈日本はブロック化する世界で"超対米従属"に徹するべき〉, Diamond Online 2017년 1월 24일(https://diamond.jp/articles/-/115285).

래할 것이라고 예측한다. 2040년 무렵 중국이 미국을 추월해 세계 최대 경제국이 될 것이기에 이에 대한 대응이 필요하다고 말한다. 그래도 중국과 동맹을 맺는 것은 불가능하다. 그는 일본이 중국에 맞서야 하고 동아시아 여러 나라와 협력해야 한다고 말한다.

일본 방위연구소NIDS의 효도 신지兵頭慎治는 중국 견제를 위해 러시아 카드를 사용할 수 있다고 주장한다. 러시아가 완전히 중국에 기울지 않도록 일본은 러시아와 협력해야 한다는 것이다.[15] 중국의 부상, 한반도의 불안정화, 미국의 쇠락 등으로 그 필요성이 더 증대했다는 것이다. 그러나 중국과 러시아 간의 전략적 협력 관계가 어느 때보다 견고한 지금 그 러시아 카드는 현재로서는 유효해 보이지 않는다.

일본을 둘러싼 지정학적 환경이 빠르고 크게 변하면서 일본의 미래에는 먹구름이 몰려오고 있다. 일본의 상대적 국력이 앞으로 더 약해질 것이라 예상되기 때문에 일본의 불안은 더 가중될 것이다. 바로 이런 때에 코마키의 일본지정학에 동의하는 일본회의日本会議 같은 조직이 일본의 집권 자민당을 사실상 지배하면서 일본이 폭주할 위험도 있다. 이를 방지하기 위해 일본을 예의 주시해야 한다.

---

15 Shinji Hyodo, 〈RESOLVED: Japan Could Play the Russia Card Against China〉, 《Debating Japan》Vol. 2, Issue 3, CSIS, 2019.

9

중국몽
일대일로

SEA POWER
LAND POWER

1997년 《라이프》는 새로운 세기를 맞으며 지난 1천 년 동안 역사적으로 중요한 인물 100인을 선정했다. 그중 동양인 가운데 가장 선두(14위)인 사람은 간디도 쿠빌라이 칸도 마오쩌둥도 아니다. 이름도 낯선 정화鄭和다. 콜럼버스가 2위, 마젤란이 7위, 바스코 다 가마가 37위다.

정화(1371~1433)의 본명은 마화馬和다. 색목인色目人이라 불리던 중동 계통의 피를 받은 이슬람교도로 고향은 운남성 곤명이었다. 훗날 명나라 영락제가 되는 연왕 주체朱棣가 원나라의 세력이 남아 있던 곤명을 함락한 후 어린 소년들을 거세시켰다. 12살이던 정화도 이때 거세된다. 이후 정화는 영락제의 총신이 됐다. '정鄭'씨 성을 하사받은 정화는 내시들의 총수인 내관감內官監에 발탁된다. 영락제는 1405년에 정화에게 함대를 이끌고 동남아시아와 인도, 중동, 아프리카까지 대원정을 하도록 지시한다. 중국 사상 초유의 일이었다. 정화가 이끄는 대규모 선단은 28년 동안(1405~1433) 일곱 차례에 걸쳐 남경에서 아프리카 동해안까지 무려 30개국, 5백여 개 지방, 총 18만 5천 킬로미터나 되는 대규모 항해를 단행했다.

말레이시아 말라카시에 있는
정화 입상.

　정화의 원정은 15세기 말 대항해 시대를 연 콜럼버스나 바스코 다
가마의 항해보다 시간적으로 근 한 세기나 앞섰다. 선단의 규모나 선
박의 구조 면에서도 그들과는 비교가 되지 않았다. 제1, 3, 4, 7차 출
항 때 매번 선단의 승선 인원이 2만 7천 명이나 됐고 선박은 2백여 척
이나 됐다. 기함격인 보선寶船은 매번 20~30척씩 출항했는데 보통 보
선의 길이는 약 127미터, 너비는 52미터쯤 됐다. 적재량은 1천 5백 톤
으로 1천 명이 승선할 수 있으며 12장의 대형 돛을 단 대범선이다. 이
에 비해 87년이나 뒤늦은 1492년에 대서양을 횡단한 콜럼버스의 선
단은 고작 3척의 경범선과 90명도 안 되는 선원을 보유했다. 그중 가
장 큰 산타마리아Santa María호는 길이 약 19미터에 너비는 6미터에 미
치지 못하고 적재량은 150톤 정도였다. 이어 1498년 인도양 항해에

성공한 다 가마의 선단도 4척의 소범선에 승선 인원은 160명이었으며 길이는 25미터도 채 안 됐다. 기함의 적재량은 겨우 120톤이었다. 당시 중국의 시파워는 유럽에 비해 압도적이었다.

정화의 원정은 국위를 선양하고 해상 교역을 진작시키기 위함이었다. 이를 계기로 중국과 해상 실크로드 연안 여러 나라들과의 교류가 전례 없이 활성화됐다. 각종 외국 물품이 수입됐으며 중국인들의 남양 진출이 본격화됐다. 정화의 원정은 중세 대항해의 서막을 열어 놓았다. 그런데 그의 사후 44년, 병부는 정화의 원정이 국익에 아무런 보탬이 안 됐다고 비난하고 환관 세력을 제어해야 한다는 이유로 정화의 원정과 관련된 기록, 특히 조선造船 관련 기록을 몽땅 태웠다. 이 사건은 중국의 최대 비극이라고 할 만하다. 설계 문헌이 사라져 더 이상 대형 선박을 건조할 수 없게 됐다. 그로부터 5세기 동안 중국은 국력이 상대적으로 약해지는 등 혹독한 대가를 치러야 했다. 중국 스스로 정화 시대에 구축한 우월한 시파워를 거세한 결과이다. 반대로 중국이 그 시파워를 발전시켜나갔다면 매킨더가 말하는 콜럼버스 시대는 오지 않았을 것이다. 서양 주도의 시파워 시대 역시 도래하지 않았을 것이다. 동양과 서양의 관계도 역전되지 않았을 것이다. 중국은 이 회한의 역사를 되풀이하지 않으려 한다. 일대일로를 앞세워 새롭게 굴기하려 한다. 그 바탕에 중국의 지리적 힘이 있다.

중국은 동중국해와 남중국해에 9천 마일이 넘는 해안선을 갖고 있다. 지리적 축복이다. 러시아가 바다로 진출하는 길이 막혀 있는 데 반해 중국은 좋은 항구들도 많은 랜드파워이자 시파워이다. 중국은 유라시아 최대의 림랜드 파워이다. 하지만 중국은 과거 대륙에 집중해 시파워 대국이 되지 못했다. 매킨더는 1904년에 쓴 논문에서 일본이 주도적으로 조직한 중국이 러시아에 진출하면 세계 자유에 대한 황화黃禍, yellow peril가 될 것이라고 우려했다. 서양 문명에 대한 위협이 되리라는 것이다. 하지만 중국은 이미 경제 대국, 군사 대국으로 부상해 더 이상 일본의 조직화가 필요한 약소국이 아니다. 또 매킨더는 1943년에 쓴 논문에서 중국의 부상과 새로운 역할에 대해 말한다. 매킨더는 중국이 결국엔 동양도 서양도 아닌 새로운 문명을 인류 4분의 1을 위해 건설함으로써 하트랜드 외부에서 미국, 영국과 함께 세계를 이끌 것이라고 예측했다. 스파이크먼도 제2차 세계대전 후 동아시아 최대의 강국은 중국이 될 것이라고 확신했다. 페어그리브는 중국이 외부의 간섭을 거의 받지 않고 하트랜드를 지배할 위치에 있다며 그 잠재력을 높이 평가했다.[1] 브레진스키는 장기적으로 미국의 최대 경쟁국은 중국이라고 단언했다.

중국을 이야기할 때 경제나 민족주의는 논하면서도 중국이 가진 천혜의 지리는 흔히 간과된다. 중국은 바로 지리 때문에 지정학의 중심에 위치한다. 중국의 뒷마당은 육지에 있다. 과거 2천 년 역사를 되돌아보면 중국이 바다를 통해 확장한 시기는 거의 없다. 최근이라야 정화鄭和의 원정이다. '토목의 변'이 발생한 1449년 이후에 명나라는

1　James Fairgrieve, 《Geography and World Power》, University of London Press, 1917, pp. 332~333.

북방의 침입과 왜구에 시달리게 됐다. '북로남왜北虜南倭' 사태에 직면한 명나라는 16세기 중엽부터 매우 내향적으로 바뀌었다. 현재 중국에는 명나라 때의 '북로'에 해당할 정도로 육지의 위협이 존재하지 않는다. 인도를 제외하고는 중앙아시아, 러시아 등과의 국경 분쟁이 해결됐다. 중국은 역사상 내륙으로부터의 침공을 우려해 방어에 진력했다. 만리장성이 그 증거다. 그런데 더 이상 우려할 필요가 없어진 것이다. 현재 중국은 뒤뜰이 안정됐기 때문에 국력을 해외로 전개할 여유가 있다. 경제적으로 필요한 자원 등을 확보하려는 중국의 시도는 동반구의 세력균형에 변화를 가져왔다. 중국의 우월한 위치 때문에 중국의 영향력은 중앙아시아에서 남중국해로, 러시아 극동에서 인도양까지 확대된다. 나폴레옹이 말했듯이 한 국가의 전략은 그 국가의 지리에 내재해 있다. 중국의 지리는 위험보다는 더 많은 기회를 제공한다. 중국은 유라시아에서 러시아를 압도할 랜드파워와 시파워를 발전시킬 수 있을지도 모른다.

중국의 시파워

육상이 안정되자 중국은 해군 건설에 집중한다. 21세기 중국은 해군력을 통해 무력 행사가 가능해졌다. 하지만 해양 상황은 엄중하다. 우선 제1열도선에서 저항에 직면한다. 한반도, 쿠릴열도, 일본, 대만, 필리핀, 인도네시아, 호주로 이어진 곳이다. 호주를 제외하고 모두 잠재적 분쟁 지역이다. 다오위다오에서는 일본과, 난사군도에서는 필리핀 베트남과 분쟁 중이다.

제1열도선은 미국해군대학U. S. Naval War College의 제임스 홈즈 James Holmes가 말하듯 '거꾸로 된 만리장성'이다. 중국이 태평양으로 진출하는 걸 저지하는 미국과 그 동맹들의 저지선인 셈이다. 맥아더 는 대만을 침몰하지 않는 항공모함이라 불렀다. 대만이 중국에 장악 될 경우 중국은 제1열도선에 대한 전략적 우위를 확보하고 그 선을 넘 어서 파워를 행사할 수 있다. 중국이 대만을 통제하는 데 성공하면 동 아시아에서 패권을 확립하는 종지부가 될 것이다.

스파이크먼은 역사상 대국들은 인접 바다를 지배해 팽창한다고 지적했다. 그리스는 에게해, 로마는 지중해, 미국은 카리브해, 이제 중 국은 남중국해 지배를 추구한다. 남중국해는 '아시아지중해'에 속한 다. 중국은 현재 남중국해의 영해화를 강도 높게 진행하고 있다. 이는 바로 스파이크먼이 예측한 대로 아시아의 지중해에서 중국이 패권을 확립하기 위한 첫걸음이라고 할 수 있다. 만약 아시아지중해의 내해화 가 이뤄지면 중국은 유라시아 대륙의 림랜드 남부 해역과 공역空域을 통제하는 힘을 갖게 된다.

제2차 세계대전에서 태평양 패권을 놓고 미일이 격돌했다. 1945년 승전 후 미국은 태평양을 내해화했다. 그런데 2000년대에 들어 중국 이 이 패권에 이의를 제기하기 시작했다. 2006년 티모시 키팅Timothy Keating 미 태평양 함대 사령관에게 중국 해군의 최고 지도부가 태평양 을 미중이 양분하자고 제안했다는 일화가 있다.[2] 시진핑 국가주석은 2013년 여름 미중정상회담 이후 '신형 대국 관계'를 제기하기 시작했다. 그전 2012년 2월《워싱턴포스트》와의 서면 인터뷰에서 시진핑은 이미 '넓은 태평양에는 미중 양강을 받아들일 충분한 공간이 있다'고 선언했다. 거기에는 국력에 상응한 자신들의 영향권을 확보하고 미국과 태평양을 분할하여 가능하면 공존하고 싶다는 의도가 깔려 있다.

왕지스의 서진 구상

2012년 10월 19일 중국의 저명한 정치학자인 베이징 대학교 국제전략연구원 원장 왕지스王绪思는《환치우스바오环球时报》에 "서진: 중국지정학 전략의 재평형西进: 中国地缘战略的再平衡"이라는 글을 기고한다.

왕지스는 미국 오바마 정부가 아시아 회귀Pivot-to-Asia라는 전략적 재균형을 내세우고 러시아, 인도, 유럽연합도 자신의 지정학적 전략을 재조정하는 등 강대국 간의 새로운 경쟁이 치열해지고 있다고 진단한다. 그는 미국의 전략적 중점이 동쪽으로 이동하고 인도, 러시아, 유럽연합 등이 동쪽을 바라보는 때에 아시아태평양 중심에 위치한 중국은 시선을 연해 지역이나 전통적인 경쟁 상대 혹은 협력 파트너에만 국한하지 말고 눈을 돌려 '서진' 전략을 구상해야 한다고 역으로 제

---

2   Ken Moriyasu, 〈For US, Pacific Showdown with China a Long Time Coming〉, 《Nikkei Asian Review》, 2015(https://asia.nikkei.com/Politics/For-US-Pacific-showdown-with-China-a-long-time-coming).

안한다. 그는 다음과 같이 말한다. 고대 중국의 경제와 정치의 중심은 줄곧 내륙에 존재했다. 유라시아 대륙 서부의 실크로드는 과거 동서 문명 교류와 상업 활동의 중요한 교량이었다. 중국은 해상을 통해 영토 확장을 한 역사가 거의 없다.

중국의 서부 대개발 전략은 중국 서부 경계 밖에 있는 풍부한 오일, 가스 및 기타 자원을 원활히 확보할 수 있게 할 것이다. 중국 주도의 '신실크로드'는 중국 동부에서 시작해 유라시아 중부 지대를 통과하여 대서양 동안, 지중해 연안 국가들에 도달하고 중국 서부에서 인도양에 이르는 통로를 열어줄 것이다. 그렇게 되면 남아시아, 중앙아시아, 중동, 카스피해 각국과의 경제협력 및 경제원조를 확대할 수 있다. 또 신장, 티베트 등 민족분열주의, 종교극단주의, 공포주의와 기타 적대 세력의 위협에 대응해 안전과 화해를 추진할 전략적 방어벽이 될 것이다. 서부 국가들과 외교를 강화하고 민족종교 연구의 심화, 인문사회 교류의 강화를 통해 향후 해당 지역에서 경제 우위를 차지한 다음, 정치 우위와 소프트파워를 확보하면 중국의 전략적 공간을 확대할 수 있다. 서부 국가들은 유라시아 대륙의 핵심 지대이자 인류 문명의 발원지이고 자연 자원이 풍부하다. 서부 국가들 사이에는 미국 주도의 지역 군사동맹이 없고 불가능하다. 지역 경제통합 추세도 없다. 대국 간 협력 체계와 경쟁 협력 규칙도 확립되지 않았다. 전통적 의미에서 이 서부 지역은 강대국 세력이 끊임없이 교차한 지역이다.

2011년 힐러리 미 국무장관이 미국판 신실크로드 계획을 제안했다. 아프가니스탄을 중심으로 중앙아시아와 남아시아를 연결하고 중동 지역으로 연장된 국제경제와 교통 네트워크를 건설하자는 것이다. 그 단기적 목표에는 미국이 아프가니스탄에서 철군한 후 미국의 이익을 지키려는 의도가 깔려 있다. 러시아는 카스피해 지역, 중앙아시아 지역의 독립국가들을 자신의 뒤뜰로 간주한다. 전통적 지위를 유지하려는 욕구가 강하다. 카스피해, 중앙아시아는 에너지 외교의 주된 방향이다. 인도는 중동과 중앙아시아를 에너지 수입 다변화 중점 지역으로 인식하고 주변에 석유·가스 공급 네트워크를 구축 중이다. 일본은 서부 지역 경제 이익과 안전 문제에 관심을 키우고 있다.

서진은 전략상 균형 잡힌 미중 관계를 구축하기에 유리하다. 중미 간 전략적 상호 신뢰를 쌓을 수 있다. 미국은 중국을 동아시아 국가로 규정해 자신의 전략적 울타리에 가두려고 한다. 중미 양국의 동아시아 경쟁은 제로섬 게임이다. 그러나 서진은 중미가 투자, 에너지, 테러 방지 등의 분야에서 협력하게 될 가능성이 크고 군사 대립의 위험도 거의 없다.

다음으로 서진 전략은 중국이 서부 국가들과 함께 경제 이익을 날로 확대하고 강대국의 다자 협조에 참여해 중국의 국제적 지위를 높일 기회를 제공한다. 동아시아에 비해 중국은 인도를 제외하고는 서부 국가들과 갈등이 전혀 없고 충돌 요소도 적다. 상하이협력기구를 강화해 관련 대국과 해당 지역 국가가 공동으로 신실크로드를 건설해 다자 안전보장 체제를 구축하고 지역 문제를 평화적으로 해결할 수 있다. 하지만 서진은 기회와 위험이 병존한다. 서부 지역의 적지 않은 국가가 정치 불안, 빈곤, 민족, 종교 갈등 같은 문제를 안고 있고 서부 국가들 사이의 관계가 복잡하다. 중동의 이란, 사우디아라비아, 터키, 이집트, 이스라엘 등의 힘겨루기, 인도, 파키스탄 사이의 갈등을 무시할 수 없다. 서진은 다른 강대국의 우려와 경계를 불러일으킬 수 있다. 미국의 포위를 돌파하는 모습을 보이면 안 된다. 제로섬 게임이 돼서도 안 된다. '자원 탈취' '신식민주의'라는 비난을 받을 수도 있다. 서진 전략은 장기적 계획하에 재정 지원을 하고 외교, 경제, 문화, 교육, 학술 등 전 분야에 자원을 투입해 협동적 서진을 추진하는 것이어야 한다.

이렇듯 왕지스는 이 글에서 중국의 새로운 전략적 방향을 제시했다. 이 서진 전략 구상은 미국 오바마 정부의 아시아 전략에 대한 반작용으로 볼 수 있다. 오바마 정부의 외교정책에서 두드러진 특징은 아시아-태평양 지역에 중점을 두는 것이다. 오바마 정부는 2011년부터 계속해서 '아시아 회귀' '아시아로의 중심축 이동' '재균형' 같은 용어로 아시아·태평양 지역에서 미국의 역할을 강화할 것임을 드러내 왔다. '아시아 회귀' 정책은 미국의 세계 재균형 전략의 일환으로 미국이 이라크전쟁과 아프가니스탄전쟁을 마무리하는 시점에서 지역 패권에 대한 도전자로 부상하는 중국의 경제적·군사적 성장을 견제하는 정책이라고 할 수 있다. 미국은 '뉴실크로드 이니셔티브'[3]와 '아시

---

3 힐러리 전 국무장관은 2011년 7월 인도 방문 당시 첸나이에서 아프가니스탄을 중심으로 남아시아와 중앙아시아를 연결하자는 '뉴실크로드 이니셔티브'를 제안했다. 이는 9·11 테러 이후 10년 동안 미국이 전쟁을 통해 개입한 아프가니스탄과 파키스탄을 중심으로 남아시아와 중앙아시아를 연결하는 선상에 있는 국가들의 경제적 재건을 추진하겠다는 구상

신실크로드 장관회의에
참석한 힐러리 클린턴
국무장관.

아 회귀' 전략을 통해 부상하는 중국이 주변 국가에 대한 영향력을 확
대하려는 것을 억제하고자 했다. 미국이 아시아로 다시 전략적 축을
이동하자 미중 관계는 갈수록 대결적으로 변했다. 중국은 미국이 중
국 부상을 견제하고 영향력을 차단하려 한다고 생각한다. 아시아의
미국 동맹국과 아세안이 중국과 연계하는 것을 미국이 저지하고 환태
평양경제동반자협정TPP와 범대서양무역투자동반자협정TTIP를 추진
해 중국의 경제통합 시도를 저지하려는 것으로 해석했다. 이러한 이

이다. 구체적으로는 'TAPI'라고 불리는 천연가스 파이프라인을 건설하는 정책으로 투르크
메니스탄(T)의 천연가스를 아프가니스탄(A)을 경유해서 파키스탄(P)과 인도(I)에 공급한
다는 계획이었다. 미국의 '뉴실크로드 이니셔티브'는 미군의 철수로 아프가니스탄이 재차
테러의 온상이 될 가능성을 방지하고 지역 국가들의 경제 재건을 돕는 경제통합 구상이지만
중앙아시아, 남아시아 및 서아시아의 교통 운송로와 경제 발전 네트워크를 구축하여 미국
의 영향력을 강화시킴으로써 중국과 러시아를 견제하려는 전략이다. 힐러리 전 국무장관 역
시 미 외교전문지《포린폴리시Foreign Policy》에 기고한 글을 통해 "우리 정치의 미래는 아프
가니스탄이나 아라크가 아니라 아시아에서 결정될 것이다. 그리고 미국이 그 중추적 역할을
맡을 것이다"라고 밝혔다.

유로 왕지스는 중국의 전략적 재조정을 주장했다. 동아시아에 집중하는 대신 중국 부상을 촉진하기 위해 서쪽을 겨냥하자는 것이다.

일대일로

왕지스의 서진 전략이 발표되고 나서 얼마 후 일대일로一帶一路 계획이 모습을 드러낸다. 시진핑 주석은 2013년 9월 7일 카자흐스탄 나자르바예프 대학교 강연에서 중국과 유라시아 국가들이 경제협력과 발전 공간을 확대하기 위해 '실크로드 경제벨트'를 건설하자고 제의했다. 시진핑 주석은 강연을 통해 점으로 선을 이끌고 선에서 면까지 점차 지역 협력을 확대해나가자고 했다. 같은 해 10월 인도네시아 국회에서 행한 연설에서 시진핑 주석은 중국이 아세안과의 협력을 심화시키고 더욱 긴밀한 운명 공동체를 구축할 것이라고 강조하며 '21세기 해상 실크로드'의 공동 건설을 제의했다. 이 '실크로드 경제벨트'와 '해상 실크로드' 공동 건설을 종합하여 발전시킨 개념이 중국의 '일대일로' 구상이다. 일대일로 건설은 중국에서 시작하여 중앙아시아, 동아시아, 남아시아, 서아시아 및 유럽의 일부 지역을 관통하는 것이다. 동쪽으로는 아시아태평양 경제권을 이끌고 서쪽으로는 유럽 경제권과 관련되어 최소 65개국이 참여하고 세계 전체 인구의 64퍼센트인 44억 명을 커버하는, 세계에서 가장 크고 가장 긴 경제 회랑을 구축할 수 있다. 세계 GDP의 31퍼센트가 여기에 관여한다.

중국 국가발전개혁위원회NDRC 장옌성 비서장은 '일대일로가 새

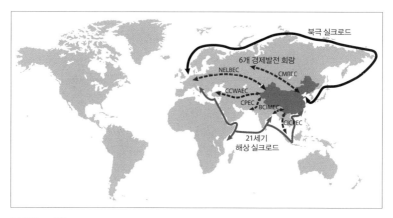

일대일로 계획.

로운 35년(2014~2049)의 기본 대외 노선'이라고 언급했다. '새로운 35년'은 두 가지 측면에서 중요한 의미를 지닌다. 첫째, 중국의 경제 성장을 이끈 덩샤오핑의 개혁개방정책부터 일대일로 구상까지(1978~2013) 기간이 35년이라는 것과 두 번째로는 새로운 35년이 끝나는 2049년이 신중국 건설 100주년이라는 점이다. 덩샤오핑은 2049년까지 대동大同사회를 건설하는 것을 중국의 장기 목표로 세웠다. '새로운 35년'은 덩샤오핑의 개혁개방전략에서 한 걸음 더 나아가 일대일로를 통해 세계를 리드하려는 중국의 핵심 전략임을 의미한다.[4]

2015년 3월 28일에는 중국의 국가발전개혁위원회와 외교부, 상

---

4   정성삼, 〈중국의 일대일로 추진 계획 및 시사점〉, 《세계 에너지시장 인사이트 제15-6호》, 에너지경제연구원, 2015, p. 4.

무부가 소위 '일대일로' 백서라고 할 수 있는 "실크로드 경제벨트와 21세기 해상 실크로드의 공동건설 추진을 위한 비전과 행동推动共建丝绸之路经济带和21世纪海上丝绸之路的愿景与行动"계획을 공동으로 발표했다. 서문에서부터 일대일로의 원칙이 '공동논의, 공동건설, 공동소유'임을 분명히 밝히고 있으며 모든 장에서 '공동' '협력' '호혜공영' '상생' 등의 표현으로 일대일로의 개방성과 포용성을 강조하고 있다. '일대일로'의 육상 루트는 서안에서 시작해서 우루무치-중앙아시아-이스탄불-뒤스부르크까지 이어지며 해상 루트는 푸젠성 취안저우泉州에서 시작해서 광저우-싱가포르-방글라데시-탄자니아 바가모요 항구-홍해-지중해로 이어지고 있다. '일대일로' 구상은 '정책 소통' '인프라 연결' '무역 원활' '자금 융통' '민심 상통'이라는 5대 중점 사업을 육해상 루트 연선 국가들과 함께 추진한다는 것이다.

중국은 해상 실크로드 건설을 위해 동남아 국가, 중동, 아프리카, 유럽 국가들과 항만 건설 및 해상 협력을 추진한다. 2013년 2월 중국은 파키스탄 남부 과다르항을 40년간 운영할 수 있는 운영권을 인수했고 이 항구의 운영과 관리는 중국해외항구유한공사Chinese Overseas Port Holdings가 담당하게 됐다. 중국과 파키스탄은 2015년 양국의 경제 회랑 건설에 합의했다. 중국의 해상 실크로드 건설은 중국의 해양 수송로 확보 전략과 연계되어 추진되고 있다. 2013년 2월에는 방글라데시의 치타공과 미얀마의 시트웨에 항구를 건설하기로 합의하고 8월에는 스리랑카에 콜롬보 국제컨테이너터미널을 건설해 운영하기로 합의했다. 이 항구들은 2012년 6월부터 이미 운영하기 시작한 스리랑

2016년 1월 16일 아시아인프라투자은행AIIB 이사회 창립대회.

카의 남부 함반토타항과 함께 모두 중국의 '진주 목걸이' 전략에서 중
요한 거점이다. 중국은 원유 수입의 80퍼센트, 천연가스 수입의 50퍼
센트 그리고 전체 수출입의 42.6퍼센트를 말라카해협을 통해서 운송
한다. 해상 실크로드 건설을 통해 안전한 수송로를 확보하는 것은 중
국의 에너지 안보에 있어서 매우 중요한 과제이다. 육상 실크로드는
중국의 오랜 숙원인 '중동 원유의 육로 수송'을 가능하게 해줄 것으로
기대되며 동시에 중앙아시아의 풍부한 석유와 천연가스 확보를 통해
에너지 안보 강화에 기여할 것이다. 중국은 2014년 말부터 '일대일로'
건설을 위해 금융과 인프라 건설을 지원하는 3대 금융 기구인 실크로
드기금, 아시아인프라투자은행, 브릭스신개발은행NBD을 발족했다.

마르코 폴로와 제국들

현재 중국 정부가 추진하는 일대일로는 페르시아만에서 인도양을 거쳐 남중국해까지 중동과 중앙아시아, 중국을 포함하는 지역에서 마르코폴로가 여행한 길을 재현한다.[5] 일대일로 노선이 마르코 폴로의 행로와 거의 일치하는 것은 결코 우연이 아니다. 13~14세기 중국을 지배한 원나라를 비롯한 몽골제국은 세계화를 실행했다. 다문화 제국으로 유라시아 전체를 연결한 것이다. '팍스 몽골리카'를 상징하는 것은 무력이 아니라 바로 이 무역로였다. 이 무역로를 통해 보석, 직물, 향료, 금속 등이 거래됐다. 전쟁이 아니라 상업에 기반한 것이었다. 오늘날 중국의 전략을 이해하려면 바로 쿠빌라이 칸의 몽골제국을 보면 된다. 15세기 후반 16세기 초반 포르투갈의 해상 네트워크는 방대한 유라시아를 새로운 글로벌 시스템으로 통합시켰다. 중국은 미얀마, 방글라데시, 스리랑카, 파키스탄, 지부티, 탄자니아 등 인도양

---

5 1271년 마르코 폴로는 원나라로 떠나는 아버지와 삼촌을 따라 동방 여행길에 나선다. 베네치아를 출발해 지금의 팔레스타인, 터키, 이라크 북부, 이란, 아프가니스탄 북부와 동부, 파미르고원 그리고 중국의 신장 지역을 지나 1274년 마침내 상도上都(현 네이멍구자치구의 뒤룬 서북부)에 도착한다. 대부분이 육로이다. 쿠빌라이 칸을 만난 후 대도大都(현 베이징)로 이주해 중국의 여러 지역을 여행하고 베트남, 미얀마까지 간다. 1291년 1월경 마르코 폴로는 페르시아의 몽골 왕조 일 한국汗國으로 시집가는 원나라 공주의 호송단에 참가하여 취안저우에서 출항해 귀향길에 올랐다 그의 귀로는 말라카해협과 인도양을 지난다. 대부분이 해로이다. 해남도, 지금의 베트남 북부, 태국 남부, 인도네시아, 스리랑카, 인도의 남부와 서부 해안을 지나 페르시아만 입구의 호르무즈, 이란, 조지아, 터키를 거쳐 1295년 마침내 베네치아에 도착한다.

연안 국가들의 항구에 투자해 과거 포르투갈이 했던 것을 재현하려고 한다. 이 항구들은 대략 마르코 폴로의 귀국 루트와 비슷하다.

중국, 러시아, 이란은 미국의 영향력을 약화시키기 위해 무역로로 연결될 것이다. 과거 유라시아는 너무 방대해 어느 한 국가나 세력이 장악하기 어려웠다. 칭기즈 칸과 티무르가 일시적 예외였을 뿐이다. 중국과 페르시아는 풍요롭고 안정된 농업 문명국이었고 실크로드를 통해 서로 접촉했다. 둘 다 대제국으로 근세에 서양에 굴욕을 당했다. 이런 감정적·역사적 기초가 중국과 이란의 관계를 유지해준다. 이란으로선 실크로드로 중앙아시아보다는 우선 이란 시장과 중국 시장을 연결하는 것이 급하다. 기술이 거리를 좁히고 무역과 공급 네트워크를 넓히면서 중국, 러시아, 이란을 중심으로 유라시아가 통합될 가능성이 있다. 중국이 마르코 폴로 시절과 마찬가지로 선두에 선다.

지난 세기 서반구를 장악한 미국은 어느 한 국가나 세력이 동반구를 장악하는 걸 저지해왔는데 중국의 일대일로를 통해 유럽, 중국, 러시아, 터키, 이란 등이 연합해 동반구의 지배 세력으로 등장할 가능성이 생겼다. 유라시아는 작아지고 미국이 어느 한 국가를 다른 국가와 대립하도록 조종하는 게 점점 더 어려워지고 있다. 혼란과 분쟁도 있겠지만 경제적 통합이 가속화되는 유라시아에서 미국의 영향력은 줄어들 것이다. 비록 미국은 힘 있는 개별 국가로 남아 있겠지만 유라시아의 통합은 비유라시아 국가인 미국에게 근본적 위협이 될 것이다.

일대일로의 지정학

런던 정경대학교LSE 교수 크리스토퍼 코커Christopher Coker는 일대일로 전략은 매킨더의 이론을 따른 것이라고 해석한다. 중앙아시아를 육지에 둘러싸인 내륙국에서 상호 연결된 지역으로 바꿔 그 지역과 중국이 인도양과 페르시아만에 접근할 수 있고 양항을 확보하는 새로운 지정학적 구도를 실현하는 것이다. 그로 인해 미국의 시파워를 현저히 약화시키고 세계의 주요 해상 운송로를 지배할 수 있으며 나아가 중국이 '세계의 공유재산'인 바다를 지배하는 데 중요한 역할을 하는 것이 일대일로의 전략적 이점이라고 지적한다.[6]

또 중동과 중앙아시아에 걸쳐 에너지 파이프라인과 무역로를 개발함으로 중국에 안전하게 원유와 가스를 공급하는 육로가 생긴다. 엘리자베스 이코노미Elizabeth Economy와 마이클 레비Michael Levy가 말하듯이 파이프라인을 이용해 중앙아시아에서 공급받는 원유와 가스의 양이 증가함으로써 미래에 미국 혹은 인도나 러시아가 중국으로 가는 원유와 가스를 차단하는 데 어려움을 겪게 될 것이다.

서진 전략을 통해 중국은 미국의 지배로부터 자유로운 대체 지역에서 영향력을 확대할 수 있다. 에너지 파이프라인, 도로, 고속철도가

6　Peter G. Cornett, 〈China's "New Silk Road" and US-Japan Alliance Geostrategy: Challenges and Opportunities〉, 《Issues & Insights》 Vol. 16, No. 10, Pacific Forum CSIS, 2016, pp. 9~10.

유라시아에 걸쳐 건설되어 중국이 아시아, 중동, 유럽, 아프리카의 상품과 시장에 접근할 수 있으며 일대일로 해당 국가들이 하나로 결합되어 중국 영향권을 형성하는 기반을 만들고 최후에는 중국 중심의 생산 분배 시스템과 경제 질서를 구축할 것이다. 중국은 중앙아시아에서 러시아를 대체해 주요 플레이어가 됐고 중앙아시아 국가들은 전략적 방향을 소련에서 중국 쪽으로 계속 옮긴다. 특히 러시아에 불안감을 느낀 일부 중앙아시아 국가들이 중국 쪽으로 기울어 중국과 중앙아시아 국가들 사이의 경제적 유대가 깊어지고 있다.

이 전략으로 중국이 아시아지중해를 넘어 군사력을 배치할 수 있는 기회가 만들어진다. 일대일로의 주요 수혜자인 중국은 이 루트를 보호하기 위해 중국 국경 밖에서도 중국군을 활용할 것이다. 이런 안보적 요구 때문에 일대일로 연선 국가들, 특히 저개발 국가와 주요 해상 초크포인트에 군사력을 전개할 필요가 생긴다. 중국이 중앙아시아, 인도양, 동남아시아, 서태평양에 강대국으로 등장하는 것이다.

중국이 서쪽으로 '대륙 탈주'에 성공하면 미국과 그 동맹국은 패권적 중국에 취약해질 것이다. 스티븐 반 에베라Stephen Van Evera와 아론 프리드버그Aaron Friedberg는 20세기 미국의 대전략은 유라시아를 분할시키고 어느 단일 파워가 유라시아 대륙에 대한 패권을 차지하는 것을 저지하는 것이었다고 지적한다.[7] 아시아정책연구소The National

---

7   Peter G. Cornett, 〈China's "New Silk Road" and US-Japan Alliance Geostrategy: Challenges and Opportunities〉, 《Issues & Insights》 Vol. 16, No. 10, Pacific Forum

Bureau of Asian Research, NBR의 연구원 나데제 롤랜드Nadège Rolland는 일대일로를 통해 중국은 궁극적으로 유럽을 아시아 대륙 끝자락의 반도로 만들어 경제적으로 중국에 통합시켜 의존하게 만들기를 원하고 미국은 대서양과 태평양 사이에 떠 있는 머나먼 섬으로 전락하기를 원한다고 지적한다.[8] 그는 중국이 전략과 상업의 중심을 유라시아를 둘러싼 바다에서 유라시아 대륙으로 이동시킴으로 미국의 우월한 시파워를 저하시킬 것이라고 우려한다. 그러면서 유럽이 대서양 건너편 대신 아시아에 점차 더 경사되고 중국이 러시아, 중앙아시아, 동유럽, 중동과 더 긴밀히 연계하는 데 성공할 가능성에 대비해 미국은 이 지역과 세계에 대한 전략을 수정해야 할 것이라고 역설한다.

인도의 전 외교부 장관 시암 사란Shyam Saran은 중국은 일대일로를 통해 중앙아시아에서 러시아의 영향력을 축소시키고 태평양에서 미국의 영향력을 감소시킬 것이라고 지적한다. 또 중국은 러시아와 유럽을 이용해 미국의 영향력을 서반구에 국한시키려 한다고 지적한다. 중국의 일대일로가 성공하면 인도는 아시아의 주변부로 전락하고 중국이 지배하는 네트워크에 종속될 것이라고 우려한다.[9] 유럽의 경

CSIS, 2016, p. 6.

8   Nadège Rolland, 〈China's New Silk Road〉, The National Bureau of Asian Research, February 12, 2015(https://www.nbr.org/publication/chinas-new-silk-road/).

9   Shyam Saran, 〈What China's One Belt and One Road Strategy Means for India, Asia and the World〉(https://thewire.in/external-affairs/what-chinas-one-belt-and-one-road-strategy-means-for-india-asia-and-the-world).

계심도 커지고 있다. 2018년 뮌헨안보회의에서 독일 외무장관 시그마 가브리엘Sigmar Gabriel은 중국이 일대일로를 이용해 세계에 영향을 미치고 서방과 다른 가치 체계를 구축하려 한다고 비판한다. 가브리엘은 중국이 서방의 전통적 관념인 민주주의, 자유, 인권과는 다른 가치를 지향한다고 지적하면서 서방은 이에 대한 대응으로 동유럽, 중앙아시아, 아프리카에 투자를 늘려야 한다고 제안한다.

중국의 부상과 충돌

중국은 '굴욕의 세기'를 뒤로하고 자신의 옛 자리를 되찾으려 한다. 스티븐 월트Stephen Walt는 중국이 동아시아에서 미국의 군사적 영향력을 축소하려 할 것이고 군사 충돌 위험도 있다고 한다. 데이비드 샴보David Shambaugh는 상처 입은 중국의 민족주의가 영토 분쟁을 계기로 미국과 군사적으로 충돌할 가능성도 있다고 우려한다. 미 텍사스 A&M 대학교 교수 크리스토퍼 레인Christopher Layne은 지금 상황이 제1차 세계대전 발발 전과 매우 닮았다고 말한다.[10] 경제 라이벌 관계와 이념적 적대감이 '중국위협론'을 만들어낸다. 제1차 세계대전 전에 영국에서 독일위협론이 생겨난 것처럼. 미국은 중국의 경제성장이 신

---

10 Christopher Layne, 〈The Shadow of the Past: Why the Sino-American Relationship Resembles the pre-1914 Anglo-German Antagonism〉, Norwegian Nobel Institute Symposium Paper, 2014.

중상주의와 불공정하고 비자유주의적인 정책 때문이라고 여긴다. 중국이 룰을 어기고 환율을 조작한다고 본다. 중국의 경제정책, 무역정책이 미국을 경제적·지정학적으로 약화시킬 것이라고 믿는다. 국가 자본주의를 내세운 중국의 부상은 지난 20년 사이 미국의 패권에 최대의 위협이 됐다. 반대로 중국은 미국이 중국을 포위할까 봐 우려한다. 프린스턴 대학교 교수 아론 프리드버그Aaron Friedberg는 저서 《패권경쟁: 중국, 미국 그리고 아시아 지배 투쟁A Contest for Supremacy: China, America, and the Struggle for Mastery in Asia》에서 동아시아에서 중국에 대한 미국의 군사 우위, 대만의 독립 방어, 동아시아와 동남아시아에 강력한 반중 동맹 결성, 중국의 체제 변화 시도 등을 주장한다.

중국의 대응

칭화 대학교 국제관계연구원 원장 옌슈에통閻学通은 2011년 11월 20일 《뉴욕타임스》에 "중국이 어떻게 미국을 이길 수 있는가?"라는 제목의 글을 기고한다. 그는 정치 세력들의 국제 경쟁에서는 도의道義가 승부를 결정하는 관건이라고 주장한다. 관자, 공자, 순자, 맹자 등 중국 고대 정치철학자의 사상에서 도출된 결론은 정치권력의 핵심은 도의에 부합하는 지도력이라는 것이다. 장기적으로 보면 도덕규범에 따라 통치하는 통치자가 최종적인 승자가 된다. 옌슈에통은 미중 양국이 세계 패권 쟁탈에 있어 누가 돈을 많이 쓰느냐가 아니라 누가 정치 지도력을 가지고 있느냐로 경쟁해야 한다고 말한다. 중미 간 경쟁

초점은 누가 더 수준 높은 우방을 확보하느냐이고 이를 위해서 중국은 미국보다 더 높은 수준의 '인정仁政'을 실시해야 한다고 주장한다. 중국이 굴기함에 따라 상응하는 책임을 부담해야 하고 덕치의 전통에서 교훈을 얻어야 한다고 역설한다. 지도력을 강화하려는 중국과 기존 질서를 유지하려는 미국 사이의 게임이 진행되고 있는데 이는 민심 전쟁이라는 것이다. 민심의 추이가 최후 승리를 결정하기 때문에 중국은 인정을 앞세워 미국과 경쟁해야 미국을 이길 수 있다고 강조한다.

중국 외교학원外交学院 교수 스잔施展은 저서 《추뉴枢纽》에서 중국은 세계적 국가로서 해양과 대륙의 과도 지대过渡地带에 위치한다고 지적한다. 세계는 해양 질서, 대륙 질서, 해륙중개海陆中介 질서로 구성되는데 중국은 해양과 대륙의 중개자로서 책임을 담당해야 한다고 말한다. 시파워나 랜드파워 어느 한쪽보다는 양 세력에 모두 관여하는 중개자이자 포용자로서 중국을 위치시킨 것이다. 그는 중국이 좁은 민족주의에 갇히지 않고 세계주의 정신을 고양해야 비로소 그 역할을 담당할 수 있다고 지적한다.

중국의 굴기는 미중 간 긴장을 높이고 있다. 미국 정치학자 존 미어샤이머John J. Mearsheimer의 말대로 서반구 패권국 미국은 중국이 동반구의 패권국이 되는 걸 저지하려 할 것이다. 중국은 미국의 저지에 방관만 하지 않을 것이다. 유라시아와 세계도의 패권을 놓고 벌어지는 이 게임은 이 시대의 피할 수 없는 숙명일지도 모른다.

10

세계도 쟁탈전

SEA POWER
LAND POWER

2018년 10월 4일 마이크 펜스Mike Pence 미 부통령은 허드슨연구소에서 행한 연설에서 중국의 인권유린, 기술 탈취, 군사 팽창, 무역 갈등은 물론 중국의 미국 중간선거 개입 의혹, 남중국해 문제, 위구르족 이슬람교도 탄압 등 거의 모든 분야를 거론하면서 직설적으로 중국을 비판했다. 미국은 결코 물러서지 않을 것이라고 경고했다. 펜스의 연설은 1971년 키신저의 중국 방문 이래 미중 관계에 있어 최대 변곡점이 됐다. 중국을 미국의 경제적 이익과 미국의 가치에 근본적 위협을 가하는 주된 경쟁자로 선언한 것이다. 미국이 중국에 대한 관여 정책에서 근본적 방향 전환을 시도하는 것으로 읽힌다. 펜스의 45분 연설은 1946년 조지 케넌의 장문전보, 1946년 처칠의 철의 장막 연설, 1947년 트루먼 대통령의 트루먼 독트린 연설에 버금가는 것이다. 이 모두가 소련에 대한 서방의 냉전적 봉쇄 정책의 시작을 알린 것이었다.

미국의 새로운 전환은 이미 시작됐다. 트럼프 행정부는 2017년 12월 18일 출범 11개월여 만에 국가안전보장전략 보고서를 발표했다. '트럼프 독트린'으로 불리는 이 보고서는 '미국우선주의America First'를 표방하며 '경제 안보'를 강조하고 중국과 러시아를 미국의 전략적 경

2018년 10월 4일 허드슨연구소에서 중국에 관해 연설하는 마이크 펜스 미 부통령.

쟁자로 규정했다. 트럼프 정부는 미국의 경제적 이익을 위해선 '경쟁과 대결'도 불사할 것임을 천명했다. 보고서는 '경제 안보는 국가 안보'라며 '경제적 활력, 성장, 국내 번영은 미국의 힘과 해외 영향력을 위해 절대적으로 필요하다'고 강조했다. 또 '불공정한 무역 관행과 지적재산권 침해에 대한 강력한 행동'을 다짐했다. 보고서는 중국과 러시아에 대해 '미국의 가치와 이익에 상반되는 세계를 만들고 싶어 한다'며 기존 질서를 변화시키려는 '수정주의 국가'라고 명시했다. 특히 중국에 대해 '인도·태평양 지역에서 미국을 대체하고 국가 주도 경제 모델의 범위를 확대하면서 중국이 원하는 대로 지역 질서를 재구성하려 하고 있다'며 '전략적 경쟁자'로 지목했다. 보고서는 러시아를 향해서도 '강력한 힘을 다시 축적하고 주변에 세력권을 구축하려 하고 있다'고 경계했다. 《뉴욕타임스》는 '30년 동안 초강대국들의 경쟁이 휴지기를 보냈으나 이제 휴가는 끝났다는 것을 암시한다'고 분석했다. 강대국들의 경쟁적 대결, 신냉전이 개시된 것이다.

이어 2018년 1월 19일 트럼프 정부가 새로운 국방 전략National Defense Strategy을 발표했다. 이 국방 전략 보고서는 중국 및 러시아와의 경쟁이 전 세계에서 미군을 위협하고 있다며 미군의 능력을 키우고 전쟁을 준비하기 위해 투자를 확대해야 한다고 밝혔다. 20년 가까이 테러리즘 저지를 최우선 국가 안보 과제로 규정했던 미국이 방향을 돌려 중국과 러시아와의 군사적 경쟁에서 우위를 확보하는 데 초점을 맞춘 것이다.

군사 경쟁

강대국 간의 전쟁은 이미 진행 중이다. 러시아의 푸틴 대통령은 2018년 3월 1일 슈퍼 신무기 6종을 공개했다. 핵추진 대륙 간 수중 드론 '카년', 핵추진 순항 미사일, 미 미사일 방어망MD을 피할 수 있는 대륙 간 탄도 미사일ICBM인 RS-26 '아방가르드'와 RS-28 '사르맛', 극초음속 순항 미사일 '킨잘', 신형 레이저 무기 등이다.[1] 푸틴 대통령이

---

1   핵추진 순항 미사일은 원자력 엔진을 탑재해 사정거리가 현실적으로는 1만 킬로미터 이상이다. ICBM처럼 미 본토 타격이 가능하다. 극초음속 순항 미사일 '킨잘'은 최대 사거리 3천 킬로미터, 최대 속도가 음속의 10배인 마하 10에 달한다는 공대지·공대함 미사일이다. 이는 미 항모 전단에 치명적인 위협이 될 수 있다. 러시아는 이미 최대 속도가 마하 8에 달하는 대함 순항 미사일 '지르콘'(사정거리 3백 킬로미터)을 올해부터 실전 배치하는 등 극초음속 순항 미사일 분야에서 미국을 앞서고 있다. RS-26 '아방가르드'는 최대 속도가 마하

러시아의 대륙 간 탄도 미사일 RS-28 '사르맛'.

이처럼 차세대 '슈퍼 무기'들을 대거 공개한 것은 미국이 러시아를 전략적 경쟁자로 규정하고 대결적 자세를 취한 데 대한 반응이라고 볼수 있다.

특히 중국 군사력의 비약적 발전은 미국에게 심각한 위기감을 조성하고 있다. 조지프 던포드Joseph Dunford 미국 합참의장은 상원 인사청문회에서 2025년쯤에는 중국이 미국 군사력을 가장 위협하는 국가가 될 것이라고 했다. 미 인도태평양 사령부 새 사령관인 필립 데이비드슨Philip S. Davidson은 미 상원 인준 과정에서 중국은 미국과 어떤 전쟁 시나리오에서도 남중국해를 통제할 수 있다고 말했다. 그는 중국이 중요한 비대칭적 능력을 확보해 미국에 대한 대응 능력을 갖춘 대

20에 이르며 미 미사일 방어망을 회피하는 기동을 할 수 있는 게 특징이다. RS-28 '사르맛'은 사정거리 1만 킬로미터 이상으로 탄두가 10~24개에 달하는 다탄두 미사일이다.

등한 수준의 경쟁자라고 지적하면서 미국이 장차 분쟁에서 중국을 이길 수 있다는 보장은 없다고 결론지었다.

미국 정부는 대규모 예산을 편성하는 등 극초음속 비행체 개발에 총력을 기울이고 있다. 트럼프 정부는 2019년 국방 예산에서 극초음속 무기 연구에 2018년보다 136퍼센트나 늘어난 2억 5천 7백만 달러를 투입하였다. 한편 트럼프 정부는 2018년 8월 9일에 2020년을 목표로 우주를 작전 공간으로 삼는 '우주군Space Force' 창설 방침을 공식 발표했다. 우주에서도 러시아와 중국과의 패권 경쟁에서 밀리지 않겠다는 뜻을 피력한 것이다. 미중러 3국은 차세대 핵무기 개발에도 속도를 내고 있다. 러시아와 미국은 원거리 공격에 투입되는 전통적인 핵무기와 달리 국지전에서도 잠수함이나 순항 미사일 등에 탑재해 목표물을 타격할 수 있는 소규모 저강도low yield 핵무기 개발에 집중하고 있다. 중국 역시 2014년 9월부터 지난해 12월까지 2백 번이나 핵폭발 모의실험을 하며 핵군비 확대에 공을 들여왔다. 또 군사용 드론 개발 또는 전투기나 미사일 등에 인공지능AI 기술을 접목하는 4차 산업 집약적 군비 경쟁에도 열을 올리고 있는데 미국의 경우 국방비 중 인공지능 기술에 집행한 예산이 지난해 74억 달러에 달했다. 바야흐로 미국, 중국, 러시아 슈퍼 강대국 간의 군사 경쟁은 갈수록 고도화되고 심화되고 있다.

무역 전쟁

미국은 2018년 7월 6일 0시 1분(현지시간)을 기해 중국에서 수입하는 340억 달러(약 38조 원) 규모의 제품에 대해 25퍼센트의 관세 부과를 개시했다. 마침내 미국과 중국의 무역 전쟁에 불이 붙었다. 미 무역대표부USTR가 그 전달 확정한 산업 부품, 설비 기계, 차량, 화학 제품 등 818개 품목에 대한 관세가 자동으로 발효된 것이다. 전반적으로 항공 우주, 정보 통신 기술, 로봇공학, 산업기계, 신소재, 자동차 등 중국이 추진하는 '중국 제조 2025' 정책에 해당하는 제품을 타깃으로 삼고 있다. 중국 정부 또한 '같은 규모, 같은 강도로 보복 관세를 물리겠다'며 결사항전의 의지를 내비치며 무역 전쟁이 본격적으로 전개됐다. 미중 갈등은 2019년 6월 G20 정상회의에서 미중 정상이 휴전에 합의하면서 잠복 상태에 들어갈 것으로 예상됐다. 그러나 8월 들어 중국 위안화 가치가 급락하자 미국은 곧바로 중국을 환율조작국으로 지정하면서 미중 무역 전쟁은 환율과 통화 전쟁으로 번졌다.

그러다 미국과 중국은 2020년 1월 15일에 1단계 무역 합의에 최종 서명했다. 미국이 중국산 제품에 대한 첫 관세 폭탄으로 무역 전쟁의 포문을 연 지 약 18개월 만이다. 이번 합의는 전면적인 무역 전쟁을 벌이던 미중의 첫 합의로 일종의 휴전을 하고 추가적인 확전을 유보한 것이다. 중국은 농산물을 포함해 공산품, 서비스, 에너지 등의 분야에서 앞으로 2년간 2천억 달러 규모의 미국산 제품을 추가 구매하기로 했다. 미국은 당초 지난해 12월 15일부터 부과할 예정이었던

무역 회담을 위해 만난 미 재무장관 스티븐 므누신, 중국 부총리 류허, 무역대표부 대표 로버트 라이트하이저.

중국산 제품 1천 6백억 달러에 대한 관세를 부과하지 않기로 했다. 다만 2천 5백억 달러 규모의 중국 제품에 부과해오던 25퍼센트의 관세는 그대로 유지하기로 했다. 이번 합의에서 중국은 미국의 지식재산권 보호 강화, 미국 기업에 대한 금융시장 개방 확대와 인위적인 위안화 평가절하 중단 등을 약속했다. 미국은 중국에 대한 환율조작국 지정을 해제하고 관찰대상국으로 재분류했다. 다만 합의 미이행 시 관세 부과 권한을 규정한 것은 향후 이행 과정에서 새로운 분쟁의 불씨가 될 수도 있다. 미중은 1단계 합의의 이행 과정을 지켜본 뒤 2단계 협상에 돌입할 것으로 보이나 낙관적 전망을 하기에는 이르다.

또 다른 냉전

　미국과 중국의 관계는 더욱더 대립적으로 바뀌었다. 1990년대, 2000년대의 차가운 평화는 끝나고 냉전 2.0이 도래했다. 신냉전과 구냉전은 다르다. 구냉전 시 공산권 진영의 멤버들과 달리 신냉전에서 미국의 주요 라이벌들은 이데올로기를 공유하지 않는다. 미국에 대립적인 중국, 러시아, 이란은 자국의 주변에서 미국의 영향력을 축소시키려 할 뿐 이념적 공통점은 그다지 없다. 구냉전에서 중국은 처음엔 소련의 주니어 파트너였다가 이후 라이벌이 되고 1980년대에는 사실상 미국의 동맹이었다. 신냉전에서 중국은 미국의 최대 경쟁자이고 훨씬 약해진 러시아는 중국과 연대하고 있다.

　신냉전은 전통적인 강대국 간의 파워 경쟁이다. 많은 국가들은 중국의 국가자본주의와 관계없이 중국과의 무역이나 중국의 투자를 환영한다. 중국, 러시아는 권위주의적 국가이지만 구냉전 때처럼 자신들의 체제를 선전하지 않는다. 미국도 미국우선주의를 내세우면서 더 이상 정치적 가치를 앞세우지 않는다. 국가주의와 민족주의가 전면에 나섰다. 모든 강대국들이 이제 자국의 정체성과 국익을 강조한다. 신냉전은 지정학적 냉전이다.

　미국은 베를린장벽이 무너진 후 낙관적이었다. 과거 사회주의 국가들이 경제적으로 성장하면 자유 시장의 힘으로 결국 다당제 시스템으로 이전하고(민주평화이론), 자유무역 세계에서는 경제적 상호 의존이 군사적 대립을 대체할 것(자유평화이론)이라는 시각으로 중국의 경제 발전을 용인했다. 그러는 사이 국력이 성장한 중국이 지정학적 구도를 흔들었고 미국은 위협을 느끼기 시작했다. 이제 중국의 성장을 더 이상 방관할 수 없는 미국은 칼을 뽑아 들었다.

신냉전의 지정학적 원인

이런 신냉전이 본격화된 것은 중국이 빠르게 부상한 데서 비롯된다. 중국은 매킨더와 스파이크먼의 아이디어를 이용해 하트랜드와 림랜드에 동시에 진출하려 한다. 일대일로 전략이 그것이다. 랜드파워가 세력을 확대할 것이라는 매킨더의 예언은 조금 빨랐다. 1917년 러시아혁명, 1949년 중국 공산화, 그 후 이어진 40여 년의 냉전으로 실현이 늦어졌다. 유라시아의 경제성장과 통합이 어려웠고 이념적 장벽과 중소 분열로 인프라 건설이 어려웠다. 하지만 이제는 사정이 변했다. 중국이 굴기한 것이다. 이미 브레진스키는 유라시아를 지배하는 세력이 등장하면 서반구와 오세아니아는 세계의 중심 대륙인 유라시아의 주변부로 전락할 것이라고 경고했다. 중국의 경제력과 유라시아의 자원이 성공적으로 결합하면 매킨더가 1904년 예언한 대로 '세계 제국'이 등장할지도 모른다.

미국이 유라시아 지배를 지속할 수 있는 조건은 유럽을 확고히 장악하고, 유라시아의 중간 지역이 단일 세력에 의해 지배되는 걸 저지하며, 유라시아 동부가 하나의 세력으로 통합돼 미국을 축출하지 않도록 하는 것이다. 미국이 중동에서 발목이 잡혀 있는 동안 중국은 유라시아 중간 지대를 통합하기 시작했고 미국의 세력을 약화시키려 하고 있다. 오바마는 중동 지역에서 병력을 철수하고 태평양 연안 해군을 증강해 유라시아 대륙을 통제하려고 했다. 지정학의 가르침에 따라 중국을 견제하기 위한 경제적·군사적 틀을 만들려던 오바마의 시도는 트럼프의 등장으로 물거품이 됐다. TPP와 TTIP는 중단되고 트럼프 정부가 중동에 다시 집중하면서 군사력의 재배치도 유보됐다. 그러다가 트럼프 정부가 중국과 무역 전쟁을 시작함으로 전면적 대립이 가속화되고 있다.

미국의 일방적 이기주의

하지만 트럼프 정부 등장 이후 미국이 보인 행보는 지정학적 전략과는 거리가 멀다. 미국의 전략은 트럼프의 고립주의 때문에 큰 변화에 직면한다. 2018년 6월 트럼프 정부는 인권 보호를 위한 대표적인 국제 협력 기구인 유엔인권이사회UNHRC에서 탈퇴한다고 발표했다. 미국은 이미 2017년 10월 유네스코UNESCO 탈퇴를 선언했고, 이어 12월엔 유엔 분담금 축소 방침도 밝혔다. 트럼프 정부는 파리기후변화협정도 탈퇴했다. '이란 핵합의JCPOA'도 일방적으로 파기했다. 미국의 주요 동맹국들에게 고율 관세를 부과하는 무역 전쟁도 선포했다. 하나같이 제2차 세계대전 이후 미국이 주도해 만든 질서를 침해하는 외교정책들이다. 2018년 12월 트럼프 미국 대통령은 미국이 계속해서 세계의 경찰 역할을 할 수는 없다고 말했다.

찰스 쿱찬Charles A. Kupchan은 미국 역사에서 '미국우선주의'는 뿌리가 깊다고 말한다.[2] 건국 초기 미국의 고립주의는 미국을 외부의 위협으로부터 차단하고 국제 문제에 휘말리는 걸 피하기 위함이었다. 개입보다는 모범을 보여 민주주의를 전파하고, 보호주의와 공정 무역을 옹호하며, 인종주의와 반이민 정책을 통해 비교적 동질적 시민을 보존하는 것이었다. 그것은 미국 우선이었다. 그런데 일본의 진주만 공습으로 미국의 고립주의는 끝난다. 미국이 세계로부터 더 이상 격리될 수 없다면 미국은 미국의 파워와 가치를 적극적으로 확산해 세계를 경영해야 한다는 시각이 등장했다. 1940년대 이래 국제주의자들은 정치적 주류가 됐고 고립주의자들은 정치적으로 따돌림을 당했다. 트럼프의 정치적 성공은 미국에 잠재하는 고립주의를 활용한 것이었다. 로버트 케이건Robert Kagan은 트럼프가 선택한 길은 악당 슈퍼파워rogue superpower라고 거칠게 비판한다.[3] 고립주의자도 아니고 국제주의자도 아니며 오로지 자신의 이익만 추구한다는 것이다. 존 미어샤이머 교수는 저서 《대착각: 자유주의적 꿈과 국제적 현실The Great Delusion: Liberal Dreams and International Realities》에서 소련 해체 이후 미국 외교정책의 실패는 '자유주의적 헤게모니' 이론 때문이라고 비판한다. 미어샤이머는 미국처럼 개방적 국제경제와 민주제도를 통해 세

---

2   Charles A. Kupchan, 〈The Clash of Exceptionalisms〉, 《Foreign Affairs》, March/April 2018.

3   Robert Kagan, "Trump's America Does Not Care", 《Washington Post》, June 14, 2018.

계를 다시 만들겠다는 발상은 원하던 결실을 맺지 못했다고 지적한다. 사회주의도 자유주의도 민족주의의 벽을 넘지 못했다. 그는 국가 간의 관계에는 현실적인 리얼리즘이 작동할 수밖에 없다고 진단한다. 트럼프가 비록 국내에서 강력한 저항에 직면할지라도 리얼리즘에 기반한 전략으로 전환할 수밖에 없다는 것이다.

흔들리는 유럽, 요동치는 림랜드

2019년 2월 중순 독일에서 열린 뮌헨안보회의에서 미국과 유럽의 깊은 골이 확인됐다. 《뉴욕타임스》는 회의 참석자들의 말을 인용해 '이번 회의에서 유럽과 트럼프 미국 정부의 균열이 노골적이고 험악하게 구체적으로 드러났'고 전했다. 1949년 4월 출범한 나토는 냉전 시절 소련과 동맹국이 형성한 바르샤바조약기구에 맞서 서방의 안보를 지켜낸 동맹이었다. 그러나 창설 70주년을 맞는 현재 나토의 양대 축인 미국과 유럽은 전례 없는 긴장 관계를 형성하고 있다. 트럼프 행정부가 줄곧 주장한 유럽의 안보무임승차론은 유럽 동맹국의 우려와 반발을 낳았다. 심지어 일부 회원국을 중심으로 나토와 별개로 유럽군을 창설하자는 움직임도 일고 있다. 마크롱 프랑스 대통령은 2018년 11월 유럽 신속대응군 창설을 제안했다. 그러자 메르켈 총리도 '언젠가 실질적이고 진정한 유럽군을 창설하기 위해 비전을 가지고 노력해야 한다'며 마크롱 대통령을 두둔하고 나섰다.

2019년 4월 8일 미국은 보조금 지급 등 불공정 무역 관행을 이유로 112억 달러 상당의 유럽연합 제품에 고율의 관세를 부과하는 절차에 돌입하면서 사실상 유럽을 상대로 무역 전쟁을 선포했다. 70년 넘게 지속된 미국과 유럽연합 간 대서양 동맹의 균열이 무역 분쟁으로 비화하는 양상이다. 유럽에서는 동맹의 불화에 더 근본적인 이유가 있다는 경고의 목소리가 점차 높아가고 있다. 노르베르트 뢰트겐 Norbert Roettgen 독일의회 외교위원장은 트럼프가 원인이라기보다는 강대국들의 경쟁과 세계가 다극화되어가는 지정학적 변화를 반영하는 징후라고 말했다. 포스트 트럼프 시대가 온다고 해도 예전으로 돌아가지는 못하리라는 것이 그의 진단이다. 이처럼 대서양 동맹이 흔들리면서 러시아나 중국이 파고들 틈새가 생겼다.

2019년 3월 24일 중국이 유럽 주요국에서 처음으로 일대일로의 깃발을 꽂았다. 시진핑 중국 국가주석은 주세페 콘테Giuseppe Conte 이탈리아 총리를 만나 일대일로 양해각서MOU를 체결했다.[4] 이탈리아가 주요 7개국 G7 가운데 일대일로에 동참하는 첫 번째 국가가 됐다

4　양국이 체결한 일대일로 양해각서에는 에너지, 항만, 관광, 은행, 농업 등 산업 분야뿐 아니라 문화재, 교육, 항공 우주 등 민간과 정부를 망라한 총 29개 분야에서 상호 협력한다는 내용이 담겼다. 이 양해각서의 경제가치는 총 25억 유로에 달한다. 중국 측도 동유럽을 잇는 요충지인 이탈리아 동북부 트리에스테항과 서북부 제노바항의 투자와 개발 등 눈독을 들여온 사업에 참여할 길이 열렸다. 상하이에서 베니스, 트리에스테, 라벤나에 도착한 화물은 북이탈리아, 스위스, 독일 남부에서 오스트리아, 헝가리, 발칸반도로 운송될 것이다. 북유럽 항구에 도착하는 것보다 베니스에서 하역해 유럽에 공급하는 것이 시간이 단축된다. 중국이 주도하는 피레우스-부다페스트-발칸 회랑Piraeus-Budapest Balkan Corridor은 이탈리아를 유럽의 관문으로 만들 것이다. 베니스는 로테르담이나 함부르크의 대체 항구가 될지도 모른다. 마르코 폴로의 고향에 거꾸로 중국이 찾아온 것이다. 신실크로드와 이탈리아는 오랜 인연이 있다.

는 상징적인 의미를 지닌다. 독일의 싱크탱크인 메릭스MERICS의 루크
레지아 포게테Lucrezia Foguete 연구원은 '이탈리아의 일대일로 참여는
중국 정부의 경제적 승리'라고 평가하고 중국이 향후 주요 이슈에 대
해 유럽연합 회원국 전체를 상대로 이런 식으로 대응할 수 있는 중요
한 모멘텀이 됐다고 우려했다. 《뉴욕타임스》는 '한때 글로벌 경제를
주름잡았던 G7 멤버가 중국 일대일로 프로젝트에 참여한다는 것은
중국이 세계 경제와 정치 질서를 재편하고 있다는 신호'라고 해석했
다. 유럽의 경제 침체가 길어질수록, 트럼프 행정부의 유럽 경시가 계
속될수록 중국의 대對유럽 공세는 거세질 전망이다. 또 브렉시트로 중
국이 이익을 얻을 수 있다. 유럽연합 전체보다 개별 국가와 관계를 맺
길 선호하는 중국이 유럽연합의 분열을 이용할 수 있다. 이런 가운데
2019년 4일 12일 리커창 중국 총리는 중동부유럽 16개국 대표들과
회동했다.[5]

　　미국의 영향력이 약화되면서 독일의 외교 구도는 불투명해졌다.
볼프강 이싱어Wolfgang Ischinger 뮌헨안보회의 의장은 트럼프로 인해
독일에서 러시아 중국과 더 밀접한 관계를 맺어야 한다는 세력이 힘
을 얻을 것이라고 전망한다.[6] 미국에게 최악의 악몽은 중국, 독일, 러

5　　2012년 제1차 중국-중동부유럽국가지도자회담이 진행된 이래 중동부유럽 지역에서
중국-중동부유럽국가협력(16+1협력)기구의 활력이 날로 두드러졌다. '16+1협력'은 중국
과 중동부유럽 16개국이 공동으로 창립한 협력 플랫폼이다. 쌍방의 경제 무역 협력은 급속
히 발전하고 대량의 인프라, 금융 협력 등 중대 프로젝트들이 추진되고 있다. 중부 및 동유
럽에 대한 중국의 영향력 확대는 이후 유럽 전체에 대한 영향력을 키우는 데 중요한 디딤돌
이 될 것이다.

시진핑 중국 국가주석과 주세페 콘테 이탈리아 총리.

시아 3국이 유라시아 연대를 결성하는 것이다. 독일, 일본 양국을 중심으로 한 동맹 혹은 유럽연합과 인도의 밀접한 협력 관계도 형성될 수 있다. 미국의 국제적 지위가 흔들리면서 지금까지 상상하지 못한 다양한 구도가 출현할 수 있다.

아프리카의 향방

존 볼턴 백악관 미국 국가안전보장회의 보좌관은 2018년 12월 13일 해리티지재단에서 진행한 연설에서 아프리카에서 중국과 러시

---

6   《Reuters World News》, September 4, 2018(https://www.reuters.com/article/us-germany-usa-ischinger-interview/trump-could-push-germany-toward-russia-and-china-veteran-diplomat-says-idUSKCN1LJ1Q5).

아의 영향력이 확대되는 것은 미국 안보에 있어 위협이라며 이에 적극 맞설 것이라고 밝혔다. 미국의 새로운 아프리카 전략은 사실상 중국과의 대결 강화로 분석할 수 있다. 실제 중국의 아프리카 공략은 독보적이다. 2018년 9월 아프리카 대륙 수뇌부를 베이징으로 총출동시킨 중국·아프리카 협력포럼FOCAC 정상회의가 중국의 압도적인 위상을 새삼 입증했다. 53명의 각국 대표 중 대통령만 41명이 모였다. '신조공외교'라는 말까지 등장시킨 중국의 힘은 차이나머니의 위력이다. 중국이 아프리카에 투자한 금액은 1천억 달러를 넘었는데 시진핑 국가 주석은 이번 회의에서 추가로 6백억 달러를 풀겠다고 약속했다. 아프리카는 유라시아에 연결된 세계도의 일부이다. 아프리카는 앞으로 세계도의 패권 향방에도 영향을 미칠 것이다.

중국-러시아의 새로운 연대

시파워 미국이 충돌하고 갈등하는 사이 림랜드의 최강자 중국과 하트랜드의 점유자 러시아는 400년 역사상 그 어느 때보다 군건한 관계를 맺고 있다. 중국의 투자와 에너지 구매로 러시아는 우크라이나 사태로 인한 서방의 경제제재에 대항할 수 있게 됐다. 러시아는 원유, 미사일, 전투기 등을 판매해 중국의 군사력을 강화시켜 태평양에서 중국과 미국의 군사적 경쟁을 가속화했다. 미국은 유라시아 거인 두 나라 중 최소 하나와 화해해 다른 하나를 고립시켜야 한다. 그러나 현 상황은 미국이 오히려 두 나라의 접근을 촉진하고 있다.[7]

미국, 인도, 일본, 호주의 쿼드

미국의 목표는 유럽과 동아시아 강대국들과 연대해 미국의 라이벌이 등장하는 걸 저지하는 것이다. 1952년 당시 미 국무장관 존 덜레스John Foster Dulles는 일본, 호주, 필리핀을 잇는 '도련島鏈, 섬사슬island chain'이라는 개념을 채택했는데 이는 태평양에서 중국과 소련을 봉쇄하기 위한 것이었다. 트럼프 정부는 미국, 일본, 호주, 인도로 구성되는 쿼드Quad를 통해 이 개념을 다시 살리려 한다. '인도-태평양 전략'은 미국-일본-인도-호주를 잇는 연대 강화를 통해 중국의 부상을 견제하겠다는 의도를 담고 있다. 인도로서는 주적인 파키스탄과 긴밀한 관계를 맺고 자국의 영향권을 잠식해 들어오는 중국을 견제할 전략적 이유가 있다. 전통적으로 우호적 관계였던 러시아가 중국과 가까워지는 것도 신경이 쓰인다. 인도로서는 미국, 일본과 협력해 중국의 전략 공간을 제한하고 싶어 할 이유는 많다. 그러나 이 또한 만

---

7 러시아는 2015년 사우디아라비아를 제치고 중국으로의 최대 원유 수출국이 됐다. 새로운 파이프라인 시베리아 파워Power of Siberia는 2019년 12월부터 연간 380억 큐빅미터의 천연가스를 공급할 것이다. 중국은 러시아 북극의 야말Yamal LNG의 지분 30퍼센트도 취득했다. 미국으로부터의 위협에 공동으로 대처하고 미국 주도의 글로벌 질서 변화에 공조한다. 중러 간 경제는 상호 보완적이다. 중국은 최대 제조업 국가인데 러시아는 최대 에너지 자원 수출국이다. 중국은 농경지가 부족한데 러시아는 풍족하다. 중국에 대한 수출 개시로 러시아가 유럽에 에너지를 수출하는 비중이 종전 90퍼센트에서 향후 60퍼센트로 하향될 것이다. 중국도 미국의 잠재적 해상 봉쇄에 맞서 안정적인 에너지 조달이 가능하다. 러시아는 일대일로를 자신이 추진하는 유라시아경제연합Eurasian Economic Union, EAEU과 연결하려 한다. 궁극적으로 '대유라시아 파트너십'을 결성하는 것이다. 일대일로가 유라시아경제연합, 상하이협력기구, 아세안과 통합하는 것이다. 그 핵심에 중러의 전략적 파트너십이 있다.

만치 않다. 미국은 인도와도 무역 전쟁을 선언하며 이란 원유 및 러시아제 군 장비 수입을 중단하도록 압박했다. 하와이에 있는 태평양사령부를 '인도-태평양사령부'로 개명했지만 실질적 내용은 아직 모호하다. 인도는 독자적 외교 공간을 확보하려 한다. 일본이 주도적으로 군사력을 전개하는 데는 한계가 있다. 중국에 대한 경제적 의존도가 높은 호주의 행동에도 제약이 따를 수밖에 없다. 쿼드가 단단히 뿌리내리기 어려운 이유이다.

리버스 닉슨-마오쩌둥

최대의 림랜드 파워로 부상한 중국이 림랜드의 또 다른 축인 유럽에서 그 영향력을 넓혀가고 아프리카에서 지금까지의 영향력을 더욱더 공고히 한다면 유라시아-아프리카의 세계도에서 중국의 파워는 넘보기 힘들어질지 모른다. 미국이 초조할 만하다. 급기야 키신저의 역발상이 주목받는다. 인터넷 매체 《데일리비스트Daily Beast》는 2018년 7월 25일 미국의 대표적인 중국통인 헨리 키신저 전 국무장관이 트럼프 대통령에게 러시아와 협력해 중국을 견제하라고 조언했다고 보도했다. 이 매체에 따르면 키신저 전 장관은 트럼프 대통령이 지난 2016년 대선에서 승리한 후 몇 차례 따로 만나서 떠오르는 중국을 억누르기 위해서는 러시아와 협력해야 한다고 조언했다고 한다. 하지만 리처드 하스Richard Haas 미국 외교협회CFR 회장은 '중국을 봉쇄해 우리의 이익에 부합하는 질서 안으로 끌어들이기 위한 집단적 접근이라는 구상

2019년 9월 26일 쿼드회담 중인 미국 마이크 폼페이오 국무장관, 호주 외무장관 머리스 페인, 인도 외무장관 수브라마냠 자이샨카르, 일본 외무상 모테기 도시미츠.

은 이해하지만 현 단계에서 러시아가 역할을 할 수 있을 것이라고는 보지 않는다'고 말했다.[8]

　장기적으로 보면 러시아도 중국을 최대의 지정학적 경쟁자로 볼 수 있고 그때 미국과 러시아의 협력이 가능할 수도 있다. 중앙아시아에서 러시아와 중국의 이해관계가 대립할 수 있다. 중국의 국력이 더 강해지면서 러시아는 중국을 견제할 필요성을 느끼고 협력 파트너를 구할 수 있다. 하지만 현재로서는 불확실하다. 서방과의 관계가 악화

8　https://www.thedailybeast.com/henry-kissinger-pushed-trump-to-work-with-russia-to-box-in-china

된 지금 중국과 관계를 강화하는 게 러시아에게는 유리하다. 닉슨은 《리얼 전쟁The Real War》에서 제2차 세계대전 후 가장 중요한 지정학적 사태는 1950년대 초 중소 블록 형성, 1960년대 중소 분열, 1970년대 초 미국에 대한 중국의 개방이라고 썼다. 아마 그가 살아 있다면 2010년대 중국의 부상에 뒤이어 새롭게 형성된 중러 협력 관계를 새로운 지정학적 변화로 꼽았을 것이다.

새 질서의 태동

트럼프 정부의 백악관 수석전략가를 지낸 스티브 배넌Steve Bannon은 중국이 추진하고 있는 5세대5G 통신 기술, 핀테크 기술 선점, 중국 제조2025, 일대일로, 위안화의 기축통화화 등 다섯 가지가 모두 성취되는 날 중국이 세계 패권을 장악하게 될 것이라고 경고했다. 첨단 기술을 둘러싼 미중 간의 경쟁은 군사 경쟁, 경제 전쟁으로 확대되고 있다. 미국과 중국이 벌이고 있는 대결은 종합적 국력이 그 승패를 결정할 것이다. 중국의 경제력이 더 커지면 새로운 룰을 만들어 미국 주도의 질서를 바꾸려 할 것이고 그렇게 되면 국제정치 질서 또한 변화를 겪을 것이다. 하지만 미국 국력이 상대적으로 저하된다 해도 미국의 비중이 급격히 낮아지지는 않을 것이다. 미국은 세계의 기축통화로 기능하는 달러를 활용해 글로벌 금융 시스템을 통제하고 있다. 대영제국이 식민지를 상실하자 급격히 몰락한 것과 달리 미국은 스스로가 대륙 사이즈인 큰 나라로 인구, 자원, 과학기술, 경제 시스템, 군사력, 소프트파워 등 여러 면에서 여전히 강해서 급격히 힘을 잃지는 않을 것이다. 미국은 서반구 아메리카의 패권국이다. 남미와 북미에 패권을 겨룰 만한 경쟁자가 없는 상태에서 미국의 지위는 앞으로도 흔들리기 어렵다. 다만 유라시아에서의 영향력은 중국-러시아를 중심으로 한 유라시아 세력과의 경쟁 결과 출현되는 새로운 질서에 따라 규정될 것이다. 국력에 더해 양국 대결의 결과를 결정지을 또 하나의 요소는 양국의 전략이다. 어느 나라가 더 효과적인 전략을 구상해 실행할 것인지가 매우 중요하다. 트럼프 정부 등장 이후 미국의 전략적 방향이 모호해지고 흔들리고 있다. 중국의 전략도 자국중심적이라는 의혹을 벗어나지 못하고 있다. 앞으로 계속 진행될 이 경쟁의 결과는 지금 속단하기 이르다. 아마 20년 후쯤 우리는 좀 더 명료한 구도를 보게 될 것이다. 그 과정은 불확실성이 지배하고 매우 혼란스러울지도 모른다. 한 가지 분명한 것은 유라시아에서 어느 한 나라의 패권적 지배가 형성되기보다는 다극적 체제가 출현할 가능성이 더 높다는 것이다.

11

한반도

지정학의 덫

SEA POWER
LAND POWER

시베리아 횡단철도, 러일전쟁, 대한제국 멸망

한반도의 여수와 제주도 중간에 위치한 다도해의 최남단에 거문도가
있다. 12평방킬로미터의 조그만 섬으로 서도, 동도, 고도라는 이름의
세 섬으로 이루어져 있다. 옛날에는 삼도, 삼산도, 거마도로도 불렸
다. 이 동아시아의 외딴 섬에 지금으로부터 135년 전인 1885년에 세
계적 사건이 발생한다. 1885년 4월 15일 일본 나가사키에 주둔하고
있던 영국 해군이 3척의 전함을 거문도로 급파해 거문도를 무단으로
점령하고 주둔해버린 것이다.

거문도는 군사전략상 중요한 길목에 위치하고 있어서 열강들이
탐을 내는 섬이었다. 그중 가장 적극적이었던 영국은 이미 1845년부
터 조사단을 파견하여 거문도와 주변 지형을 조사했다. 거문도의 영문
지명인 해밀턴항Port Hamilton은 1845년 당시 영국 해군성 장관의 이
름에서 유래한다. 1854년 러시아 황제의 특사였던 예프피미 푸탸틴
Yevfimiy Putyatin 제독도 거문도를 조사했다.

거문도 점령은 영국이 19세기의 강대국인 러시아제국과 그레이

1885~1887년경 거문도에 정박한 영국 페가수스 순양함.

트 게임을 벌이면서 러시아의 남하를 저지하려는 목적에서 일어난 것
이다. 당시 중앙아시아 아프가니스탄에서 영국과 러시아의 군사적 갈
등이 고조됐다.[1]

영국 정부는 러시아의 남진을 견제하는 첫 조치로 거문도를 강점
한 것이다. 러시아와 아프가니스탄에서 충돌이 일어난 지 불과 2주 뒤

---

1   러시아는 1884년 투르키스탄을 합병한 이후 아프가니스탄으로 팽창을 시도하고 있었
다. 영국은 대영제국의 보석인 인도의 안전을 위해 아프가니스탄을 확보해야만 했다. 그런
데 1885년 3월 30일 러시아 군대가 아프가니스탄의 펜제Panjdeh (현재 투르크메니스탄 남쪽
에 위치한 도시)에서 영국군의 훈련을 받은 아프가니스탄 군대를 궤멸시켰다. 이것이 이른바
'펜제사건'이다. 이후 영국과 러시아 사이에 금방이라도 전쟁이 터질 수 있는 일촉즉발의 상
황이 됐다.

였다. 영국은 블라디보스토크에서 출발한 러시아 동양함대가 중앙아시아로 가기 위해 거쳐야 하는 길목에 거문도가 자리하고 있다는 점에 주목했다. 러시아의 항로를 중간에서 차단하는 동시에 영국 해군의 군수품 보급기지로 거문도가 필요했다. 조선 정부의 동의는 구하지도 않았다. 1885년 9월 영국과 러시아는 아프가니스탄 문제 해결에 합의했다. 러시아를 견제한다는 명분 아래 거문도를 점거했던 영국은 더 이상 거문도에 주둔할 이유가 없었다. 러시아가 한반도에 진출하는 것을 견제하기 위해 영국은 러시아가 한반도의 영토를 취하지 않는다는 조건으로 거문도에서 철수하기로 한다. 영국 해군이 철수한 것은 1887년 2월로 사건이 발생한 지 약 2년 만의 일이었다.

러시아는 영국의 거문도 강점 사건 후 동아시아 정책을 수정할 수밖에 없었다. 블라디보스토크 해군기지의 가치는 유한했고 러시아 함대가 사실상 동해를 벗어나기도 힘들었다. 1880년대에 증강된 일본 해군도 위협이 됐다. 이처럼 러시아는 시파워로 영국과 일본에 대적할 수 없게 되자 랜드파워를 강화하는 쪽으로 방향을 전환한다. 1886년 경부터 시베리아 횡단철도 부설 계획을 논의하기 시작한 것이다. 이것은 자국과 아시아를 육로로 연결하겠다는 발상이다. 1889년 세르게이 비테Sergei Vitte가 재무성에 신설된 철도사업국장에 임명되어 철도 건설을 본격적으로 추진한다. 그리고 마침내 1891년 알렉산드르 3세가 착공을 명한다. 면직물 등을 중국 및 아시아로 판매한다는 경제적 목적, 실업자를 동아시아에 식민하겠다는 사회적 목적이 군사전략적 목적과 함께 고려됐다.[2]

바이칼호를 지나는 시베리아 횡단철도.

　러시아에서 시베리아 횡단철도를 착공하려는 움직임이 시작되자 일본에서는 러시아에 대한 경계심이 고조됐다. 1889년 1월에 발표된 야마가타 아리모토의 대정부 〈군사의견서〉는 시베리아 횡단철도가 완성되면 필연적으로 러시아가 한반도에서 부동항을 구하게 될 것이기 때문에 '이 철도의 준공일이 바로 러시아가 한반도 침략을 시작하는 날'이 될 것이라고 지적했다. 이 위기에 대비하기 위해 군비 증강을 서둘러야 한다는 것이 그 요지였다. 독일의 법학자이자 사상가인 로렌츠 폰 슈타인Lorenz von Stein은 1889년 일본의 야마가타 아리모토에

2　최문형, 《한국을 둘러싼 제국주의 열강의 각축》, 지식산업사, 2001, pp. 73~76.

게 안보 전략을 제시한다. 이때 그는 한반도가 일본의 이익 영역sphere of interests이므로 중국, 러시아, 영국 등 외국이 한반도를 점령할 경우 그 나라는 일본의 적국이 된다고 주장했다.[3] 야마가타는 1890년 3월 발간한 《외교정략론外交政略論》에서 한반도를 일본의 이익선利益線으로 규정한다. 적성국의 지배 아래 들어가면 일본의 안전을 위협하게 될 지역이라는 것이다. 영국보다는 러시아가 한반도의 독립을 침해할 나라라고 보고 청과 협력하여 러시아가 한반도를 지배하려는 것을 저지해야 한다고 주장했다. 일본의 대러 강경론은 시베리아 횡단철도 착공 소식이 전해지면서 더욱 확고해진다.[4]

시베리아 횡단철도 착공이 발표되자 일본은 러시아의 공략 방향이 동아시아로 확정된 것으로 파악하고 전쟁은 더 이상 피할 수 없을 것으로 인식한다. 일본은 러시아와의 전쟁에서 이기기 위해 먼저 중국의 청나라를 제압해야 한다고 판단하고 청일전쟁을 도발하고서 승리한다. 청일전쟁에서 일본이 이기자 세계 최강의 시파워 영국은 최대의 숙적인 러시아를 견제하기 위해 동아시아의 시파워 강국으로 떠오른 일본이 필요했고, 일본 역시 러시아와 전쟁을 하기 위해서는 영국의 도움이 절실했다. 양국은 1902년 1월 30일 영일동맹을 체결한다. 영국은 일본의 시파워를 이용해 러불동맹의 해상 위협을 견제할

---

3   Ko Unoki,《International Relations and the Origins of the Pacific War》, Palgrave Macmillan, 2016, pp. 47~48.
4   최문형, 같은 책, pp. 85~87.

수 있고 아시아에서의 제해권을 계속 유지할 수 있게 됐다. 한반도에서의 권익을 일본에 보장해준 영국은 일본에게 러시아가 만주로 남하하는 것을 앞장서 저지하도록 요구했다. 일본은 대러시아 전쟁을 결행할 중요한 동력을 확보했다.[5]

1904년 시작된 러일전쟁은 한반도와 만주를 둘러싼 랜드파워 러시아와 시파워 일본의 대결이었다. 일본은 최대의 시파워 영국과 손잡고 전력을 극대화했지만 아직 시베리아 횡단철도조차 완성하지 못했던 러시아의 미숙한 랜드파워는 승리하기에 부족했다. 이 전쟁의 결과, 승리한 일본이 한반도를 강제로 병합해 식민지화한다. 시파워 일본에게는 랜드파워를 갖추기 위해 대륙 진출의 교두보인 한반도를 장악하는 것이 핵심적 열쇠였다.

돌이켜 보면 러시아가 동아시아로 진출하기 위해 시베리아 횡단철도를 건설한 사건이야말로 한반도의 운명에 큰 영향을 미쳤다. 시베리아 횡단철도 건설로 구체화된 러시아의 동방 팽창은 마찬가지로 대륙으로 팽창하려던 일본에게 중대한 위협으로 다가왔다. 그 결과가 러일전쟁이다. 시베리아 횡단철도가 건설되지 않았다면 전쟁 규모가 그렇게 크지 않았을 것이고 아마 전쟁 자체가 발발하지도 않았을 것이다.[6]

---

5   최문형, 《러시아의 남하와 일본의 한국 침략》, 지식산업사, 2007, pp. 307~309.

6   Felix Patrikeeff, Harold Shukman, 《Railways and the Russo-Japanese War: Transporting War》, Routledge, 2007, p. 4.

이 시베리아 횡단철도의 건설은 매킨더가 1904년 논문 〈역사의 지리적 중심〉을 쓰게 된 결정적 계기였다. 러시아와 오랜 기간 그레이트 게임을 벌이던 영국의 학자인 그는 러시아가 철도 건설로 강력한 랜드파워를 갖추게 될 경우 시파워에 의존하던 영국에게 가해질 위협을 직감했던 것이다. 그의 너무 빠른 예감과 달리 아직은 미숙했던 랜드파워 러시아는 러일전쟁에서 패배했다. 매킨더가 시파워가 랜드파워를 견제하기 위해 반드시 필요한 교두보 중 하나로 지목했던 한반도는 동아시아의 신흥 시파워 일본에게 점령됐다. 영국이 동의한 결과였다. 이렇게 대한제국의 멸망은 거대한 지정학적 게임의 한 부분이었던 것이다.

스탈린과 한국전쟁

일제는 한반도 점령 후 무리한 팽창욕으로 제2차 세계대전에 뛰어들고 한반도를 전쟁의 한복판으로 끌고 들어간다. 코시로 유키코 교수가 밝혔듯이 일본은 패전이 다가오자 자신에게 가장 유리한 구도를 만들기 위해 한반도에 미국이 단독으로 진입하기 전에 소련을 관여시키려 했고 이것은 결국 한반도의 분단으로 이어졌다. 분단과 한국전쟁의 씨앗을 일본이 뿌린 것이다.

중국 화동 사범대학교 션즈화沈志華 교수는 논문 〈극동에서 소련의 전략적 이익 보장: 한국전쟁의 기원과 스탈린의 정책 결정 동기〉에서 한국전쟁의 기원에 관해 주목할 만한 해석을 내놓는다. 1897년

11월 11일 태평양으로 출구를 찾던 러시아 외무장관 미하일 무라비요프Mikhail Muravyov는 니콜라이 2세 황제에게 보낸 서신에서 이후 러시아의 자유항은 중국의 랴오동반도 혹은 한반도의 동북쪽에서 선택해야 한다고 보고했다. 황제는 답신에서 전적으로 정확하다고 동의한다. 본래부터 한반도는 러시아의 선택 대상 중 하나였는데 러시아는 거리가 가까운 랴오동반도로 확정했다.

스탈린이 한국전쟁 도발에 동의한 것은 미 국무장관 딘 애치슨이 미국의 태평양 방어선에서 한반도를 제외한다는 1950년 1월 12일 연설 때문이라는 주장이 한때 유행했다. 이 연설로 한반도와 대만은 미국 보호 범위 밖에 놓이고 한국전쟁은 애치슨 선언 후 반년이 지나 일어났기 때문이다. 그러나 선즈화 교수는 이는 역사적 사실과 다르다고 강조한다. 1950년 1월 26일 중국은 '창춘철도와 뤼순항 및 다롄항에 관한 협정'을 소련 측에 전달하고 2년 내에 동북 지역의 모든 주권을 회수하겠다는 의지를 표명한다. 소련은 기본적으로 중국 측 요구를 수용한다. 곧이어 1월 30일 스탈린은 북한 주재 슈티코프 대사에게 전보를 보내 김일성의 남침 군사 계획에 동의하고 원조를 제공하겠다는 뜻을 밝힌다. 그 전부터 여러 차례 김일성이 남침에 대한 승인을 요구했음에도 불구하고 계속해서 유보적이었던 스탈린이 돌연 입장을 바꾼 것은 뤼순항과 다롄항의 상실이 명확히 결정된 직후였다. 소련은 태평양으로 통하는 유일한 부동항을 상실하게 된 것이다. 동아시아의 전략적 거점을 상실한 것이다. 스탈린이 김일성의 전쟁 발발에 동의했던 것은 이러한 군사행동을 통해 소련의 전략 거점을 다

압록강을 건너는 중국인민지원군.

시 확보하려고 했기 때문이다.

　스탈린은 심사숙고했다. 만약 애치슨 선언이 그대로 이행된다면 김일성의 남침은 미국의 이익을 위협하지 않으므로 미국은 군사개입을 하지 않을 것이다. 이 경우 김일성이 전쟁에서 승리하면 소련은 한반도 전체를 통제할 수 있고 인천, 부산 등 남한의 항구들로 뤼순항과 다롄항의 역할을 대체할 수 있다. 북한의 철도를 창춘철도와 연결할 수도 있다. 설령 전쟁에 패한다 해도 소련은 여전히 원하는 것을 얻을 수 있다. 즉 동북아에서 긴장 상태가 조성되면 중국은 뤼순과 다롄에 소련군이 계속 주둔하도록 요청할 것이고 또한 전쟁이나 위기 국면이 발생하면 소련군은 중소협정에 근거해 창춘철도를 사용할 수 있는 권리를 갖게 된다. 소련은 자연스럽게 태평양으로 향하는 철도 노선을 계속 사용할 수 있게 된다. 한반도에서 발생할 무력 충돌은 그 결과에 관계없이 소련이 아시아에서 설정한 전략 목표인 태평양으로 향하는 항구와 부동항의 획득을 보장할 것이라고 스탈린은 판단한 것이다. 스탈린이 중시한 것은 전쟁의 발발이었지 전쟁의 결과가 아니었다. 승패와 관계없이 소련은 태평양으로 나가는 항구를 통제할 수 있다고 판단했다. 그래서 스탈린은 서둘러 전쟁 개시를 승인한 것이다. 션즈화 교수의 이런 해석에 따르면 스탈린이 김일성의 남침을 승인하고 지원한 것은 철저한 지정학적 계산의 결과였다. 제정 러시아에서 사회주의 소련으로 바뀌었지만 지정학적 욕구는 변함이 없었다.

분단과 정전의 지속

한국전쟁은 아직도 종전되지 않고 정전 상태이다. 67년이 지났는데도 말이다. 세계사에 그 예를 찾기 어렵다. 도대체 왜 그럴까? 주요 강대국들의 지정학적 이해관계가 충돌하면서 한반도의 분단 상태가 오히려 그들에게는 균형 상태이기 때문이다.

먼저 미국의 입장에서 한국은 시파워 미국이 러시아와 중국 등 주요 경쟁자를 견제하기 위해 반드시 확보해야 할 거점이다. 브레진스키는《그랜드 체스판》에서 우크라이나, 아제르바이잔, 터키, 이란과 함께 한국이 매우 중요한 지정학적 중심이라고 강조했다. 한국을 제외한 나머지 나라들이 모두 동유럽, 중동 쪽임에 반해 한국만 동아시아 국가이다. 그만큼 동아시아에서 갖는 한국의 지정학적 위상을 높게 평가한 것이다. 주한 미군은 주일 미군과 연계하여 북한의 위협을 억지하는 한편, 중국과 러시아를 견제한다. 동시에 일본의 재무장을 일정 정도 억제할 수도 있다. 그래서 주한 미군의 철수를 초래할 어떤 사태에 대해서도 미국의 외교 안보 엘리트들은 민감하게 반응한다. 주한 미군 철수는 주일 미군 철수로도 이어질 것이고 이는 일본을 불안하게 하는 한편, 일본과 한국이 미국의 영향권에서 이탈해 독자적 행동반경을 넓힐 가능성을 높인다. 미국으로서는 동아시아의 군사적 발판을 상실하고 결국 동아시아 지배력을 상실할 것이다. 한국과 일본에 대한 통제력이 약화되면 호주, 베트남, 인도 등도 흔들릴 것이다. 미국이 그동안 누려왔던 유라시아 패권도 위험해진다. 미국으로서는 어떻게 하든 이런 사태를 막아야 한다. 한반도가 한국 주도로 통일되어 북한마저 미국의 영향권 아래 둘 수 있으면 미국에겐 최선이다. 하지만 그 과정에서 통제할 수 없는 군사적 충돌이 발생할 수 있고 그 결과도 불확실하다. 만약 한국 주도로 통일이 되더라도 통일 한국이 미군의 영향권에서 벗어나겠다고 하면 도리어 한반도에 대한 영향력이 축소될 수도 있다. 미국으로서는 큰 위험 없이 한반도 전체를 자신의 영향권 아래 묶어둘 길이 없는 한, 현상 유지를 선호할 것이다.

남북한의 군사적 대립은 한국에 주한미군을 유지할 확실한 근거를 제공한다. 미국의 전략적 목표는 동아시아에서 강력한 통제력을 유지하는 것이지 한반도의 평화가 아니다. 북한이 종전 선언을 요구하고 있지만 미국이 아직 이에 응하지 않는 것은 바로 이 때문이다. 《뉴욕타임스》는 2018년 8월 13일 그 이유를 이렇게 분석했다. 첫째는 미국 내에서 북한에 종전 선언을 내어주기 전 북한의 비핵화 절차에 진전을 보고 싶다는 강경한 입장이 여전히 우세하기 때문이라는 것이고, 두 번째는 한반도 종전 선언이 주한 미군의 철수 또는 감축으로 이어지면서 아시아에서 미국의 군사 영향력이 줄어들 수 있다는 우려가 나오기 때문이라는 것이다. 일부 미국 관료들은 주한 미군이 단순히 북한만을 목표로 하는 것이 아니라 중국의 태평양 진출을 억제하고 한국, 일본, 호주 등 아시아 동맹을 보호하는 가치가 있다고 보고 있다. 이런 상황에서 만일 종전 선언이 실현되면 주한 미군의 주둔 명분이 약화되어 미국의 아시아 전력에도 손상이 올 수 있다는 것이다. 미국 의회도 비슷한 인식을 보이고 있다. '2019 회계연도 국방수권법안NDAA'에 주한 미군 병력을 의회 승인 없이 2만 2천 명 이하로 줄일 수 없도록 명시한 것이다.

미국은 우려한다. 북한의 위협이 없어지면 한국은 미국과의 안전보장 체제로부터 이탈해 중국과 더 긴밀한 경제 지향적 관계를 구축할지도 모른다고. 한반도의 평화와 화해가 이루어지면 미국은 아시아에서 가장 중요한 안보 거점을 상실할지도 모른다고. 미국의 필요성이나 중요성은 사라질지 모른다고. 미국은 아시아에서 주변적 플레이어로 밀려나고 이는 중국에 유리해질 것이라고. 북한과의 긴장 완화가 주한 미군 철수와 동아시아 지배력 약화로 이어진다는 우려가 사라지지 않는 한 미국이 한반도 긴장 해소에 나설 이유가 없다.

또 다른 강대국인 중국의 안전에 한반도가 갖는 중요성은 명백하다. 북한은 중국의 뒤뜰이고 완충지대이다. 중국 지도자들은 이러한 지리적 의미를 이해한다. 중국의 입장에서 보면 한반도에서는 안정이 제일이다. 그래서 중국은 한반도의 통일도, 전쟁도, 혼란도 원하지 않는다(不统, 不战, 不闹). 중국은 북한 체제가 안정되고 상대적으로 중국에 우호적이기를 원한다. 적어도 주적인 미국 편이 되지 않기를 원한다. 만약 미국이 한반도 북부까지 진출한다면 중국은 중대한 위협에 직면할 것이다. 중국이 한국전쟁에 참전한 중요한 원인도 미국의 북상을 저지하기 위한 것이었다. 중국이 명명한 한국전쟁 이름이 항미원조抗美援朝 전쟁이다. 미국에 대항하고 북한을 지원하는 전쟁이라는 것이다. 여기서 항미抗美가 본질이다. 중국은 북한의 체제 붕괴에 반대하면서 동시에 북한이 미국의 영향권 안에 포함되는 것도 반대한다. 통일 한국의 역량이 커질수록 제어하기 힘들어지는데 이는 중국이 원하는 게 아니다. 분단되고 대립하는 그래서 강국이 되기에 근본적 장애가 내재된 한반도를 선호한다.

한반도의 운명에 끈질기게 관여해온 일본은 어떤가. '일본의 심장을 겨누는 단도', 이는 프러시아 장교 클레멘스 메켈Klemens Meckel이 한반도가 일본에 대해 갖는 성격을 규정한 말이다.[7] 그는 일본군 현대화를 위해 일본 메이지 전반기인 1885년 일본에 부임해 일본육군대학의 교관으로 일했다. 동해 바로 건너편에 위치한 한반도의 지리적 근접성이 일본에 대해 갖는 중요성을 일깨운 것이다. 만약 제3국이 한

7　Carl Cavanagh Hodge,《Encyclopedia of the Age of Imperialism, 1800~1914》, Greenwood, 2007, p. 375.

반도를 점령하면 일본 공격을 위한 발판이 된다. 한반도가 일본의 심장을 겨누지 못하도록 약화시키거나 통제하는 건 일본의 핵심 이익이 된다.

한반도는 과거에는 일본의 대륙 진출 기지였고 분단 상황에서 한반도의 휴전선은 소련과 중국의 위협을 저지하는 방파제였다. 한국은 일본을 보호하는 완충지대였다. 일본에게는 중국과 마찬가지로 한반도의 분단이 축복이었다. 한반도의 칼날을 무디게 하고 역량을 분산시켰기 때문이다. 남북한 사이의 긴장 완화와 평화 무드 조성은 일본에게는 우려의 대상이다. 남북한 어느 쪽이든 그 자체로 일본에게는 위협이 된다. 하물며 남북한이 통합되어 한반도 전체의 역량이 커진다면 일본에게는 더 큰 위협이 된다. 한반도에 평화 체제가 들어서면 그 방파제가 대한해협으로 내려온다. 일본은 중국이나 한반도의 위협에 직접 대면해야 한다. 한반도의 칼날이 일본을 향할지도 모른다. 상대적으로 국력이 날로 약해지는 일본에게는 끔찍한 시나리오가 될 것이다. 분단되고 대립하는 그래서 약해진 한반도를 일본은 누구보다 원한다. 일본은 한국이 분단된 상태로 일본을 위한 방파제로 남아 있기를 원한다. 일본은 한반도에 직접적으로 영향력을 행사하기 어렵기 때문에 미국을 통해 간접적으로 행사한다. 한국에 비해 훨씬 우월한 영향력을 이용해 미국의 외교 안보 정책에 작용한다.

러시아는 19세기 후반 이래 한반도와 밀접한 관계를 맺었고 한반도에 중대한 지정학적 이해관계를 갖고 있다. 하지만 북한과 러시아와의 국경은 고작 19킬로미터에 불과하다. 그만큼 러시아는 안보적 관점에서 북한이 그리 중요하지 않다. 실질적으로도 남북한과 균형적인 관계를 맺고 있다. 냉전 시 소련은 미국, 중국과 대립할 때는 북한이 소련과 멀어지지 않도록 관리하면서 한반도의 현상 유지를 선호했지만 소련 붕괴 후 러시아는 국력의 쇠약으로 동아시아에 관여할 여력이 현저히 축소됐다. 한반도가 통일되더라도 안보상의 위협이 크지 않은 데 반해 통일된 한국 혹은 평화로운 한반도에 에너지 자원을 수출하는 등의 경제적 이익을 얻을 수 있어서 미중일에 비해 상대적으로 한반도의 긴장 완화에 거부감이 덜하다.

결국 미국, 중국, 일본은 분단되고 대립하는 한반도를 원하기 때문에 한반도의 긴장 완화에 적극 나설 이유가 없다. 1953년에 휴전된 한국전쟁이 아직도 종료되지 않은 이유이다.

북한과 북핵의 지정학

냉전 체제 붕괴로 국제적으로 고립된 북한은 핵개발에 나선다. 북핵 문제는 국제적 이슈가 됐다. 그런데 비핵화를 둘러싼 북미 간 갈등의 본질은 군사 문제가 아니라 정치 문제이다. 영국의 2백 개 핵탄두보다 북한의 10개 핵탄두가 미국에 더 위협적이다. 이는 북미 간의 적대적 관계 때문이다. 이스라엘, 인도, 파키스탄은 사실상 핵보유국이지만 미국은 그 나라들과 전략적 필요에 따라 관계를 맺는다. 미국은 북한의 핵이나 미사일 위협만 제거하려 했지 북한과의 적대적 관계 청산에는 적극적이지 않았다. 양국의 적대적 관계가 해소되면 군사적 문제를 해결하는 것은 어렵지 않다. 미국의 강경파는 북한이 먼저 완전 비핵화할 것을 주장한다. 적대적 관계가 해소되기 전에 북한이 그 주장을 수용할 리 없다는 걸 알면서도 그런 주장을 계속하는 이유는 북한과 평화 체제를 구축하고 싶지 않고 지금처럼 긴장 상태를 유지하고 싶어 하기 때문이다. 그로 인해 얻는 전략적 이익이 더 크다. 반면에 북한은 미국과의 적대 관계를 청산하기 원한다. 북미 간에 근본적으로 다른 전략적 관계를 원하는 것이다. 전략적 관계의 전면적 재조정에 관한 미국의 의지가 확인되기 전에는 비핵화의 실질적 성과를 기대하기는 힘들다.

정치적 관계의 전환은 미국과 북한 사이에 전략적 목표를 공유하지 않는 한 어렵다. 그 전략은 구체적으로 중국에 대한 견제일 수 있다. 그럼 베트남처럼 중국을 공동의 적으로 삼아 미국이 북한과도 손을 잡을 수 있을까? 그럴 수만 있다면 이는 1972년 닉슨과 키신저가 소련을 견제하기 위해 중국과 손을 잡았던 사건에 비견될 만하다. 그만큼 폭발력도 있다. 그 가능성을 미국과 베트남의 역사에서 찾아볼 수 있다.

미국과 베트남의 관계 정상화

미국은 1964년 8월 베트남전쟁에 참여했다. 1975년 4월 베트남이 공산화된 이후 양국 관계는 단절됐으나 1995년 7월 미국과 베트남은 국교를 정상화했다. 2000년 7월 베트남과 미국은 무역협정을 체결하고 2000년 11월 클린턴 대통령이 베트남을 방문해 양국이 협력 관계를 구축하기로 했다. 2006년 11월에는 조지 부시 대통령의 방문으로 경제적 관계가 정상화됐다. 베트남은 1995년 미국과 관계를 정상화한 이후 본격적으로 경제 개방과 개혁에 나서 고속 성장을 이루어 냈다. 한때 쌍방이 엄청난 손실을 입은 적대적 전쟁을 치르고도 불과 20년 만에 미국과 베트남은 왜 다시 관계를 정상화한 것일까?

1991년 소련 붕괴로 냉전이 종료된 후 소련 견제를 위해 사실상 동맹 관계이던 미국과 중국의 관계도 변화를 겪는다. 공통의 적이 없어졌기 때문이다. 1979년 중국과 전쟁까지 치러 비우호적인 데다 강력한 후원자이던 소련이 붕괴된 상황에서 베트남으로서는 중국을 견제하고 경제 발전을 이루기 위해서 미국과 손을 잡는 수밖에 없었다. 미국으로서도 소련이 사라진 후에는 중국의 중요성이 상대적으로 낮아지고 오히려 잠재적 경쟁자로서 견제의 대상으로 바뀐 것이다.

미국과 베트남을 더 밀착시킨 이유는 중국을 견제해야 한다는 공동의 목표가 있기 때문이다. 남중국해 영유권 문제를 두고 중국과 갈등을 빚고 있는 베트남과 '아시아 회귀' 정책을 추진하던 미국 정부의 이해관계가 맞아떨어진 것이다. 아시아지중해의 심장 남중국해는 중국 입장에서는 반드시 사수해야 할 전략적 요충지다. 남중국해는 중국을 봉쇄하려는 미국의 '아시아 회귀'와 이 봉쇄를 벗어나려는 중국의 '일대일로'가 충돌하는 지점이다. 미국은 남중국해에서 이른바 '항행의 자유' 작전을 벌여왔다. 중국은 남중국해에서 세력을 넓히는 미국을 견제하는 한편, 중국의 서남부와 남중국해에서 중국에 잠재적

2000년 11월 베트남에 최초 방문한 미 클린턴 대통령.

위협이 될 베트남에 대해서는 신중하게 경계하고 있다. 베트남과 미국이 가까워지는 것을 우려하면서 자국과 베트남의 관계가 더 악화되지 않도록 촉각을 곤두세우고 있다. 결국 미국과 베트남의 관계가 질적으로 전환된 것은 소련의 붕괴로 인한 강대국 간의 지정학적 구도가 변한 결과이다. 국가 간의 관계는 전략적 이해관계에 따라 얼마든지 바뀐다는 오랜 역사적 철칙이 다시 확인된 것이다. 미국과 베트남의 관계처럼 미북 관계도 전환될 수 있을까? 우선 북한과 중국의 사이를 깊이 들여다보아야 한다.

북한과 중국의 애증

북한과 중국은 1천 4백 킬로미터의 국경을 공유한다. 북한의 중국 무역 의존도는 2017년 기준 80퍼센트 이상이다. 과연 중국과 북한은 혈맹일까? 선즈화 중국 화동 사범대학교 교수는 아니라고 단언한다.[8] 마오쩌둥은 북한을 중국의 방패이자 안보의 완충지대로 보고 김일성을 적극 지원하는 특수 관계를 이어왔다. 북중 관계를 순망치한이라고 했다. 그런데 1972년 중국이 미국과 화해하고 소련에 대항하는 연미항소聯美抗蘇 전략을 취한 것은 공산주의 진영을 버린 사건으로 북중 외교 노선에 큰 균열이 발생한다. 북한에게는 이념적으로나 지정학적으로 크나큰 충격이었을 것이다. 1980년대 덩샤오핑 주도로 중국이 개혁개방을 추진하자 경제 차원에서도 북중 간의 거리가 멀어진다. 더 이상 중국이 형제국 북한에게 무상으로 혹은 특혜적 지원을 하지 않게 됐다. 1992년 한중 수교로 북중은 결정적으로 멀어진다. 북중 사이는 정치, 외교, 경제, 이데올로기 모든 분야에서 대립적 관계로 바뀐다. 외교적 차원에서도 중국은 북한보다는 국제연합UN에 보조를 맞춘다. 북한에게 중국은 믿을 수 없는 국가인 것이다.

2017년 중국은 국제연합 안전보장이사회 결의에서 대북 제재에 찬성표를 던졌다. 중국은 미국의 강한 압박을 거스르기 어려웠을 것

---

8   선즈화, 조청봉, 〈중국의 개혁개방 이후 북중 동맹의 본질(1977~1992)〉, 《황해문화》 통권 제100호, 2018.

이다. 반면 북한은 중국을 용납하기 어려웠을 것이다. 북한으로서는 중국을 신뢰하기 어렵다. 북한은 중국에 대한 의존을 회피하려 하고 중국이 중재자 행세를 하는 걸 원하지 않는다. 북한과 중국의 경제 관계는 생각보다 결정적 지렛대가 아니다. 중국의 지원이 북한 경제 개선과 체제 안정에 도움이 되겠지만 북한은 중국이 이를 이용해 북한에 간섭하도록 허용하지 않는다. 북한에 대한 중국의 정치적 위협이 북한이 중국으로부터 얻을 수 있는 경제적 이득보다 훨씬 더 크다. 북한에게는 체제의 생존이 최우선적 과제이다.

중국이나 러시아군이 북한에 주둔하지 않고 양국이 북한에 핵우산을 제공하지도 않는 상황에서 북한은 스스로 핵무장을 추구해왔다. 동맹 관계에 의존해 안전보장을 추구하지도 않는다. 북한은 핵무기가 미국의 위협으로부터 체제 안전을 보장하는 방책이면서 동시에 북한이 중국의 식민지가 될 위험에 대한 보험이라고 판단한다. 핵무장한 북한은 중국에 대해 심각하고 항구적인 눈엣가시가 될 것이다. 언젠가 북한이 중국을 공격할 수도 있기 때문이다. 중국은 북한의 핵보유로 인해 미국이 동아시아에서 동맹 체제를 공고히 하는 빌미를 제공한 데 대해 불만을 갖고 있다. 일본이 군사력 강화에 나설 구실을 제공한 점에 대해서도 못마땅하다.

중국은 북한의 비핵화를 지지하지만 그 우선순위는 미국에 비해 뒤로 밀린다. 판지서樊吉社는 미국은 비핵화를 우선시하는 데 반해 중국은 지역 안정을 우선시한다고 지적한다. 양시위杨希雨는 중국은 북한의 평화적 핵에너지 발전을 용인하는 데 반해 미국은 용납하지 않는다고 비교한다. 옌쉬에통閻学通은 심지어 북핵을 용인하자고 한다. 그는 중국과 적대적이지 않은 핵보유국 북한이냐, 아니면 중국에 적대적인 핵보유국 북한이냐를 선택해야 한다고 말한다. 중국이 북한의 비핵화를 강제할 수 없다고 전제한 그는 제재는 북한과 중국의 관계만 나빠지게 할 것이라며 반대한다. 그는 북한이 비핵화에 동의하면 중국이 핵우산을 제공해야 한다고 제언한다.[9] 비핵화가 되지 않을 경우 중국은 북한의 핵보유를 인정하고 적극적으로 수용해 북한이 중국의 적이 되지 않도록 해야 한다고 강조한다. 북한의 핵보유 자체보다는 북중 간의 정치적 관계의 성격을 더 중시한 것이다.

북한에 대한 중국의 영향력은 제한적이다. 중국이 북한에 압력을 가할수록 북한은 더 저항하고 관계만 악화될 것이다. 북핵 해결에서 중국은 전적으로 무시될 수 없지만 현재로서는 부차적 역할에 불과하다. 북핵 이슈는 단지 비핵화, 비확산 문제일 뿐만 아니라 지정학적 경쟁과도 관련된다. 가장 우려하는 게 북한과 중국의 분열이다. 중국과 소련의 분열도 비슷한 상황에서 발생했다. 당시 고립된 중국이 공산주의 진영에서 소련이 차지한 패권을 부정하고 소련의 지정학적 라이벌인 미국과 손을 잡았던 것이다. 중국이 소련에 등을 돌린 것처럼 북한도 편을 바꾸지 않을까 중국은 우려한다. 중국 공산당 중앙당교 전 교수 장량궤이Zhang Liangui는 북한의 핵문제는 지정학적 안전보장

---

9 周晓加,〈朝鲜核问题与中国学者的观点〉,《和平与发展》2017, No. 3, 和平与发展研究中心, 2017.

문제와 관련되어 있고 북한이 미국 편이 되는 걸 저지해야 한다고 강조한다.[10]

윌슨센터Wilson Center의 제임스 퍼슨James Person은 북한과 중국 관계의 근저에는 심각한 불신감이 존재한다고 지적한다.[11] 중국의 영향권에 편입되기를 싫어하는 북한은 외부로부터 포위됐다고 인식하고 있으며 지정학적으로 완전히 고립되어 있다. 미국의 위협에 대한 염려 그리고 중국의 영향력으로부터 독립하려고 하는 의지 때문에 단기간에 북한이 핵무기를 포기하는 것은 쉽지 않다. 경제 발전은 체제 안전만큼 중요하지 않다. 북한은 카다피의 리비아와 달리 이미 핵무기를 보유하고 있고 이것이 현재의 파워를 제공한다고 믿고 있다. 결코 쉽게 포기하지 않을 것이다. 북한이 대내외적으로 안전보장에 확고한 자신이 생기기 전에는 핵포기는 상상하기 힘들다.

중국이 미국을 견제하지 못하면 북한은 미국을 대하듯이 중국을 대할 것이다. 북한은 미국의 위협에 대처하기 위해 중국이 필요한 것이지 중국이 미국을 도와 자신의 안보를 해치도록 하지는 않을 것이다. 북한이 더 큰 위협에 직면하거나 더 고립될수록 이에 대응하기 위해 단기적으로 북한은 중국을 더 필요로 할 수 있다. 하지만 북한은

---

10 Bonnie S. Glaser, 〈For China, One Of The Greatest Risks of Trump-Kim Talks Is Being Sidelined〉, March 12, 2018(https://www.npr.org/sections/parallels/2018/03/12/592859517/for-china-one-of-the-greatest-risks-of-trump-kim-talks-is-being-sidelined).

11 James Person, 〈Chinese-North Korean Relations: Drawing the Right Historical Lesson〉, September 26, 2017(https://www.38north.org/2017/09/jperson092617/).

중국의 영향력이 커지는 것을 더 두려워한다. 중국에 대한 불신이 북한으로 하여금 핵무기 개발을 촉진하게 한 또 다른 이유다. 핵과 미사일 능력이 고도화될수록 중국의 도움이 필요 없어진다.

북한은 중국을 견제할 누군가가 필요하다. 미국이 계속 북한을 압박하면 북한은 중국과 미국을 동시에 견제하기 위해 러시아 같은 인접 대국에 접근할 가능성도 있다. 하지만 가장 최선은 북미 관계를 정상화시켜 미국의 위협을 제거하고 미국으로부터 안전보장을 받는 것이다. 한걸음 더 나아가 중국과 미국을 서로 대립하게 해 북한의 협상력을 높이는 것이다. 북한은 중소 간에 줄타기를 한 김일성의 방식을 본받아 미중 간의 경쟁과 대립을 이용해 북한의 이익을 최대화하고 싶을 것이다.

북미 관계 전환

북미 간 정치적 관계의 성격이 근본적으로 적대적 관계에서 우호적 관계로 바뀌어야 핵문제 해결도 가능하다. 지금까지 미국은 핵문제를 해결할 진정한 의지가 없었다. 한반도 긴장을 유지해야 하는 전략적 목표와 모순되기 때문이다. 그럼 북미 관계의 개선은 불가능한가?

홍콩 침례대학교Hong Kong Baptist University 장피에르 카베스탕Jean-Pierre Cabestan 교수는 현재 북한은 한국과 화해하고 미국에 접근해 중국을 견제하려는 의도로 움직인다고 해석한다. 중국에 대한 과도한 의존을 줄이고 한반도의 미래를 통제하려는 중국의 야망을 저지하려

2018년 6월 12일 싱가포르 회담에서 만난 김정은 위원장과 트럼프 대통령.

한다는 것이다.[12] 중국에 지나치게 의존하면 북한이 중국의 조공국이
될 우려가 있다. 북한에게 최선은 경제발전을 위해 서방과의 협력을
다변화하는 것이다. 중국을 견제하기 위해 북한이 트럼프에게 접근
한 것은 마오쩌둥이 소련을 견제하기 위해 닉슨에게 접근한 것과 유사
하다.

트럼프 정부는 중국을 배제하고 북한과 직접 대화를 시도하고 있
다. 시진핑은 트럼프가 김정은과 회담을 결정하자 집권 후 처음으로

---

12 Jean-Pierre Cabestan, 〈What Is Kim Jong-un's Game?〉, 《The New York Times》,
May 8, 2018(https://www.nytimes.com/2018/05/08/opinion/china-korea-america-
kim.html).

북한과 관계 개선을 시작했다. 북중 간의 신속한 관계 개선은 중국에게 북한이 전략적으로 중요하다는 사실을 보여준다. 오바마 정권 때 미국은 미얀마의 국제적 고립을 종식시켰다. 트럼프는 중국 의존적인 또 다른 국가인 북한의 국제적 고립을 끝내려 한다. 동시에 중국의 영향력을 축소시키려 한다.

헤리티지 재단의 선임연구원 딘 청Dean Cheng은 북한이 미국과 접촉하는 것은 중국을 겨냥한 것이라고 풀이한다. 북한은 미국과의 관계 개선을 통해 두 가지 이득을 얻는다. 서방 국가들로부터 투자를 받거나 무역을 늘릴 수 있다. 무엇보다 중요한 것은 중국이 북한을 좀 더 중시하도록 만드는 것이다. 북한과 미국의 독립적 관계 형성이 가능해지면 북한은 중국에 묶여 있을 필요가 없다는 메시지를 보낸 것이다.[13] 딘 청의 해석은 북한이 미국과 접촉하는 주된 목적이 중국에 대한 압박이라는 점에서 북미 관계의 근본적 변화와는 거리가 있다. 그러나 중국이 북한이 요구하는 경제 지원이나 안전보장을 제공하는 데 한계가 있기 때문에 중국의 소극적 대응은 결국 북미 간의 새로운 관계 형성으로 이어질 수 있다는 가능성을 지적한 것이다.

트럼프의 대북 외교는 중국이 북한을 자신의 영향권 안에 묶어두는 걸 어렵게 한다. 트럼프 전임 대통령들은 북한이 중국의 족쇄로부

---

13   Dean Cheng, 〈Was Kim's Trip to Singapore a Very Different Nixon Moment?〉 (https://www.heritage.org/asia/commentary/was-kims-trip-singapore-very-different-nixon-moment).

터 벗어나도록 돕지 않고 더 중국 쪽으로 경사되도록 했다. 이로 인해 중국이 북한 카드를 미국과 일본 한국 등에 활용하도록 도와줬다. 그런데 북미 간 직접 접촉으로 중국의 지렛대가 약화됐다. 트럼프의 대북 정책에서 핵심은 중국 견제이다. 과거에 미국 정부는 북한의 핵능력과 미사일 능력을 제약하는 데만 집중했을 뿐 북한의 의도는 고려하지 않았다. 트럼프는 북핵 위기에 대해 최초로 정치적 접근을 우선시한 미 대통령이다. 중국은 트럼프의 대북 직접 접촉에 의구심을 품을 수밖에 없다. 미국과 북한 사이의 급속한 접근에 대해 불안해한 중국은 2018년 급기야 3개월 사이에 3번이나 북한과 정상회담을 한다. 북한은 미국과 협상 시 대미 협상력을 높이는 한편, 중국에게 북한이 중요하다는 사실을 다시 확인시켰다. 중국은 소외되지 않겠다는 의지를 표명했다. 하지만 연달아 세 번 만남이 있었다 해서 중국과 북한 사이의 근원적 갈등이 해결될 수는 없다.

미중 간의 지정학적 경쟁이 치열해질수록 미국으로서는 북한을 하나의 카드로 활용할 수 있다면 나쁘지 않을 것이다. 북한으로서도 미국과 관계를 개선해 정치경제적으로 국제 무대에 안정적으로 진입하면서 미중 간에 줄타기 게임을 할 수 있어서 지정학적 가치를 극대화할 수 있다. 중국 견제라는 공통의 전략적 목표를 북미가 일정 정도라도 공유한다면 양쪽에 윈윈이 될 수 있다.

미국 서퍽 대학교Suffolk University 장웨이치Weiqi Zhang 교수는 북한이 고립에서 벗어나고 적대 세력이 축소되면 북한은 중국을 견제할 세력을 환영할 것이라고 지적한다.[14] 북한과 미국 사이의 오래된 불신과 역사 때문에 쉽지 않겠지만 중국 견제라는 목표를 위해 북미가 손잡는 것은 다른 결과보다 나은 대안이라고 말한다. 북미 관계의 근본적 전환이 달성되지 않더라도 북한은 미국과의 협력을 포기하지 않을 것이다. 중국으로부터 양보를 얻어내는 수단이기 때문이다.

러시아과학아카데미의 게오르기 톨로라야Georgy Toloraya 아시아 전략센터 센터장은 북한은 북미 간에 정치적 관계가 호전되면 미군이 한국에 주둔하는 걸 위협으로 보지 않을 것이고 중국과 일본을 견제하기 위해 미군이 계속 주둔하는 것을 용인할 수 있다고 말한다.[15] 미군을 한국과 동아시아로부터 철수시키는 것은 중국에게 더 중요하다.

그러나 북미 관계의 근본적 개선에는 여전히 장애가 많다. 미국이 중국과 관계를 개선할 당시 소련과 중국은 이미 군사적 충돌까지 간 갈등상태였다. 같은 공산주의 진영이었지만 거리를 좁히기 어려웠고 중국은 소련의 군사적 위협에 매우 위기감을 갖고 있던 시기였다. 미국이 베트남과 관계를 개선할 때도 베트남과 중국은 과거에 이미 전쟁을 치른 적대적 관계였다. 미국으로서는 중국의 소련에 대한 적대감, 베트남의 중국에 대한 적대감을 의심하기 어려웠다. 또한 미국은 중국, 베트남과 관계 개선을 통해 얻는 전략적 이득에 비해 손실은 거의 없었다. 중국과 손잡고 소련을 견제하는 구도는 소련에게 상당한

14　Weiqi Zhang, 〈Neither Friend Nor Big Brother: China's Role in North Korean Foreign Policy Strategy〉(https://www.nature.com/articles/s41599-018-0071-2).

15　Georgy Toloraya, 〈From CVID to CRID: A Russian Perspective〉(https://www.38north.org/2018/12/gtoloraya122618/).

부담을 안겨줬다. 베트남과 손잡고 중국을 견제하는 구도도 중국으로서는 여간 신경이 쓰이지 않을 수 없다.

그러나 북한과 중국의 관계는 외견상 적대적이지 않다. 여전히 중국, 북한 사이에 북중우호조약이 체결돼 있고 북한과 중국은 군사적으로 심각한 충돌에 이른 적도 없다. 내적으로 불신한다고 하지만 북한이 중국에 과연 확고히 거리를 두고 경우에 따라 중국과 군사적 대결까지 무릅쓸 의지가 있는지는 불확실하다. 미국으로서는 전략적 이익이 뚜렷하지 않다. 또한 베트남에 비해 중국에 대한 북한의 지정학적 가치는 훨씬 크다. 중국으로서는 북미 관계의 질적 변화를 더 적극적으로 저지할 것이고 이를 위해 북한에 당근을 제공할 것이다. 북한으로서는 핵을 보유하면서도 중국의 지원으로 어느 정도 경제 발전을 이룰 수 있으면 북미 관계 개선에 많은 대가를 치를 필요가 없다고 생각할 것이다. 미국으로서도 한국에 대한 통제력만 유지하면 되지 북한까지 자신의 영향권에 편입시켜 얻는 지정학적 이득이 명확하지 않다고 볼 수 있다. 반면 북한과 관계 개선을 통해 미국이 부담해야 할 리스크는 적지 않다. 북미 관계의 질적 변화로 자칫 주한미군 철수, 나아가 주일미군 철수까지 요구받고 한국과 일본이 미국의 안보 우산에서 벗어나 독자적 노선을 걸을 우려도 있다. 미국으로서는 치명적 손실이 될 수 있다.

결국 미국이 북한과 관계를 정상화하기 위해서는 우선 미국과 전략적 행보를 같이하겠다는 북한의 확고한 의지가 확인되어야 하고, 북미 관계 개선으로 얻게 될 미국의 지정학적 이익이 있어야 하며, 북미 간 관계 개선 후에도 한국과 일본이 미국을 전략적 파트너로 계속 필요로 하여 미국이 군사적 영향력을 유지할 수 있어야 한다. 미국의 필요에 의해 미군이 한국에 주둔하는 것과 한반도의 전략적 선택에 따라 미군이 주둔하는 것은 질적으로 전혀 다르다. 미국의 전략적 이득이 증가되어야만 미국은 북한과의 관계를 근본적으로 개선할 필요성을 느낄 것이다.

하노이는 미국과 베트남의 극적인 관계 전환을 상징하는 곳이다. 여기서 미국과 북한의 정상이 회담을 한 것은 그 자체로도 상징적이다. 미국으로서는 과거 적대적이었던 베트남이 미국과 관계를 개선한 후 비약적으로 경제 발전을 이뤄낸 모습을 북한에게 보여주고 싶었을 것이다. 하지만 거기에 더해 미국이 암묵적으로 북한에게 던진 메시지는 베트남처럼 미국과 손잡고 중국을 견제하자는 것이다. 연미항중 聯美抗中이다. 북한도 이를 모르지는 않을 것이다. 한때 전쟁을 치른 적국이었고 공산당이 지배하는 중국, 베트남과 미국은 지정학적 이익을 얻기 위해 손을 잡았다. 북한이 그 뒤를 이을까?

일본의 곤경

한반도의 남부인 한국은 미국을 매개로 일본의 우호적 진영에 속했다. 그러나 북한의 핵무기와 미사일 프로그램으로 그 균형이 깨졌다. 북한의 김정은과 미국의 트럼프가 직접 대화를 하자 일본은 한반도 상황에 대해 영향력을 상실할까 두려워한다. 닉슨이 중국을 개방시킨 이래 일본은 미국 대외 전략의 급격한 변화에서 소외되는 걸 두려워한다. 트럼프가 아베에게 일본의 이익이 무시되지 않을 거라고 안심시켜도 트럼프의 미국우선주의를 고려하면 일본은 불안하다. 호주 국립대학교 휴 화이트Hugh White 교수는 트럼프와 김정은의 회담이 성공하면, 즉 북미관계가 질적으로 개선되면 최대 패배자는 일본이라고 지적한다.[16] 한반도 평화는 미일동맹의 종식으로 이어질 수 있기 때문이다. 로버트 카플란은 주한 미군의 완전 철수 혹은 현저한 감축은 일본을 공포에 빠지게 할 것이라고 지적한다. 그리고 미래의 통일 한국은 과거 역사 때문에 반일본 성향이 강할 것이라고 예측한다.[17]

일본은 북한 문제에 관해 대단히 수동적 위치에 있다. 일본으로서는 미국의 한반도 전략 변화로 안보 위험이 발생하지 않도록 최대한 미국과 북한의 대화에 영향을 미치는 것이 최선의 선택이다. 일본은 미국에게 최대한 압박을 가하도록 요구하는 한편, 군사력 확충을 지속할 것이다. 그러나 이번엔 일본이 단지 미국에 의존하는 것만으로는 부족할지도 모른다. 미군의 억지력이 약화되면 일본의 위기감과 안보 태세는 급격히 변할 것이다. 그래서 일본도 북한과 직접 협상을 하려 한다. 일본은 북한에게 경제 협력을 제공할 수 있다. 북한은 고립에서 탈피하고 중국 의존도를 낮추기 위해 협력 관계를 다변화하려

16   Hugh White, 〈Trump-Kim Summit: Peace Dividend for Koreans — Bigger Clout in North-East Asia〉, 《The Straits Times》, 11 June 2018.

17   Robert D. Kaplan, 〈My North Korea Prediction for 2019〉(https://nationalinterest. org/blog/korea-watch/robert-d-kaplan-my-north-korea-prediction-2019-39112).

할 것이다. 일본은 하나의 협력 파트너가 될 수 있다.

만약 북미 관계에 근본적 변화가 발생해 북한이 미국과 일정 정도 행보를 같이할 수 있는 사이가 된다면 일본은 미국을 매개로 한국·북한과 전략적 목표를 일부라도 공유할 수 있다. 특히 중국 견제라는 측면에서 그렇다. 이는 일본에게 그나마 다행인 구도이다. 남북한의 위협이 약화되고 미국의 군사적 보호가 지속될 것이기 때문이다.

일본 보수세력은 북한의 위협을 활용해왔다. 재무장을 추진하는 한편, 그 긴장을 내치에 활용했다. 일본의 재무장, 경우에 따라 핵능력 획득은 주변국에 위협이 될 것이다. 일본이 군사적으로 대국화해 미국의 보호로부터 벗어나면 벗어날수록 미국의 영향력은 축소될 것이다. 이는 미국도 원하지 않을 것이다.

북미 관계가 정상화되고 뒤이어 북일 관계도 정상화되면 일본은 북한에 투자를 늘리고 영향력을 확보해 북한을 비적대적으로 만들려고 시도할 것이다. 그러면서도 남북한의 정치적 통합을 방해하려고 할 것이다. 적대 관계가 해소되더라도 분단된 한반도가 일본에는 유리하다. 결국 일본은 북미 관계의 전략적 방향이 결정되면 그에 따라 행보를 정할 것이다. 한반도에 평화 체제가 들어설 가능성이 커질수록 초조해지는 일본은 남북한 모두에 대한 경계감을 높이는 동시에 내부적으로 재무장을 추진하면서 외부적으로는 다양한 활로를 모색할 것이다.

러시아의 숨은 그림

북한과 러시아와의 국경은 고작 19킬로미터에 불과하다. 그만큼 안보적 관점에서 북한에게 러시아의 중요도는 중국에 비해 떨어진다. 러시아는 인구, 경제, 문화 면에서 중국에 비해 남북한에 덜 위협적이다. 러시아의 상대적으로 적은 교역과 투자가 북한과의 정치적 관계에 있어서는 도리어 유리하다. 러시아에게 경제적 지렛대가 그다지 없기에 오히려 북한은 러시아를 더 신뢰할 수 있다.

하지만 북핵은 러시아의 국익에 직접적인 타격이다. 핵확산으로 핵대국 러시아의 위상이 훼손되고 국제연합 안전보장이사회의 신뢰에 손상이 가기 때문이다.[18] 북한의 핵무장은 동북아에서 핵확산의 연쇄반응을 일으킬 수 있고 러시아가 자신의 성배라고 여기는 핵능력의 가치가 저하된다. 중국에게는 북한의 비핵화가 최우선순위는 아닌 데 반해 러시아는 핵무장한 북한을 수용하기 어렵다. 비확산이라는 면에서 러시아는 중국보다는 미국에 더 가깝다. 러시아는 북한의 비핵화를 촉진해 국제적으로 대국의 위상을 확인받고 제재 완화도 기대해보려는 의도로 북핵 사태에 관여한다. 러시아는 북한에 대한 레버리지를 이용해 서방, 한국, 일본과의 거래에 활용하려 하고 북한은 중국에

18　Lyle J. Goldstein, 〈How Russia Could Help Solve the North Korea Crisis〉 (https://nationalinterest.org/feature/how-russia-could-help-solve-the-north-korea-crisis-20617).

대한 지나친 의존을 줄이기 위해 러시아가 필요하다.

러시아는 미국 주도의 동맹이 아니라 러시아를 포함한 핵심 관련 국이 참여하는 안정보장 시스템 구축을 강조한다. 러시아 극동연방대 학교의 아르템 루킨Artyom Lukin 교수는 미국 패권도 중국 패권도 용 인하기 힘든 러시아는 러시아가 핵심 이해관계인으로 참여하는 다극 적 세력균형 체제를 동북아에서 구축하길 원한다고 말한다.[19] 러시아 는 안전보장 면에서 미국에 대한 의존도를 줄이고 중국, 일본과 정립 하는 통일 한국이 동북아의 세력균형에 유리하다고 판단한다. 하지만 우크라이나 사태와 크리미아 병합 이후 러시아와 서방측 대립이 격 화되자 러시아는 동아시아에서 중국의 입장을 존중해주는 대신 중국 은 우크라이나, 중동 등의 현안에서 러시아를 지지하는 거래를 한다. 러시아는 한반도가 중국의 안전보장에 매우 중요하고 중국의 한반도 에 대한 이해관계가 러시아보다 훨씬 크다는 걸 인식하고 있는 것이 다. 중국과 러시아의 전략적 협력 관계가 공고한 현재 러시아가 한반 도 문제에서 중국의 입장과 다른 입장을 취할 가능성은 낮다. 그만큼 러시아의 영향력도 제한적이다. 언젠가 러시아가 중국과 거리를 두고 미국과 관계를 개선하게 되면 러시아는 한반도 문제에 대해 더 적극 적인 태도를 취할 것이다.

한반도가 중국을 견제하는 것은 러시아에게도 이익이다. 러시아

---

19 Artyom Lukin, 〈A Russian Perspective〉(http://www.theasanforum.org/a-russian-perspective/).

는 근본적으로 중국이 동아시아를 압도적으로 지배하는 걸 원하지 않기 때문이다. 러시아로서는 한반도 경제권이 활성화되면 에너지 자원 등의 분야에서 협력할 기회도 늘어난다. 러시아는 미국이 일방적으로 주도하는 관계가 아닌 이상 북미 관계 정상화를 원할 것이다. 미국과 안전보장 면에서 일정 관계를 맺은 통일 한국도 러시아에게는 수용 가능하다. 현재 북미 관계가 질적으로 전환되어 북한이 미국과 화해하더라도 중국이나 일본만큼 위협을 느끼지는 않을 것이다.

북미 관계의 향방

미국이 북미 관계를 정상화하는 데 성공하고 북한을 미국의 영향권 속으로 끌어들일 수 있다면 이는 1972년 미중 관계 정상화에 비견될 만한 지정학적 사건이다. 한때 반미의 상징이던 북한이 미국과 동행한다면 미국의 소프트파워는 엄청나게 증가할 것이다. 중국 견제에 있어 미국에 동조하면 엄청난 성공을 거둔다는 것을 세계에 보여주려 할 것이다. 북미 간의 화해가 경제적으로 구체화되면 이는 미중 간의 신냉전 전개에서 중요한 국면이 될 것이다.

미국이 북미 관계의 근본적 변화에 대한 확고한 의지가 있음을 북한에게 설득하는 데는 시간이 걸릴 것이다. 반대로 미국이 북미 관계 개선으로 얻을 전략적 이득을 확신하는 데도 그만큼 시간이 걸릴 것이다. 그 사이 양국은 신뢰를 구축해야 하고 이를 토대로 비핵화와 관계 정상화를 추진해나가야 한다. 회의론자들은 북한이 핵무기를 절대

포기하지 않을 것이라고 확신하지만 유일한 방법은 협상을 지속해나가면서 상호 신뢰 구축을 통해 비핵화가 이뤄질 수 있는지를 테스트해보는 것이다. 반대로 모든 것을 걸고 전부 아니면 무all or nothing라는 방식으로 접근하면 현실적 성과를 낼 가능성이 낮다.

북한이 고립에서 벗어나 중국과 베트남 모델을 따르면 우수한 노동력을 보유한 북한은 제조업에서 강력한 경쟁력을 갖게 될 것이다. 북한이 보유한 풍부한 자원은 성장의 동력이 될 것이다. 중국은 동북 지역의 노후화된 제조업을 활성화해 경제성장을 도모한다. 러시아는 극동 지역 개발을 위해 동방정책을 추진한다. 몽고는 교역과 교통망을 확충하려 한다. 중국 러시아 몽고와 지리적으로 인접한 북한은 경제 개방으로 인한 시너지를 얻을 것이다. 경우에 따라 정치적으로 북한이 미국과 가까워진다 해도 북한에 대한 지렛대를 확보하기 위해 중국은 북한과의 경제적 관계를 심화하려 할 것이다. 북한 경제의 발전은 한국 기업에게도 기회를 제공할 것이다.

하지만 북한은 체제 생존을 우선시해 개방에 신중하고 제한적일 수밖에 없다. 안전보장에 대한 확신을 갖기에는 오랜 시간이 걸릴 수도 있고 비핵화나 미사일 문제도 그만큼 해결이 늦어질 것이다. 미국이 북한과 한국을 믿지 못하고 현 상태를 선호할 경우 북핵·북 미사일 문제는 쉽게 해결이 되지 않을 것이다. 군사적 긴장이 고조되는 걸 일정 정도 억지하면서 현상을 유지하는 수밖에 없을 것이다. 북한은 어쩔 수 없이 중국에 경제적으로 의존하면서 폐쇄된 경제체제를 유지할 것이다. 중국에게는 최선책이다. 북한은 만약 미국과의 협상이 원활하지 않고 중단되면 중국과 러시아를 뒤에서 받쳐주는 안전판으로 만들 것이다. 중국, 러시아의 반대로 새로운 유엔 제재를 가하기 힘들 것이고 기존 제재도 완화하려 할 것이다. 중국, 러시아, 북한이 한편이 되고 미국, 일본, 한국이 한편으로 서로 대립하게 되는 것이다. 일본에게는 그것이 최선이다.

지정학적 상상력

한반도의 휴전선은 여전히 랜드파워와 시파워의 경계선으로 지속되고 있다. 분단된 남한은 지정학적으로 하나의 섬이 됐다. 대륙에 연결되지 못했기 때문이다. 한국은 시파워 미국의 영향권에 속했다. 북한은 랜드파워 소련과 중국 진영에 속하면서 해상으로의 진출은 봉쇄되어 유라시아 동쪽 끝의 모퉁이가 됐다.

이미 매킨더나 브레진스키가 통찰했듯이 한반도의 전략적 중요성 때문에 이곳에서 최강의 랜드파워와 시파워가 충돌한다. 한반도는 스스로 랜드파워와 시파워를 견제하고 통제할 능력이 없어서 역사적으로 고난을 겪었고 지금도 분단되어 있다. 앞으로도 최강의 랜드파워로 부상하는 중국과 최강의 시파워 미국이 한반도나 혹은 그 주변에서 충돌해 한반도는 원하지 않는 분쟁에 휘말릴 수 있다. 더 이상 원하지 않는 지정학적 게임에 말려들지 않기 위해 한반도는 전략적 목표를 분명히 해야 한다.

한반도에 가장 중요한 건 생존과 주권의 보장이다. 이 목표를 달성하기 위해 우선 한반도 내부의 역량을 키워야 한다. 한반도 전체의 하드파워를 키워야 한다. 관련 국가들에 대해 상대적 파워를 증대해야 한다. 그러나 하드파워를 적극적으로 키우는 데는 한계가 있다. 따라서 한반도의 잠재적 역량을 내적으로 제약하는 요인을 최소화해야 한다. 가장 시급한 과제가 남북한의 적대적 관계를 청산하는 것이다. 한반도 전체의 역량을 결집해도 주변 강대국들에 비해 부족한데 분단되고 대립되어 남북 상호 간에 역량을 소모하는 현재 상황은 최악이다. 남북한이 적대적으로 대립하여 약해진 한반도를 누가 원하는가? 주변 강대국들이 원한다. 세계 최강의 강대국들이 주변을 포위하고 관여하는데 적대적 대립을 하는 건 자해적이다. 노태우 정부 시절 한국은 북방 외교로 랜드파워 러시아, 중국과 수교해 대륙과의 연결을 시도했다. 반면 북한은 미국, 일본 등의 시파워와 수교하지 못했다. 이 비대칭적 상황으로 북한은 더 고립됐다. 김대중 정부, 노무현 정부 시절 남북정상회담이 열리고 남북 관계 개선을 도모했지만 역시 적대 관계 해소에는 이르지 못했다. 남북 관계가 지정학적 제약에서 벗어나기 어려웠기 때문이다. 한편으로는 이 제약을 약화시키면서 한반도 내부에서는 적대적 분단의 고착화로 이익을 얻는 세력이 강해지는 걸 경계해야 한다.

남북한은 분단 상태에서 지정학적 위상이 달랐다. 그렇기에 서로 다른 지정학적 전략을 취할 수밖에 없었다. 한반도는 전체적으로는 림랜드이다. 해상과 육상 양쪽으로 진출이 가능하다. 그러나 분단으로 진출이 가로막혀 림랜드로서의 지정학적 역량을 발휘하지 못하게 됐다. 따라서 한반도의 지정학적 위상을 높이기 위해서는 림랜드 지위를 회복해야 한다. 이를 위해서는 한반도의 지정학적 통합과 적대 관계 해소가 필요하다. 그렇게 될 때 비로소 한반도 전체가 하나의 림랜드가 되어 강대한 랜드파워, 시파워와 더 독립적이고 균형적인 관계를 맺을 수 있을 것이다.

그러나 한반도 관련 강대국들이 한반도보다 우월한 파워를 보유하고 있기 때문에 한반도 자력으로 그들을 견제하는 데는 한계가 있다. 따라서 한반도를 둘러싼 강대국들의 세력 관계에 균형이 이루어지도록 해야 한다. 그들은 한반도의 의지와 무관하게 그들의 전략적 이해에 따라 행동할 것이다. 현실적으로는 랜드파워와 시파워 어느 한쪽에 치우치지 않는 세력균형이 한반도에게 가장 바람직하다. 랜드파워이든 시파워이든 어느 한쪽이 압도적이면 한반도는 독립성을 유지하기 어려웠다. 이 점에서 남북한은 지정학적 목표를 공유할 수 있다. 남북한이 한반도 생존을 위해 대외적으로 공통된 전략적 목표를 공유하는 것이다. 즉 외부의 잠재적 위협에 공동 대응하는 것이다. 남북한이 전략적으로 공동 행보를 취한다면 향후 중국과 일본 사이에서 유리한 위상을 점할 수 있다고 휴 화이트 교수는 지적한다.[20]

다음으로 강대국들 사이의 세력 관계 변화를 면밀히 주시하면서 한반도 전체에 최적의 구도를 이루기 위한 방안을 능동적으로 강구해

---

20 Hugh White, 〈Trump-Kim Summit: Peace Dividend for Koreans —Bigger Clout in North-East Asia〉, 《The Straits Times》, June 11, 2018.

야 한다. 앞으로 중국의 파워가 더 커지고 미국의 고립주의가 더 강화되면 세력의 불균형이 초래될 수 있다. 미국은 전면적 개입에서 후퇴해 동아시아 균형자 역할로 물러날 수 있다. 그럴 경우 중국의 파워를 견제하기 위해 남북한은 미국, 일본, 러시아 등과 일정 정도 전략적 행보를 같이할 수도 있다. 이것은 북미 관계의 변화를 가능하게 하는 전략적 계기가 될 수 있다.

미국과 중국의 대결 양상이 더욱 심화되면 한반도는 평화 의지를 명백히 한 다음 미중 간의 분쟁에 깊숙이 휘말려들지 않도록 해야 한다. 한반도 내부의 단일한 의지도 중요하지만 그런 분쟁을 원하지 않는 국가들과 적극 연대하여 미중 간의 대결 결과가 한반도에 치명적인 타격이 되지 않도록 해야 한다. 이를 위해서 한국은 평화 애호국으로서의 소프트파워를 키워야 한다.

한편 일본의 재무장이 가속화되고 군국주의적 성향이 더 강해질 수 있다. 이것은 한반도에 직접적 위협이 될 것이다. 이러한 일본의 폭주를 제어하기 위해 한반도는 미국, 중국, 러시아 등과 일정 정도 공동 대응에 나서야 한다. 또 한반도에 비우호적인 일본의 대미 영향력을 축소시켜야 한다. 한반도와 미국의 관계에서 일본은 줄곧 한반도에 불리하게 작용했다. 이제는 바뀌어야 한다. 평화적 한반도가 오히려 일본의 국익에 부합한다는 인식이 일본 내에 형성되도록 해야 한다. 상대적 파워가 더 하락할 것으로 예상되는 일본에게 한반도와의 우호적 관계가 그들의 안전에 근본적으로 유익하다는 걸 인식하도록 해야 한다. 과거에는 한반도가 일본의 이익을 위한 도구로 쓰였다면 앞으로 그런 일은 불가능하다는 걸 인식시켜야 한다. 일본이 과거사를 제대로 청산하고 보편적 가치에 기해 한반도와 새로운 관계를 맺는 것이 장기적으로 최선이다.

동아시아를 넘어 글로벌 슈퍼파워로 등장한 중국과의 관계는 한반도의 미래에 매우 중요하다. 따라서 상호 핵심적 국익이 침해되지 않도록 해야 한다. 중국의 전략적 이익이 가능한 한 한국이나 한반도의 전략적 이익과 충돌되지 않도록 조정해나가야 한다. 때로 어려움이 있을 것이다.

한반도에 관건적 이해관계를 갖고 있는 미국의 행보는 중요하다. 미국의 국내 정치적 변화, 대외 전략의 변화를 깊이 살펴야 한다. 동시에 미국의 동아시아 전략 수립에 있어 한국이나 한반도가 대중국, 대일본 전략의 하위 범주로 격하되지 않도록 해야 한다. 중국, 일본과는 다른 한국이나 한반도 고유의 전략적 가치를 미국이 인식하도록 해 미국의 전략적 선택지를 넓히도록 해야 한다. 미국이 향후 동아시아에 투입하는 역량이 더욱더 제한적으로 변할 경우 한국과 한반도가 미국과 관계할 수 있는 공간은 더 넓어질 것이다.

강대국들의 세력 관계가 지극히 유동적이고 가변적인 현재, 한반도가 어느 특정 강대국에 편승해 전적으로 의존하는 건 매우 위험하다. 하지만 한반도 자력으로 우호적 세력균형을 형성하는 것도 한계가 있다. 그러므로 강대국들의 관계 양상을 살피면서 한반도의 생존 공간을 찾는 노력을 계속할 수밖에 없다. 한국이 강대국들과 맺는 지정학적 관계는 동적이고 다층적이어야 한다.

한반도의 운명을 결정한 것은 이념보다는 지정학이었다. 지리는 쉽게 변하지 않는다. 강대국들의 욕망 또한 쉽게 사라지지 않는다. 한반도가 지정학적 올가미에서 벗어나기 위해서는 무엇보다 지정학적 현실을 정확히 인식하고 이를 극복하려는 의지가 필요하다. 이제는 강대국들의 지정학적 굴레에 수동적으로 갇혀 있기보다는 한반도에 더 나은 지정학적 구도를 모색해야 한다. 남북한 모두에게 지정학적 상상력이 필요하다. 그 첫걸음은 상상력의 38선을 철거하는 것이다.

후기

SEA POWER
LAND POWER

한국전쟁 정전 협정이 체결되고 67년이 흘렀다. 국제 관례상 정전 협정이 이토록 오랫동안 지속되고 있는 경우는 한반도가 유일하다. 통상 정전 협정이 체결된 후 오래지 않아 평화 협정이 체결된다. 이 정전 체제는 한반도의 적대적 분단을 고착화시켰다. 왜 정전이 종료되지 않는가? 이 책은 이와 관련한 핵심 열쇠를 쥐고 있는 미국의 대외 전략에 주목했다. 미국이 한때 전쟁을 치렀던 중국, 베트남과 관계를 정상화하는 데 있어 정치체제나 이념은 아무런 장애가 되지 않았다. 오로지 지정학적 전략이 중요했다.

우리는 지정학의 기초를 알기 위해 고전지정학자 네 명의 이론을 살폈다. 그들의 이론에서 확인된 것은 자국의 이익을 지키거나 키우기 위한 전략이었다. 마한은 영국이 대제국으로 성장하는 데 결정적 역할을 한 것은 시파워라고 규명했다. 그는 영국을 모범으로 삼아 미국을 시파워 강국으로 만들고자 했다. 그의 시파워 이론은 신흥 경제 대국인 미국이 해외로 팽창하고 시파워 대국으로 성장하는 데 디딤돌이 됐다. 마한에게 가장 우선적인 것은 미국의 국력이었다.

매킨더는 전통적 라이벌인 러시아에 더해 독일, 미국 등 신흥 강국의 부상으로 대영제국의 위상이 흔들릴 것으로 인식하고 대영제국의 위상 강화를 위한 전략에 부심했다. 새로운 교통수단인 철도의 발전으로 러시아, 독일 등의 랜드파워가 강화돼 영국의 시파워에 근본적 위협이 되리라고 분석했다. 랜드파워를 바탕으로 유라시아를 포함한 세계도에 지배적 세력이나 국가가 출현하는 걸 저지하는 게 영국의 위상을 보장하는 것이라고 보았다. 매킨더에게 최우선적인 것은 영국의 국익과 위상이었다.

제1차 세계대전에 패하고 굴욕적 상황에 처한 독일을 다시 부흥시키려던 하우스호퍼가 그 도구로 발견한 게 지정학이다. 그는 독일의 레벤스라움을 확보한다는 명분을 내세워 나치의 팽창을 정당화했다. 하우스호퍼에게 가장 중요한 건 강대국 독일의 건설이었다.

스파이크먼은 미국의 안전을 보장하기 위해서는 유라시아의 림랜드를 단일 세력이나 국가가 지배하지 못하도록 통제하는 것이 관건이라고 주장했다. 미국에 유라시아에 개입해야 한다고 강조한 그에게 가장 중요한 건 미국의 안전과 국익이었다.

냉전 시대에도 지정학적 대립 구도는 여전히 작동했다. 미국은 유라시아의 하트랜드와 림랜드를 단일 세력이 지배하지 못하도록 소련을 봉쇄했다. 키신저는 소련과 중국의 대립을 이용해 자국에 유리한 구도를 만들었다. 미국의 전략가 브레진스키는 최초의 비유라시아 국가인 미국이 유라시아를 지배하게 된 후 미국의 전략적 이익을 지키고 강화하기 위한 아이디어를 시대의 변화에 따라 제공했다.

소련의 해체로 절망하던 러시아의 엘리트들에게 두긴은 지정학을 대안으로 제시했다. 두긴의 꿈은 랜드파워의 중심국 러시아가 유라시아의 핵심 리더로 다시 부상하는 것이다. 일제는 제2차 세계대전 시대동아공영권을 내세우며 아시아의 패권을 차지하려 했다. 그 도구로 쓰인 것이 코마키의 일본지정학이었다. 중국은 일대일로를 앞세워 유라시아와 아프리카를 자국이 주도하는 네크워크에 편입시키려 한다. 하트랜드와 림랜드로 동시에 진출하면서 시파워를 키우는 전략이다. 매킨더가 우려했던 세계 제국이 유라시아에 등장할지 모른다는 위기감에 미국은 중국 견제를 본격화하고 있다.

미국과 중국은 세계도 지배권을 놓고 전쟁을 시작했다. 무역 전쟁은 진행 중이고 전선은 다른 영역으로 확대되고 있다. 세계는 바야흐로 지정학적 냉전에 접어들었다. 국제사회는 분열되고 자국의 이익만을 앞세운다. 불확실성과 위험이 커지고 있다. 현재의 가장 큰 글로벌 이슈인 코로나19 사태가 이를 증거한다. 세계의 강대국들은 이 사태에 대한 최선의 대응책을 찾지 않고 정치적 계산만 앞세워 서로 책임을 떠넘겼다. 가장 비정치적이어야 할 전염병 문제마저 정치 문제화한 것이다. 어디에도 글로벌 문제를 공동으로 풀어나가겠다는 의지도 노력도 보이지 않는다. 지정학적 게임만 존재한다.

한반도의 상황은 여전히 꽉 막혀 있다. 한반도 운명은 구한말 열강들의 지정학적 게임 속에서 결정됐다. 그 이후에도 한반도의 중요한 고비마다 한반도의 의지와 무관한 강대국들의 지정학적 구도가 작동했다. 아직 평화 체제마저 구축하지 못한 한반도에 갈수록 날카로워지는 강대국들의 지정학적 대립 구도가 암운을 드리우고 있다.

후기를 쓰는 지금, 막바지에 이른 미국 대선 결과에 따라 미국의 한반도 전략이 어떻게 바뀔지가 초미의 관심사이다. 트럼프가 재선해 북한과의 관계가 개선될까? 바이든이 당선되면 한반도에 대한 전략이 급변할까? 트럼프가 재선에 성공한다면 대북 정책이 탄력을 받아 진전될 가능성이 있다. 바이든이 당선되면 새로운 동아시아 전략을 수립하고 대북 정책의 방향을 잡는 데 시간이 걸릴 것이다. 그러나 바이든 후보가 당선된다 해도 미국의 대북한 전략은 과거 오바마 정부 때와는 다를 것이다. 오바마 정부의 '전략적 인내' 전략은 북한의 핵능력과 미사일 능력의 고도화만 초래했다. 미국은 실패한 전략을 되풀이하지 않고 현실을 직시할 것이다.

　　미국의 정치 시스템에서 대통령의 권한은 제한적이다. 누가 대통령이든 대외 전략의 중대한 변화를 추진하기 위해서는 의회의 동의와 여론의 지지가 있어야 한다. 특히 현재의 경제적·사회적 흐름을 외면할 수 없다. 코로나-19 사태로 재정은 더 악화될 것이고 나빠진 경제 상황은 고립주의를 더 부추길 것이다. 어느 정당이 집권하더라도 해외에 막대한 군비를 지출하기는 점점 더 어려울 것이다. 그럼에도 불구하고 중국에 대한 견제라는 전략적 기조는 변하지 않을 것이다. 미국의 전략가들은 아시아 전체의 세력균형 관점에서 한반도 전략을 재검토할지도 모른다. 북한과의 관계 개선이나 한반도 평화 체제 구축이 미국의 국익을 증대시킨다면 변화를 시작할 것이다. 결국 누가 대통령이 되느냐보다는 대통령을 포함한 미국 지배층의 전략적 지도가 어떻게 바뀔 것인가에 더 주목해야 한다. 그런 변화의 시기에 한국은 더 능동적으로 관여해 유리한 구도를 창출해야 한다.

글로벌 수준에서 지정학적 대립 구도가 격화되는 지금, 한반도의 적대적 분단 상황은 최악이다. 경우에 따라 또다시 과거처럼 한반도의 의지와 관계없이 파멸적 분쟁에 휘말릴 수도 있다. 그래서 현 시점에서 한반도에 가장 중요한 과제는 적대적 분단을 해소하고 평화 체제를 정립하는 것이다. 남북한이 평화 체제 정립을 공동의 전략적 목표로 공유하고 구체적 실천을 해나간다면 주변 강대국들의 한반도 전략 수립에 근본적 제약이 생길 것이다.

지정학은 강대국들이 자국의 이익을 확대하기 위한 도구였다. 그들에게 중요한 건 오로지 현실적 국익이었다. 우리가 지정학에서 얻어야 할 교훈은 바로 이것이다. 정작 강대국들은 현실적 이익을 위해 전략을 구사하는데 왜 한반도는 현실적 이익이 아닌 이념적 반목과 역사적 질곡에 갇혀 있는가? 이제는 한반도도 냉철하게 한반도에게 최선의 이익이 무엇인가를 인식하고, 그 이익을 위해 남북한이 관계를 맺고, 나아가 다른 국가들과 관계를 맺어야 한다.

한반도는 강대국들의 지정학적 구도를 제대로 인식하지 못하고 그들이 만든 구도에 갇혀 있다. 이제는 바뀌어야 한다. 그들의 지정학적 전략과 역학 구도를 파악하고 빈틈을 찾아 한반도의 전략적 공간을 넓혀야 한다. 한반도 문제를 한반도 내부의 문제로만 국한시키지 말고 강대국들의 지정학과 관련지어 더 거시적으로 파악하고 한반도 문제를 풀어갈 해법을 찾는 게 어느 때보다 중요하다. 한반도 내부의 의지만으로 한반도의 구조를 규정하는 게 가장 바람직하겠지만 현실적으로는 어렵다. 한반도에는 강대국들의 지정학적 힘들이 작용하고 있으며 이를 외면할 수 없다. 그렇다고 어느 특정 강대국에 편승하는 것도 위험하다. 다극화되어가는 국제 현실에서 복수의 강대국과 다양한 관계를 맺을 수밖에 없다. 바로 이 때문에 지정학의 역사를 반추하고 한반도의 역사를 새롭게 인식해야 한다. 지정학적 리얼리즘에 기초해 한반도의 이익을 극대화하는 길을 찾아야 한다.

한반도의 평화 체제 구축은 남북한 모두에게 가장 중요한 현실적 이익이다. 불필요한 군사적 대립을 해소하는 것만으로도 남북한은 더 생산적으로 발전할 수 있을 것이다. 남북한의 평화 의지가 확고하면 주변 강대국들도 이를 외면하지 못한다. 그 평화 의지를 전제로 그들도 외교 전략을 짤 것이다. 남북한의 적대적 대립이 지속된다면 열강들에게 이용될 수도 있다. 그러므로 우선 가장 필요한 건 남북한의 평화 의지를 구체화하는 것이다.

한반도의 적대적 대립이 해소되어 평화 체제가 구축된다면 이는 새로운 냉전으로 접어든 세계 정치에도 중요한 의미가 된다. 한반도에서 미중 간 직접적 대결을 피할 수 있도록 하는 것만으로도 세계의 평화와 안정에 크게 기여하는 것이다. 나아가 평화 체제가 들어선 한반도가 모범을 보여 다른 분쟁도 피할 수 있는 가능성을 세계에 보여준다면 미중 간의 신냉전도 극단적 대결로 치닫지는 못할 것이다. 한반도는 동아시아에서 미중 간의 이익이 대립하는 다른 지역과 연대해 동아시아 평화를 위해 노력해야 한다. 국제적 이슈, 예컨대 코로나-19 사태 등에서 한국이 보여준 능력을 다른 나라와 공유해 연대를 확산해야 한다. 그것이 세계의 새로운 다각적·안정적 균형을 위한 길이다. 지정학적 지능과 전략이 긴요하다. 정치 지도자들과 정책 당국자에게만 필요한 게 아니다. 시민들이 지정학적 상상력을 갖출 때 지정학적 현실에 근거한 국가 전략을 구사할 근원적 동력이 생길 것이다. 그때에야 비로소 '지정학의 힘'이 한반도를 딛고 살아가는 우리의 것이 될 것이다.

끝으로 이 책이 출판되기까지 도움을 주신 분들께 감사드린다. 김정호 대표는 선뜻 출판을 맡아주었다. 김진형 편집장, 박소현 편집자는 정성을 다해 책을 만들어주었다. 여러 친구들과 선배들의 조언은 매우 소중했다. 이 책이 상상력의 지평을 조금이라도 넓히는 계기가 된다면 더 이상 바랄 게 없다.

SEA POWER
LAND POWER

참고문헌

한글 자료

최문형,《한국을 둘러싼 제국주의 열강의 각축》, 지식산업사, 2001.

최문형,《러시아의 남하와 일본의 한국 침략》, 지식산업사, 2007.

폴 케네디,《강대국의 흥망》, 한국경제신문사, 1989.

션즈화,〈극동에서 소련의 전략적 이익 보장: 한국전쟁의 기원과 스탈린의 정책 결정 동기〉,《한국과 국제정치》, vol. 30, no. 2, 극동문제연구소, 2014.

션즈화, 조청봉,〈중국의 개혁개방 이후 북중동맹의 본질(1977~1992)〉,《황해문화》 통권 제100호, 2018.

정성삼,〈중국의 일대일로 추진계획 및 시사점〉,《세계 에너지시장 인사이트 제15-6호》, 에너지경제연구원, 2015.

영문 자료

Aaron Friedberg, *A Contest for Supremacy: China, America, and the Struggle for Mastery in Asia*, W. W. Norton & Company, 2011.

Aharon Klieman(ed.), *Great Powers and Geopolitics: International Affairs in a Rebalancing World*, Springer, 2015.

Alexander Dugin, *Eurasian mission: An Introduction to Neo-Eurasianism*, Arktos, 2014.

Alexander Dugin, *Last war of the World-Island: The Geopolitics of Contemporary Russia*, Arktos, 2015.

Alexander Dugin, *The Foundations of Geopolitics: The Geopolitical Future of Russia(Osnovy geopolitiki: Geopoliticheskoe budushchee Rossii)*, Arktogeja, 1997.

Alexandros Petersen, *The World Island: Eurasian Geopolitics and the Fate of the West*, Praeger, 2011.

Alexandros Stogiannos, *The Genesis of Geopolitics and Friedrich Ratzel: Dismissing the Myth of the Ratzelian Geodeterminism*, Springer, 2019.

Alfred Thayer Mahan, *The Influence of Sea Power Upon the French Revolution and Empire: 1793~1812*, Little, Brown and Company, 1892.

Alfred Thayer Mahan, *The Influence of Seapower on History: 1660~1783*, Little, Brown and Company, 1890.

Alfred Thayer Mahan, *The Problem of Asia: Its Effect upon International Politics*, Transaction Publishers, 1905.

Atsuko Watanabe, "Greater East Asia Geopolitics and Its Geopolitical Imagination of a Borderless World: A Neglected Tradition?", *Political Geography* 67, 2018.

Atsuko Watanabe, *Japanese Geopolitics and the Western Imagination*, Palgrave Macmillan, 2019.

Axel Berkofsky and Sergio Miracola(Eds.), *Geopolitics by Other Means: The Indo-Pacific Reality*, Ledizioni, 2019.

Barbashin, Anton, and Hannah Thoburn, "Putin's brain", *Foreign Affairs*, March 31, 2014.

Benjamin Fordham, *Building the Cold War Consensus*, University of Michigan Press, 1998.

Bobo Lo, *Axis of convenience: Moscow, Beijing, and the New Geopolitics*, Brookings Institution Press, 2008.

C. Dale Walton, *Geopolitics and the Great Powers in the 21st Century: Multipolarity and the Revolution in Strategic Perspective*, Routledge, 2007.

Carl Cavanagh Hodge, *Encyclopedia of the Age of Imperialism, 1800~1914*, Greenwood, 2007.

Charles A. Kupchan, "The Clash of Exceptionalisms", *Foreign Affairs*, March/

April 2018.

Charles A. Kupchan, *No One's World: The West, the Rising Rest, and the Coming Global Turn*, Oxford University Press, 2012.

Charles Clover, *Black Wind, White Snow: The Rise of Russia's New Nationalism*, Yale University Press, 2016.

Christopher Layne, *The Peace of Illusions: American Grand Strategy from 1940 to the Present*, Cornell University Press, 2006

Colin Flint, *Introduction to Geopolitics*, Routledge, 2006.

Colin S. Gray, "Nicholas John Spykman, the Balance of Power, and International Order", *The Journal of Strategic Studies* Vol. 38, 2015.

Colin S. Gray, *The Geopolitics of Super Power*, The University Press of Kentucky, 1988.

Colin S. Gray, *The Geopolitics of the Nuclear Era: Heartland, Rimlands, and the Technological Revolution*, Crane Russak & Co, 1977.

Colin S. Gray, *Strategy and history: Essays on Theory and Practice*, Routledge, 2007.

David Shambaugh, *China's future*, John Wiley & Sons, 2016.

David Shambaugh, *China goes global: The Partial Power*, Oxford University Press, 2013.

David Thomas Murphy, *The Heroic Earth: Geopolitical Thought in Weimar Germany, 1918~1933*, Kent State University Press, 1997.

David Wilkinson, "Spykman and Geopolitics", *On Geopolitics: Classical and Nuclear*, Martinus Nijhoff Publishers, 1985.

De Seversky, Alexander Procofieff, *Victory through Air Power*, Simon and Schuster, 1942.

Edgar S. Furniss, Jr., "The Contribution of Nicholas John Spykman to the Study of International Politics", *World Politics* Vol. 4, No. 3, 1952.

Everett C. Dolman, *Astropolitik: Classical Geopolitics in the Space Age*, Frank Cass, 2002.

Felix Patrikeeff, Harold Shukman, *Railways and the Russo-Japanese War: Transporting War*, Routledge, 2007.

Friedrich Ratzel, *Politische Geographie*, R. Oldenbourg, 1897.

G. R. Sloan, *Geopolitics in United States Strategic Policy, 1890~1987*, Palgrave Macmillan, 1988.

Gearóid Ó Tuathail, *Critical Geopolitics: The Politics of Writing Global Space*, Routledge, 1996.

Geoffrey Parker, *Western Geopolitical Thought in the Twentieth Century*, Routledge, 2015.

Geoffrey R. Sloan, *Geopolitics in United States Strategic Policy 1890~1987*, St. Martin's Press, 1988.

Geoffrey Sloan, *Geopolitics, Geography and Strategic History*, Routledge, 2017.

George F. Kennan, *American Diplomacy, 1900~1950*, University of Chicago Press, 1951.

George F. Kennan, *Russia and the West under Lenin and Stalin*, Little, Brown and Company, 1961.

Gerry Kearns, *Geopolitics and Empire: The Legacy of Halford Mackinder*, Oxford University Press, 2009.

Halford Mackinder, "The Geographical Pivot of History", *The Geographical Journal* Vol. XXIII, No. 4, 1904.

Halford Mackinder, *Democratic Ideals and Reality: A study in the Politics of Reconstruction*, Diane Publishing, 1942.

Halford Mackinder, *Britain and the British Seas*, D. Appleton and company, 1902.

Halford Mackinder, "On the Scope and Methods of Geography", *Proceedings of the Royal Geographical Society and Monthly Record of Geography*, Royal Geographical Society(with the Institute of British Geographers), Wiley, 1887, pp. 141~174.

Halford Mackinder, "The Round World and the Winning of the Peace", *Foreign Affairs* Vol. 21, No. 4, 1943.

Hans Adolf Jacobsen, *Karl Haushofer, Leben und Werk* Vol. 1, H. Boldt, 1979.

Henry Kissinger, *Diplomacy*, Simon and Schuster, 1994.

Henry Kissinger, *On China*, Penguin Press, 2011.

Henry Kissinger, *The White House Years*, Little, Brown and Company, 1979.

Henry Kissinger, *World Order*, Penguin Press, 2014.

Holger H. Herwig, *The Demon of Geopolitics: How Karl Haushofer "Educated" Hitler and Hess*, Rowman & Littlefield, 2016.

Hugh White, *The China Choice: Why America Should Share Power*, Black Incorporated, 2012.

James Fairgrieve, *Geography and World Power*, University of London Press, 1917.

James Stavridis, *Sea power: The History and Geopolitics of the World's Oceans*, Penguin Press, 2017.

Jeremy Black, *Geopolitics and the Quest for Dominance*, Indiana University Press, 2016.

John Agnew, *Geopolitics: Re-Visioning World Politics*, Routledge, 1998.

John B. Dunlop, "Aleksandr Dugin's Foundations of Geopolitics", *Demokratizatsiya* Vol. 12, Issue 1, George Washington University, 2004.

John J. Mearsheimer, *Great Delusion: Liberal Dreams and International Realities*, Yale University Press, 2018.

John J. Mearsheimer, *The Tragedy of Great Power Politics*, W. W. Norton & Company, 2001.

John Lewis Gaddis, *Strategies of Containment: A Critical Appraisal of Postwar American National Security Policy*, Oxford University Press, 2005.

John Lewis Gaddis, *George F. Kennan: An American Life*, The Penguin Press, 2011.

John Lewis Gaddis, *The Cold War: A New History*, The Penguin Press, 2005.

John O'Loughlin and Herman van der Wusten, "Political Geography of Panregions", *Geographical Review* Vol. 80, No. 1, 1990.

Jon Sumida, "Alfred Thayer Mahan, Geopolitician", Colin S. Gray & Geoffrey Sloan(Eds.) *Geopolitics, Geography and Strategy*, Routledge, 2014.

Kenneth W. Thompson, *Political Realism and the Crisis of World Politics: An American Approach to Foreign Policy*, Princeton University Press, 1960.

Kent E. Calder, *The New Continentalism: Energy and Twenty-First-Century*

Eurasian Geopolitics, Yale University Press, 2012.

Klaus Dodds and David Atkinson(eds.), *Geopolitical Traditions: A Century of Geopolitical Thought*, Routledge, 2000.

Klaus Dodds, *Geopolitics: A Very Short Introduction*, Oxford University Press, 2007.

Ko Unoki, *International Relations and the Origins of the Pacific War*, Palgrave Macmillan, 2016.

Leslie W. Hepple, 〈The Revival of Geopolitics〉, *Political Geography Quarterly* Vol. 5, No. 4 Supplement, 1986.

Melvyn P. Leffler, *A Preponderance of Power: National Security, the Truman Administration, and the Cold War*, Stanford University Press, 1992.

Melvyn P. Leffler, *Origins of the Cold War: An International History*, Routledge, 2005.

Melvyn P. Leffler, *Remembering George Kennan: Lessons for Today?*, US Institute of Peace, 2006.

Michael J. Green, *By More Than Providence: Grand Strategy and American Power in the Asia Pacific Since 1783*, Columbia University Press, 2017.

Michael P. Gerace, "Between Mackinder and Spykman: Geopolitics, Containment, and After", *Comparative Strategy* Volume 10, 1991.

Neil Smith, *American Empire: Roosevelt's Geographer and the Prelude to Globalization*, University of California Press, 2003.

Nicholas J. Spykman, *America's Strategy in World Politics: The United States and the Balance of Power*, Harcourt Brace & Co, 1942.

Nicholas J. Spykman , *The Geography of Peace*, Harcourt Brace & Co, 1944.

Nicholas J. Spykman and Abbie A. Rollins, "Geographic Objectives in Foreign Policy, I", *American Political Science Review* Vol. 33, Issue 3, 1939.

Nicholas J. Spykman, "Geography and Foreign Policy, I", *American Political Science Review* vol. 32, Issue 1, 1938.

Richard Nixon, *The Real War*, Simon and Schuster, 2013.

Pak Nung Wong, *Destined Statecraft: Eurasian Small Power Politics and Strategic Cultures in Geopolitical Shifts*, Springer, 2018.

Paul J. Bolt and Sharyl N. Cross, *China, Russia, and Twenty-First Century Global Geopolitics*, Oxford University Press, 2018.

Peter G. Cornett, "China's 'New Silk Road' and US-Japan Alliance Geostrategy: Challenges and Opportunities", *Issues & Insights* Vol. 16, No. 10, Pacific Forum CSIS, 2016.

Peter Hopkirk, *The Great Game: On Secret Service in High Asia*, John Murray, 1990.

Phil Kelly, *Classical Geopolitics: A New Analytical Model*, Stanford University Press, 2016.

Robert D. Kaplan, *The Ends of the Earth*, Random House, 1996.

Robert D. Kaplan, *Asia's Cauldron: The South China Sea and the End of a Stable Pacific*, Random House, 2014.

Robert D. Kaplan, *Monsoon: The Indian Ocean and The Future of American Power*, Random House, 2010.

Robert D. Kaplan, *The Return of Marco Polo's World: War, Strategy and American Interests in the Twenty-First Century*, Random House, 2018.

Robert D. Kaplan, *The Revenge of Geography*, Random House, 2012.

Robert Nisbet, *History of the Idea of Progress*, Basic Books, 1980.

Robert Strausz-Hupé, *Geopolitics: The struggle for space and power*, GP Putnam's sons, 1942.

Saul B. Cohen, *Geography and Politics in a World Divided*, Oxford University Press, 1975.

Saul Bernard Cohen, *Geopolitics: The Geography of International Relations*, Rowman & Littlefield Publishers, 2014.

Shinji Hyodo, "RESOLVED: Japan Could Play the Russia Card Against China", *Debating Japan* Vol. 2, Issue 3, CSIS, 2019.

Stephen Walt, *Taming American Power: The Global Response to U. S. Primacy*, W. W. Norton & Company, 2005.

Tim Marshall, *Prisoners of Geography: Ten Maps That Tell You Everything You Need to Know About Global Politics*, Elliott & Thompson, 2015.

W. H. Parker, *Mackinder: Geography as an Aid to Statecraft*, Clarendon Press,

1982.

Warren Zimmermann, *First Great Triumph: How Five Americans Made Their Country a World Power*, Farrar, Straus and Giroux, 2002.

William Appleman Williams, *The Tragedy of American Diplomacy*, World Publishing Company, 1959.

William H Parker, *Mackinder:geography as an aid to statecraft*, Clarendon Press, 1982.

Yukiko Koshiro, "Eurasian Eclipse: Japan's End Game in World War II", *The American Historical Review* Vol. 109, Issue 2, April 2004.

Yukiko Koshiro, *Imperial Eclipse: Japan's Strategic Thinking about Continental Asia before August 1945*, Cornell University Press, 2013.

Zbigniew Brzezinski, *America and the World: Conversations on the Future of American Foreign Policy*, Basic Books, 2008.

Zbigniew Brzezinski, *Strategic Vision: America and the Crisis of Global Power*, Basic Books, 2012.

Zbigniew Brzezinski, "Toward a Global Realignment", *The American Interest*, July/August 2016.

Zbigniew Brzezinski, *The grand chessboard*, Basic Books, 1997.

Zoppo E. Ciro, Zorgbibe Charles(Eds.), *On Geopolitics: Classical and Nuclear*, Martinus Nijhoff Publishers, 1985.

중국어 자료

葛汉文,《国际政治的地理基础》, 时事出版社, 2016.

倪世雄,《我国的地缘政治及其战略研究》, 经济科学出版社, 2015.

张文木,《中国地缘政治论》, 海洋出版社, 2015.

张文木,《论中国海权》, 海洋出版社, 2009.

施展,《枢纽》, 广西师范大学出版社, 2018.

阎学通,《国际政治与中国》, 北京大学出版社, 2005.

阎学通,《中国国家利益分析》, 天津人民出版社, 1996.

王缉思,《国际政治的理性思考》, 北京大学出版社, 2006.

王缉思,《高处不胜寒：冷战后美国的全球战略和世界地位》, 世界知识出版社, 1999.

沈志华,《中苏同盟与朝鲜战争研究》, 广西师范大学出版社, 1999.

沈志华,《毛泽东·斯大林与朝鲜战争》, 广东人民出版社, 2003.

周晓加,〈朝鲜核问题与中国学者的观点〉,《和平与发展》2017, No. 3, 和平与发展研究中心, 2017.

일본어 자료

楢井洋介,〈蝋山政道の"東亜共同体論"にみる戦時下自由主義知識人の思想〉, 国際学論集 第32号, 上智大学国際関係研究所, 1994.

柴田陽一,〈アジア·太平洋戦争期の戦略研究における地理学者の役割〉,《歴史地理学 第49巻5号》, 京都大学, 2007.

柴田陽一,〈思想戦と"日本地政学"：小牧実繁のプロパガンダ活動の展開とその社会的影響〉,《人文学報》第105号, 京都大学人文科学研究所, 2014.

柴田陽一,〈小牧実繁の"日本地政学"とその思想的確立：個人史的側面に注目して〉,《人文地理》第58巻第1号, 京都大学, 2006.

佐藤健,〈日本における地政学思想の展開：戦前地政学に見る萌芽と危険性〉,《北大法学研究科ジュニア·リサーチ·ジャーナル》, 2005.

中西輝政,《アメリカ帝国衰亡論·序説》, 幻冬舎, 2017.

曽村保信,《地政学入門：外交戦略の政治学》, 中央公論新社, 2017.

奥山真司,《地政学：アメリカの世界戦略地図》, 五月書房, 2004.

Christian W. Spang(石井素介[訳]),〈カール·ハウスホーファーと日本の地政学〉,《空間·社会·地理思想》6号, 大阪市立大学文学部地理学教室, 2001.

SEA POWER
LAND POWER

도판 출처

50쪽   Saul Bernard Cohen, Geopolitics: *The Geography of International Relations*.

61쪽   Saul Bernard Cohen, Geopolitics: *The Geography of International Relations*.

74쪽   Saul Bernard Cohen, Geopolitics: *The Geography of International Relations*.

93쪽   John O'Loughlin and Herman van der Wusten, "Political Geography of Panregions", *Geographical Review* Vol. 80, No. 1, 1990.

122쪽   Nicholas J. Spykman, *The Geography of the Peace*.

125쪽   Nicholas J. Spykman, *The Geography of the Peace*.

135쪽   Nicholas J. Spykman, *The Geography of the Peace*.

137쪽   Nicholas J. Spykman, *The Geography of the Peace*.

211쪽   《한경 비즈니스》 2018년 7월 4일 자 제1179호.

SEA POWER
LAND POWER

찾아보기

SEA POWER
LAND POWER

지정학의 힘

시파워와 랜드파워의 세계사

1판 1쇄 펴냄 2020년 11월 18일
1판 7쇄 펴냄 2024년 5월 20일

지은이   김동기
펴낸이   김정호
펴낸곳   아카넷

주소   10881 경기도 파주시 회동길 445-3 2층
전화   031-955-9512(편집) · 031-955-9514(주문)
팩스   031-955-9519

출판등록 2000년 1월 24일(제406-2000-000012호)
www.acanet.co.kr

© 김동기, 2020

Printed in Paju, Korea.

ISBN 978-89-5733-710-3 03900

도서의 국립중앙도서관 출판예정도서목록(CIP)은
서지정보유통지원시스템 홈페이지(http://seoji.nl.go.kr)와
국가자료공동목록시스템(http://www.nl.go.kr/kolisnet)에서 이용하실 수 있습니다.
(CIP제어번호: CIP2020046883)